六十余载 稀土情

李德谦科研小传

乌东北 等 著

同济大学出版社
TONGJI UNIVERSITY PRESS
·上海·

图书在版编目(CIP)数据

六十余载稀土情：李德谦科研小传 / 乌东北等著
. — 上海：同济大学出版社，2024.7
ISBN 978-7-5765-1114-7

Ⅰ.①六… Ⅱ.①乌… Ⅲ.①李德谦-传记 Ⅳ.
①K826.13

中国国家版本馆CIP数据核字(2024)第067255号

六十余载稀土情——李德谦科研小传
Over 60 Years of Rare Earth Affection
—Biography of Rare Earth Chemist Li Deqian

乌东北　等 著

| 出品人 | 金英伟 | 策　划 | 丁国生 | 责任编辑 | 丁国生 |
| 责任校对 | 徐春莲 | 封面设计 | 王　翔 |

出版发行　同济大学出版社　www.tongjipress.com.cn
　　　　　（地址：上海市四平路1239号　邮编：200092　电话：021-65985622）
经　　销　全国各地新华书店、网络书店
排版制作　南京展望文化发展有限公司
印　　刷　上海安枫印务有限公司
开　　本　787mm×1092mm　1/16
印　　张　33
字　　数　330 000
版　　次　2024年7月第1版
印　　次　2024年7月第1次印刷
书　　号　ISBN 978-7-5765-1114-7

定　　价　218.00元

本书若有印装质量问题，请向本社发行部调换　　版权所有　侵权必究谨以此书献给毕生致力于稀土分离事业的中国科学院长春应用化学研究所李德谦研究员及过往筚路蓝缕科研历程中所有相关的恩师、同行、同事及学生们！

编委会

编写组
主编： 乌东北

校稿： 孙　静　王艳良　熊　英　孙晓琦

参编： 乐少明　王　春　孙　静　陆　军　陈　继
　　　　王进平　赵君梅　王玮玮

赞助组
李德谦　罗爱清　王艳良　王玮玮　陈　继　廖伍平
王　春　孙晓琦　熊　英　乌东北　孔　薇　孙　静
陆　军　王弋戈　贾　琼　赵君梅　孙晓波　张志峰
尚庆坤　刘建军　张　绘　王香兰　李　薇　李富强

特别感谢：
中国科学院　　　　　　　　　倪嘉缵院士
上海莱雅仕公司　　　　　　　李富强董事长
同济大学土木学院　　　　　　叶为民教授
同济大学土木学院　　　　　　陈永贵教授
同济大学化学科学与工程学院　王启刚教授
杭州维翰国际学校高一年级　　刘一凡同学

李德谦，1936年9月8日生于湖北洪湖。1959年7月毕业于武汉大学化学系，获理学学士学位。1959年至今，就职于中国科学院长春应用化学研究所稀土资源利用国家重点实验室。1988年后，升任长春应化所研究员、博士生导师，历任所稀土分离化学研究室主任、所学术委员会委员、所学位委员会委员、中国化学会理事，以及中国稀土学会稀土化学与湿法冶金专业委员会副主任等职务。

李德谦研究员科研成果概述

作为项目第一负责人，李德谦获国家及省部级科研奖励总计8项，包括中国科学院科技成果一等奖2项（1980年"用伯胺从包头稀土精矿硫酸焙烧水浸液中萃取分离钍和制取硝酸钍工业性试验"、1983年"用伯胺提取氯化稀土"），中国科学院科技进步奖一等奖1项（1987年"龙南低钇混合稀土分离工艺流程"），国家发明二等奖1项（1988年，"低钇混合稀土分离工艺"），中国科学院科技进步二等奖1项（1992年"定南中钇富铕型稀土分离流程"），中国科学院自然科学二等奖1项（1998年"稀土及相关金属的溶剂萃取与分离化学"）以及国家专利优秀奖2项［2006年"一种从硫磷混酸中萃取分离钍和提取氯化稀土的工艺"（ZL02123913.4）、2008年"一种从氟碳铈矿浸出液中萃取分离铈、钍的工艺"（ZL98122348.6）]。

作为第一专利申请人，李德谦先后获国内、国际授权专利80项，其中已用于稀土冶金工业的发明专利20余项。以第一作者或通讯作者身份发表学术论文总计340余篇，包括英文研究论文161篇（其中英文综述论文3篇）、英文会议论文25篇，中文研究论文144篇（其中中文综述性论文2篇）、中文会议论文13篇；撰写3部稀土专著专论3章、大型工具书《溶剂萃取手册》专论1章、《溶剂萃取新进展》专著专论3章。培养人才（包括联合培养）45人，其中硕士生17名，硕博连读生16名，博士生13名（其中一名曾是85级硕士），学生普遍就职于全国/世界各大高校、科研院所以及企事业单位。

李德谦先后获1988年人事部颁发"国家中青年有突出贡献专家"，1989年长春市政府"市劳动模范"，1991年国务院"政府特殊津贴"，1998年吉林省委"吉林省首批省管优秀专家"，1999年吉林省人民政府"吉林省劳动模范"，2002年吉林省委"吉林省第二批省管优秀专家"，2019年中共中央、国务院、中央军委"庆祝中华人民共和国成立70周年"纪念章等8项荣誉。

李德谦积极参加国际学术交流会议与活动，次数累计28次，足迹遍布世界各地。先后为：1980年比利时（列日）国际溶剂萃取会议（ISEC）（顺访卢森堡）、1988年苏联莫斯科ISEC'88会议、1990年日本东京ISEC'90会议、1993年英国约克ISEC'93会议、1996年澳大利亚墨尔本ISEC'96会议、1996年香港第一届国际华人无机化学研讨会、1997年韩国科学技术研究院讲学3个月、1999年西班牙巴塞罗那ISEC'99会议（顺访法国）、2000年访问日本佐贺大学、2002年参加美国第23届稀土研究会议（23rd RERC）、2002年南非开普敦ISEC'2002会议（顺访新加坡）、2003年挪威奥斯陆钪（Scandium）会议、2003年瑞士日内瓦第五届国际柔性电子技术（ICFE'5）会议（顺访洛桑国际奥委会总部）、2004年日本奈良稀土（REs'04）会议、2004年访问加拿大Cytec公司、2006年考察意大利和奥地利两国的萃取设备、2007年赴德国访问（顺访荷兰）、2008年希腊佩特雷废弃物工程和高值化利用（Waste Eng 2008）国际会议、2008年美国图森ISEC'2008会议、2011年8月应邀赴马来西亚关丹评审稀土项目、2011年12月访问美国国家橡树岭实验室、2012年7月访问美国劳伦斯伯克利国家实验室、2012年参加葡萄牙波尔图Weste Eng 2012国际会议、2013年10月23—27日访问加拿大萨斯喀彻温省科学研究院、2013年11月2日参加加拿大蒙特利尔材料科学与技术（Materials Science & Technology 2013）会议、2014年9月7—14日参加德国维尔兹堡ISEC'2014会议、2014年9月14—19日应邀赴罗得西亚稀土研究所（Rhodia

Rare Earth Systems）访问（顺访法国拉罗谢尔大学）、2019年10月16—18日应莱纳稀土公司邀请赴新加坡参加研讨会。

从事稀土分离与冶金工程六十余年，李德谦研究员始终瞄准我国包头、四川、江西三大稀土资源的分离与综合利用及清洁生产目标，先后在国内推广了由美国最早开拓的P204第一代稀土萃取分离流程，自主研发了目前国内普遍使用的P507分离单一稀土流程、伯胺N1923分离钍工艺、包头稀土资源清洁冶金流程，以及氟碳铈矿清洁冶金及分离制备一体化集成技术等，使得中国科学院（以下简称"中科院"）长春应化所始终处于中国稀土分离领域关键技术发明及应用的前沿地位。自20世纪70年代成为该领域学术带头人始，坚持瞄准学科前沿，面向国家经济发展需求，坚持走"应用基础—工艺开拓—产业化"道路，不断强化创新，在发展新型、高效、清洁的稀土分离方法与技术、产业化工程方面，为我国稀土工业的发展作出重大贡献。

李德谦研究员坚信"实践才能出真知"。在六十余载科研历程中，他觉得这辈子做的最有意义的事主要有三件：第一，在苏锵院士指导下，到中间工厂与工人（主要是转业复员军人）同工作，同劳动，解决了用过硫酸铵氧化分离少量铈及铈（Ⅳ）的还原问题；第二，在实验室完成了用乙醚萃取法从硝酸铀酰中萃取分离^{234}Th的科研工作，建立了Th-234放射性测试实验装置；第三，在国内率先开展了P507萃取分离稀土化学与工业应用研究。目前,由长春应化所开拓的P507(包括P507-ROH)分离稀土的工艺流程已广泛应用于我国稀土冶金工业。

作为一名稀土化学家,李德谦研究员始终善于学习,从而完成自身"从0到1"的原始创新与科技的自立自强。自20世纪50年代初识稀土起,他便积极投入到稀土元素化学及稀土分离工艺研究之中,不仅向新中国最早一批留学归国科学家们虚心学习,并且深入工厂实践第一线,不断开拓国际视野,努力掌握世界前沿知识、技能及绿色分离工艺流程理念,深耕稀土领域六十余载,在传播科学研究的力量、让中国的稀土分离基础研究与工艺开发设计成为世界"顶流"的同时,也加速了中国由稀土大国向稀土强国的发展历程。

倪嘉缵

1932年5月10日出生于浙江省嘉兴市。1952年从上海大同大学化学系毕业后，进入东北综合研究所工作。1961年获得苏联科学院无机及普通化学研究所副博士学位。无机化学家，中国科学院学部委员，中国科学院长春应用化学研究所研究员、博士生导师、原所长；深圳大学生命与海洋科学学院名誉院长。主要从事核燃料化学、配位化学、稀土化学研究，编写《稀土生物无机化学》等专著三本，为中国的原子能化学及稀土化学作出了积极贡献。

序 一

我与李德谦先生都是大学毕业后即被分配到中国科学院长春应用化学研究所（后文简称应化所）工作的，我早于他七年进所。由于我早期从事锕系元素研究，"文革"后才转向镧系（稀土元素）研究，因此，李德谦先生从事稀土研究要早于我近十年之久。当我刚跨入稀土研究领域之时，虽担任稀土研究室主任之职，但关于稀土分离方面的学问，都要学之于李德谦先生。

关于李德谦先生在稀土萃取分离研究中的贡献，已在他的门下弟子乌东北等撰写的《六十余载稀土情——李德谦科研小传》中作了详尽描述，我不再引用和赘述。在此序中，我想对李先生六十五年来从事稀土萃取分离科学研究的实践特点予以总结：

第一，李德谦先生是我国少数能坚守一个甲子、孜孜不倦，持续不断地从事稀土湿法冶金领域研究的科学家之一。

第二，李德谦先生既执着于稀土元素化学及溶剂萃取理论基础研究，又重视多种萃取流程产业化实践。他在溶剂萃取动力学、热力学及界面化学等领域均有诸多论著，研究成果几乎涉及我国所有稀土资源，如包头白云鄂博矿、江西离子型矿、四川氟碳铈矿及独居石等。

第三，李德谦先生对待科学研究目光敏锐，高瞻远瞩。早在20世纪80年代，我国包头矿稀土分离前处理工艺一直是高温焙烧法一统天下。针对该矿中钍、铀既是重要核能原料，又是产品，稀土分离流程必须达到放射性要求的安全性问题，李德谦先生多次强调，高温焙烧法用于包头矿前处理工艺会导致钍变成难溶焦磷酸盐，从而导致产生废渣的严重后果。长此以往，含钍废渣将达千万吨级别，对环境造成极大危害。故此，我与李德谦先生共同指导的研究生们相继开展了钍的溶剂萃取系列基础性工作。因我的科研方向为稀土配位化学及生物无机化学，后来，我没有继续介入该项研究。但李德谦先生长期坚持把对钍、铀的分离作为研究方向，后续又发展了可用于氟碳铈镧矿类型的绿色萃取分离流程，不仅实现了钍回收率达99%这一目标，而且获得了高纯钍产品。三十余年的钍回收科研积累，为2014年中国科学院启动钍反应堆项目急需核纯钍工作打下了基础。

第四，李德谦先生不仅长期亲临生产现场，而且多次参加各种新流程的工业扩大试验及稀土萃取分离厂建设。我曾两次与李德谦先生一起参与较长期的工厂扩大试验：第一次是去江西603厂开展HAB双溶剂萃取分离高纯钇工作，第二次是去包头参加伯氨流程的扩大试验。每次下厂均长达两个多月，我们与工人们一起开启三班倒工作模式，深刻体验到一种新萃取流程从实验室走向产业化中存在的技术问题。以HAB双溶剂萃取分离钇为例，1999年即在江西完成了半工业试验。但在试验后，发现了HAB"降解或酯化"问题。这些问题只有在扩大实验中才能观察到，返回实验室后，再分析其形成机理并寻找解决方法，从而使实验室成果能顺利地实现工业化。听说李德谦先生离开一线工作后，在视力极差的情况下，仍坚持去生产第一线指导工作，令人动容。

第五，李德谦先生一贯重视稀土萃取流程发展与环境保护之间的协调问题。稀土分离提取工业是一个高污染行业，美国因环境问题而关停了该国最大的稀土生产基地，我国的稀土生产企业却因此迎来了机遇。为此，李德谦先生率先提出了绿色分离及全封闭流程，在流程中循环利用溶剂萃取过程中产生的废水，获得高纯稀土产品的同时，去除氟污染。这种新流程应用于我国铈镧型矿，不仅取得明显经济效益，也全面达到了环保标准。

读者不仅可从本书中熟悉溶剂萃取法提取、分离稀土离子的基本原理和基础知识，而且还可以从一个侧面了解我国稀土溶剂萃取的发

展历史,以及攀登国际领先水平的艰辛历程。

李德谦先生为人正直,敢于发表自己的见解。能讲真话,不计名利,直到在高龄时视力极剧下降的情况下,仍坚持上班及到各地出差。所以,从本书中我们还能学到作为一个科研人员的那种胸怀祖国、服务人民、严谨治学、十年磨一剑、虚怀若谷、奖掖后学的高尚品质。

李德谦先生的学生乌东北及乐少明请我为本书作序,但我已入耄耋之年,许多资料均靠回忆,不很确切,如有错误之处,请读者见谅。

中国科学院院士
中国科学院长春应用化学研究所研究员
深圳大学生命与海洋科学学院名誉院长　倪嘉缵

2023年9月15日于深圳

序 二

感谢师妹乌东北副教授，付出大量心血与时间将我们的导师李德谦研究员的人生轨迹及卓越的成就做了一次全面的梳理，让我们这些弟子得以更全面地了解先生辉煌的一生与高尚的人格魅力。

先生出生于鱼米之乡的江汉大平原之湖北洪湖，恰逢乱世，国弱民穷，战争不断，民生凋敝。动荡的岁月没能孕育先生强健的体魄，却未曾剥夺其受教育的愿望与机会，从洪湖到汉口，从汉口回洪湖再转武昌，一路求学终于站在珞珈山之巅。俯瞰东湖，放眼百废待兴的中华大地，作为武大化学系学生，先生终于有了理想的萌芽——为中国的化学事业而奋斗终生！

1959年，先生不畏生活之艰苦，毅然从富饶的武汉来到关外的长春市，开启了其事业的新篇章，并确定了终生的工作方向——稀土萃取分离研究。方向既定，意志愈坚。在这国家宝贵资源的综合开发利用与理论研究领域，先生信马由缰，纵横驰骋！在六十余载的岁月中带领团队专注于稀土元素的分离萃取与高纯稀土元素提取研究，其硕果累累，获奖颇丰！

先生毕生专注于稀土萃取分离研究，从萃取热力学到萃取动力学展开了全系列的研究与探索，发表论文三百余篇，成为我国稀土萃取学术研究领军人物。在萃取剂的筛选领域，先生积极与上海有机化学研究所袁承业院士友好合作数十年，从而筛选出了伯胺 N1923、酸性磷 P507、CA-12（仲辛基苯氧乙酸）等极具工业应用价值的稀土分离萃取剂。

任何有价值的学术研究，应该能更好地服务于国家的经济建设。先生深知只有将萃取分离理论应用于我国稀土的提纯分离生产中，探索出一条既经济又高效的分离工艺，将我国丰富的稀土矿产资源转化为高纯度的单一稀土元素，才是溶剂萃取研究的珠穆朗玛峰。从 20 世纪 60 年代开始，先生参与应化所稀土分离研发团队，从默默无闻的基础研究者到指挥若定的将帅，足迹踏遍祖国的大江南北，从塞上钢城包头到红色根据地赣南，由改革的前沿阵地广东至天府之国的攀西。针对各地区的不同矿型，运用北大徐光宪院士提出的串级萃取理论，分别选取不同的萃取体系，完成对稀土的单一分离。针对白云鄂博的氟碳铈矿和独居石矿型，选取伯胺 N1923 除钍萃取回收稀土工艺。江西赣南的离子型吸附矿则选用酸性磷萃取剂 P507 一次性分离十三种单一稀土；运用徐光宪提出的串级萃取理论，对双溶剂（HAB）萃取分离高纯钇进行优化。为实现工业化生产，于 20 世纪 80 年代成立的定南稀土冶炼厂从建厂到规模化工业生产，倾注了巨大的努力与心血，成为地方经济发展的引擎，年产 5 000 吨以上氧化稀土，产值数十亿元。在四川攀枝花，长春应化所稀土分离科研团队出色地完成了"氟碳铈矿清洁冶金与分离制备一体化集成技术"国家产业化示范项目，平地组建的冕宁方兴稀土公司，现已成为该地区的龙头企业。这些项目的完成，完美地诠释了科学技术是第一生产力的哲学论述，更将我国稀土分离的工业化生产水平推向世界前列。

一分耕耘一分收获，平凡的岗位亦可成就不平凡的事业，专注稀土萃取分离，使中国从稀土资源大国变为稀土研发技术强国。这就是先生60余年工作之总结与写照，因为执着，因为专注，所以成就了先生在稀土分离提纯领域的权威地位。

作为富有远见的科学家，先生不仅自身具有卓越才能，更重要的是做好导师角色，为祖国培养了更多的杰出人才！自20世纪80年代开始，先生即开始招收硕士、博士研究生，至退居二线，指导及协助指导学生四十五人。先生言传身教于学生：科学的态度，实事求是的作风，追求卓越的胸襟，自我分析问题、解决问题之能力，深思细查、防微杜渐的工作习惯。对其学生：学术上要求甚严，培养学生的自觉性，生活上则无微不致地予以关怀。这就是先生的为师准则。而今，这些学生遍布世界，均已成为各单位的顶梁柱。而稀土分离团队更是后继有人，生机勃勃。像陈继团队、廖伍平团队、张绘团队、孙晓琦团队等均站在稀土分离队伍之前列。

先生一辈子为人谦逊，待人热情，乐于助人，不为利益而争，不逐虚名而往，秉承诚信做人，踏实做事之训，终成大师！

乌东北师妹殚精竭虑编写的先生科研小传，资料翔实、文字畅达。

在此代表先生众弟子表示衷心的感谢!

1983 级硕士、湖北昊为涂料涂装有限公司董事长

（代稀土分离组全体学生）

2022 年 8 月 31 日于武汉

前　言

2023年11月3日，国务院李强总理在主持召开国务院常务会议上指出，稀土是战略性矿产资源。要统筹稀土资源勘探、开发利用与规范管理，统筹产学研用等各方面力量，积极推动新一代绿色高效采选冶技术研发应用，加大高端稀土新材料攻关和产业化进程，严厉打击非法开采、破坏生态等行为，着力推动稀土产业高端化、智能化、绿色化发展。

作为稀土产业链源头，稀土矿开采分离和冶炼无疑具有重要地位。从目前国内外生产单一稀土的情况看，溶剂萃取法无疑是最广泛被采用的分离方法，因为它具有处理量大、反应速度快、分离效果好的优点。溶剂萃取法基本原理是利用有机溶剂从与其不相混溶的水溶液中把被萃取物提取出来，是一种把物质从一个液相转移到另一个液相的传质过程。用溶剂萃取法研究稀土的分配规律始于1937年，当时有美国学者研究氯化稀土在水溶液和不相混溶的有机溶剂醇、醚和酮之间的分配规律，但在很长一段时间内没有获得具有实际应用价值的成果。直到1965年以后，二（2-乙基己基）磷酸（HDEHP，P204）溶剂萃取法才广泛用于稀土的湿法冶金工业。

1959年，我从武汉大学本科毕业后，来到中国科学院长春应用化学研究所（以下简称中科院长春应化所）工作。在苏锵和任玉芳两位研究员指导下，我开始从事稀土溶剂萃取研究，并完成二篇研究论文。20世纪60年代末、70年代初，我成为稀土分离化学与工艺开发研究领域的负责人，组建了研究团队。我的研究工作是瞄准我国的稀土资源：内蒙古包头矿、南方离子型稀土矿及四川攀西氟碳铈矿。

早在20世纪70年代初，在开发内蒙古包头矿稀土及钍分离工艺流程方面，长春应化所就率先开展了用伯胺萃取剂N1923从包头矿硫酸焙烧水浸液中分离钍和提取稀土的系列研究，成为冶金部和中科院的重大攻关项目。后来，冶金部决定由长春应化所牵头，组成"伯胺会战组"。作为技术负责人，我带领11家合作研究单位在北京通县进行了千吨级N1923分离钍（Th）的工业试验，取得预期效果。目前，上述工艺已用于从独居石中分离钍的冶金工业。新世纪后，为实现包头稀土资源的清洁冶金生产，长春应化所稀土分离研究团队发明了"一种从硫磷混酸体系中萃取分离钍和提取氯化稀土的工艺"，并联合兄弟单位的发明专利"酸法分解包头稀土矿新工艺"，在包头完成了年处理2 400吨包头稀土矿清洁流程的国家产业化示范工程，解决了放射性钍及氟的回收利用和环境污染问题。

在南方离子型稀土矿中、重稀土分离方面，长春应化所于1973年即开始从事P507萃取稀土元素化学与分离工艺研究，指出P507是萃取分离稀土的优良萃取剂，特别是氨化后的P507体系，其分离系数和萃取容量显著提高。20世纪80年代初，在中科院扶贫项目支持下，长春应化所在江西定南革命老区平地组建了定南合营稀土冶炼厂，首次采用氨化P507萃取分组、分段分离技术，实现了17种稀土元素的全分离。此后，包头稀土研究院、北京有色金属研究总院、北京大学等单位也陆续开展了相关萃取工艺研究。至今，氨化P507萃取分离稀土的工艺已广泛应用于我国稀土工业。用溶剂萃取法在工业上已实现了纯度达3～4N，有的可达5N（N代表9）的单一稀土产品的生产。遵循"基础研究—新工艺开拓—产业化道路"研究思路，新世纪后，长春应化所稀土分离研究团队开拓出具有自主知识产权的"P507-ROH重稀土分离新工艺制备高纯氧化镥"稀土清洁冶金分离新工艺技术，为我国在高性能医疗器械领域PET实现"中国制造"做出重要贡献。

针对用沉淀法工艺开采四川攀西氟碳铈矿导致的资源浪费与环境污染问题，长春应化所开创了"氟碳铈矿清洁冶金与分离制备一体化集成技术"的研究先河，平地组建了第二个稀土冶炼厂，即四川冕宁县方兴稀土公司，不仅有效实现了氟、钍、稀土的高效回收和稀土资源的清洁冶金及高值化，也为后来钍核能发电提供物质保证，为当地的经济发展提供了有效途径。

在溶剂萃取基础理论研究方面，自20世纪90年代开始，我提出了两物质（例如HF-H_3BO_3-Cyanex 923）间的协同效应，这与两个萃取剂对一种物质的协同萃取截然不同；针对环烷酸萃取剂分离高纯钇工艺流程的缺点和不足，长春应化所稀土分离团队发明了HAB双溶剂萃取体系分离工艺,并在江西金世纪新材料股份有限公司完成了国家示范性产业工程项目;针对P507在盐酸介质中,对重稀土离子萃取速率慢,不利于工业化的实际问题,长春应化所稀土分离团队突破传统思维模式,提出"非平衡萃取设计及分离制备一体化集成技术"思想,对优化重稀土分离提取工艺具有实际意义。

回首60余载与稀土相伴的时光,我由衷感谢倪嘉缵院士在长春应化所任稀土室主任和所领导期间对稀土分离团队研究工作的鼎力支持,并祝愿稀土分离团队在未来继往开来、再创辉煌!特别感谢稀土企业同行们的鼎力协助,为我们的研究成果提供了展示平台并实施了产业化!本书在撰写、校对与出版过程中,受到了学生和朋友们的普遍关注,他们提供了大量素材,在此也一并表示感谢!对同济大学叶为民教授、陈永贵教授及王启刚教授给予本书作者的帮助与支持,也深表谢意!

本书总结了我国稀土资源包头混合稀土矿、四川氟碳铈矿和南方离子型稀土矿冶炼工艺的发展历程和应用现状,把稀土分离进步史融汇在一个个具体的故事中,给人以启迪。书中提及的浓硫酸低温焙烧包头混合稀土矿提取稀土和钍,硫酸分解四川氟碳铈矿提取稀土和钍,新型萃取剂从重稀土中分离钇元素,以及P507-ROH分离重稀土制备高纯镥这些工艺流程,至今仍不过时,为企业创造了重大经济价值。书中提及的"基础研究—工艺开拓—产业化"之路,为年轻学者指明了研究方向：要将科技论文书写在祖国大地上，才能真正做到学以致用，科技兴国。

本书不是简单罗列长春应化所在稀土萃取方面的工作成果，而是通过描述我国稀土化学家李德谦研究员筚路蓝缕的科研历程，展现他与恩师、同事、同行以及弟子们之间的情感故事，传递我国科技工作者们数十年如一日、兢兢业业的敬业情怀，有一定特色，但限于作者的学术水平，书中缺点、错误在所难免，欢迎读者批评指正。

中国科学院长春应用化学研究所研究员　李德谦

同济大学化学系副教授　乌东北

于 2024 年 1 月 23 日

六十余载稀土情
李德谦科研小传

精彩图集

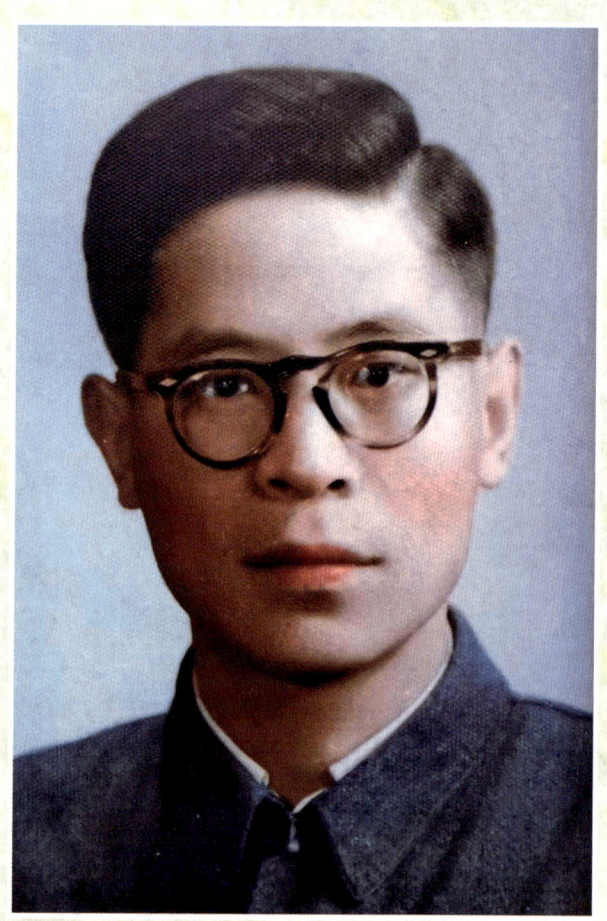

李德谦
29岁

李德谦
60 岁

李德谦
70 岁左右

李德谦
87 岁

李德谦
82 岁

4. 精彩图集 获奖证书

1978年,"稀土元素的提取、分离、分析和应用的研究"项目,长春应用化学研究所获全国科学大会奖证书

1988年,"低钇混合稀土分离工艺"项目获国家发明二等奖证书

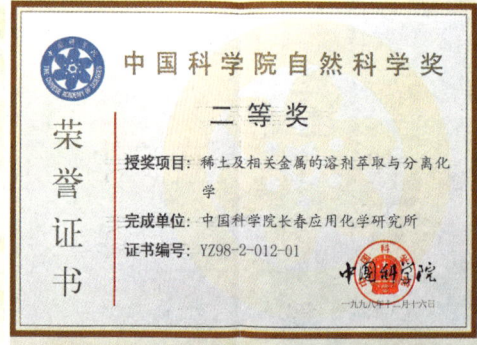

1998年,"稀土及相关金属的溶剂萃取与分离化学"获中国科学院自然科学二等奖单位证书

1988年,"低钇混合稀土分离工艺"项目获国家发明二等奖个人获奖证书

1980年,"用伯胺从包头稀土精矿硫酸焙烧水浸液中萃取分离钍和制取硝酸钍工业性实验"项目获中国科学院科技成果一等奖获奖证书

1983年,"用伯胺提取氯化稀土"项目获中国科学院科技成果一等奖获奖证书

1987年,"龙南低钇混合稀土分离工艺流程"项目获中国科学院科技进步一等奖获奖证书

1992年,"定南中钇富铕型稀土分离流程"项目获中国科学院科技进步二等奖获奖证书

获奖证书

2006年,"一种从硫磷混酸中萃取分离钍和提取氯化稀土的工艺"项目获国家专利优秀奖单位证书

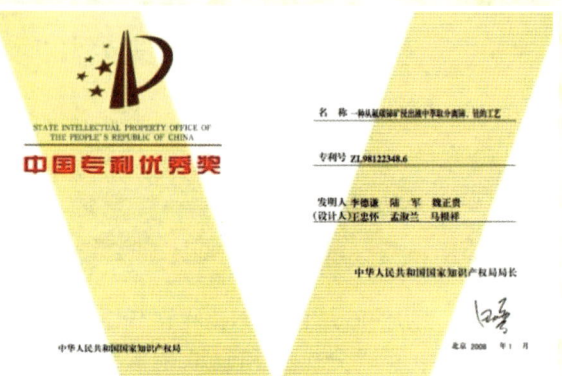

2008年,"一种从氟碳铈矿浸出液中萃取分离铈、钍的工艺"获国家专利优秀奖个人获奖证书

2017年,"重稀土分离新工艺制备高纯氧化镥"获中国稀土科学技术奖二等奖个人获奖证书

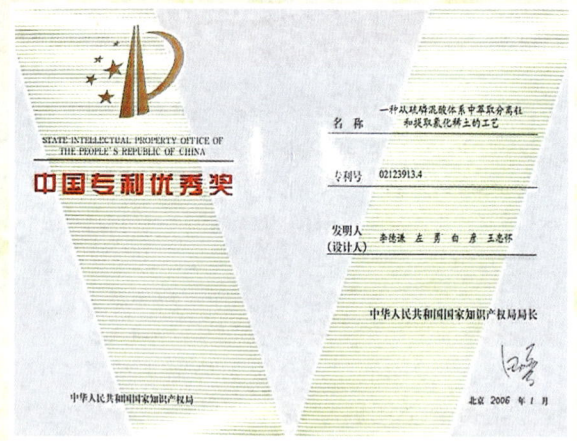

2006年,"一种从硫磷混酸中萃取分离钍和提取氯化稀土的工艺"获国家专利优秀奖个人获奖证书

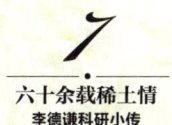

1988年,人事部颁发给李德谦的"国家中青年有突出贡献专家"证书

1991年,李德谦获"国务院政府特殊津贴"荣誉证书

1999年,李德谦获"吉林省劳动模范称号"荣誉证书

李德谦获吉林省劳动模范奖章

荣誉与聘书

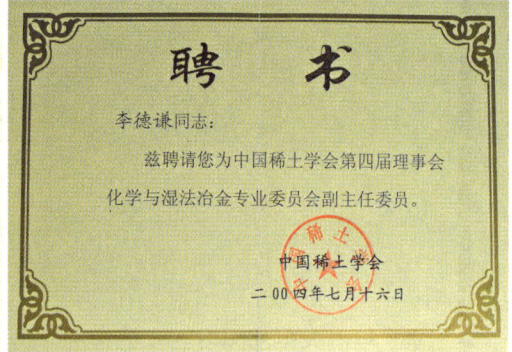

2004年,李德谦受聘"中国稀土学会第四届理事会化学与湿法冶金专业委员会副主任委员"聘书

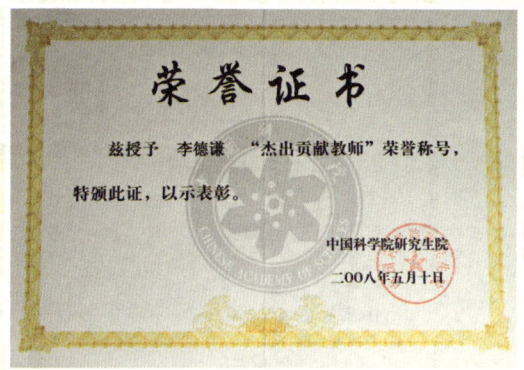

2008年,李德谦获中国科学院研究生院"杰出贡献教师"荣誉证书

2014年,李德谦受聘"中国稀土行业协会专家组专家"聘书

2011年3月,关丹海南会馆敬赠李德谦"真知灼见"荣誉奖章一枚

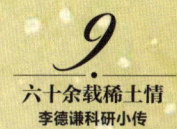

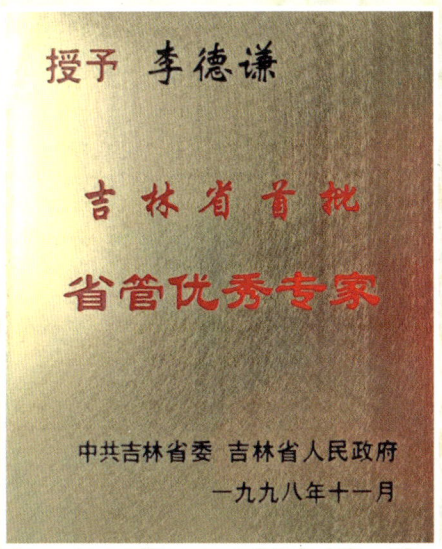

1998年，李德谦获中共吉林省委颁发的"首批省管优秀专家"荣誉奖章

2002年，李德谦获吉林省人民政府颁发的"吉林英才奖章"一枚

2019年，李德谦参加"'光荣在党50年'纪念章颁发仪式"

2019年，李德谦获中共中央、国务院颁发的"庆祝中华人民共和国成立70周年纪念章"

20世纪80年代,李德谦在长春应化所本馆楼一楼实验室做计数试验

20世纪80年代,李德谦在长春应化所本馆楼一楼实验室做试验

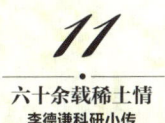

1980年,李德谦(前排左二)与中国学者在比利时列日参加第四届国际溶剂萃取会议

1980年,李德谦在比利时列日参加国际溶剂萃取会议后游湖时被抓拍

1984年,李德谦(第二排右五)参加第四届全国稀土化学及湿法冶金学术会议讨论会

峥嵘岁月

1985年5月1日前后,李德谦(后排右五)与同事在长春应化所本馆楼前合影

1986年,李德谦(后排左四)与同事在长春应化所新大楼前合影,庆祝稀土五室获"模范集体"荣誉

20世纪80年代,李德谦(前排左一)与同事在长春应化所新大楼前合影

20世纪80年代,李德谦(前排右三)与倪嘉缵(前排左三)去深圳探望环保局友人合影留念

20世纪80年代,李德谦(右一)与倪嘉缵(中)、张涵(左一)在桂林开会时留影

20世纪90年代初,李德谦(前排右二)与稀土五室同事及研究生合影

1988年,李德谦参加在莫斯科举办的国际溶剂萃取会议后留影

峥嵘岁月

1992年，李德谦（后排左一）与苏锵（后排右一）、倪嘉缵（后排右二）等参加秦皇岛会议会后留影。

1998年夏天，儿子李正茂留学出国前，李德谦全家在长春应化所门前合影

1996年，李德谦参加在澳大利亚墨尔本举办的国际溶剂萃取会议后留影

1996年，李德谦（左）与外国友人交流

1996年，李德谦在澳大利亚悉尼歌剧院前

1997年，李德谦（右二）到韩国科学技术研究院讲学留影

1999年，李德谦夫妇参加西班牙巴塞罗那国际溶剂萃取会议后留影

2001年，纪念唐定骧、苏锵从业50周年，李德谦（右二）等在长春应化所合影

2003年，李德谦（左一）、倪嘉缵（左二）、曾天元（右二）和王忠怀（右一）在长春应化所无机分析楼二楼实验室合影

2001年，李德谦（前排左二）出席包钢稀土发展规划咨询研讨会后与领导及其他专家合影

2002年,李德谦夫妇参加在南非开普敦举办的国际溶剂萃取会议留影

2003年8月,李德谦(中)到德国亚琛工业大学看望门下弟子廖伍平(右一),进行学术交流,顺访波恩

2004年,李德谦夫妇在奥地利维也纳考察萃取设备时,在Do & Co旅馆前留影

2003年，李德谦过生日，老俩口合影

2003年，李德谦过生日，老俩口与稀土分离组学生合影

2004年，李德谦夫妇及稀土分离组学生合影

2004年，李德谦（中）与稀土分离组部分成员在长春应化所本馆楼前合影。左起孙晓波、乌东北、赵君梅、张绘、李红飞、国富强、熊英和左勇

1999年，李德谦（前排左二）与苏锵院士（前排中）等在四川冕宁厂空地上合影

2004年，李德谦（前排中）与稀土分离组部分成员在四川冕宁稀土分离厂合影

2004年，李德谦（左一）出席包头稀土矿流程鉴定会

2005年，李德谦生日，老俩口与稀土组成员小聚（全4张）

2005年,李德谦(左二)与稀土分离组同事在长春应化所林荫路散步留影

2005年,李德谦生日,组内白彦(站立者)和孟淑兰(坐者)老师合影

2006年,李德谦生日,老俩口及组内学生合影

2006年,李德谦生日,老俩口合影

2003年，李德谦夫妇在武汉留影

2004年，李德谦夫妇在四川冕宁稀土冶炼公司门前留影

2006年，李德谦夫妇在意大利考察时，在比萨斜塔前留影

2008年,李德谦参加在希腊佩特雷举办的废弃物工程和高值化利用国际会议,会后留影

2008年,李德谦夫妇参加在美国亚利桑那州图森举办的国际溶剂萃取会议,会后留影

2007年,李德谦(左一)携夫人(左二)在德国进行学术访问

2010年11月，李德谦（左三）参加长春应化所毕研峰博士论文答辩

2011年，在中国第一届稀土界老专家联谊会上，李德谦（右二）和与会专家合影

2014年，在第二届中国稀土届老专家联谊会上，李德谦（第二排左三）与老专家们及工作人员合影

2013年，在江苏丽港稀土有限公司车间，李德谦夫妇并肩作战留影

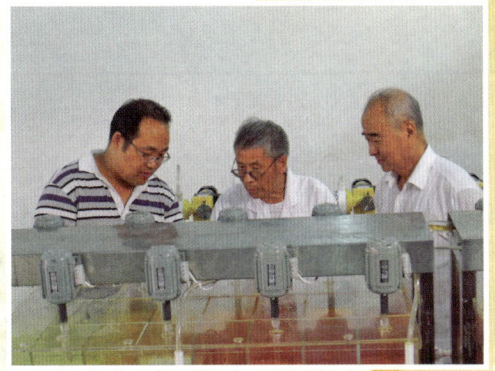

2013年，在江苏丽港稀土有限公司车间，李德谦（中）正指导技术人员做实验

2013年，在江苏丽港稀土有限公司车间，李德谦（左起第三人）与部分学生合影

2013年，在江苏丽港稀土有限公司空地，李德谦（中）与部分下厂学生合影

2013年11月,李德谦夫妇在加拿大蒙特利尔参加国际会议(全3张)

2015年,李德谦和夫人在江西金世纪新材料股份有限公司记录和查看中试试验数据

2018年,李德谦(中)与定南厂长卢林寿(右二)等在定南老厂空地合影

2017年,李德谦(前排左二)出席稀土含放射性废渣处理处置研讨会后合影

2018年，李德谦（中）在出席赣州研讨会后，回答技术人员提出的问题

2018年2月，李德谦（左一）全家及亲家母在美国嘉年华游轮餐厅里等待就餐

2019年，李德谦夫妇（左二，左三）与王弋戈（左一）、贾琼（右一）、尚庆坤（右二）在厦门合影

2019年，李德谦夫妇（左四，左五）与稀土分离组部分成员在厦门聚会后合影

2019年,李德谦在广州稀土溶剂萃取与分离技术发展历程研讨会上作报告

2019年,李德谦(前排左四)与稀土界同行在江西省科学院应用化学研究所合影

峥嵘岁月

2019年，李德谦（前排左四）参加"长春应化所与江西稀土合作50周年暨稀土冶炼分离技术交流研讨会"后，与参会人员合影

2021年，倪嘉缵院士（中）到长春应化所与李德谦（左一）、洪广言（右一）聚会

2021年，李德谦夫妇（中）和李富强（右三）到上海有机所与肖伟长研究员（左三）洽谈合作

2023年,孙静(左一)与李德谦夫妇在长春应化所附近餐馆就餐后合影

2023年,李德谦夫妇赴美前,李德谦与稀土分离组部分成员聚会

2023年,李德谦赴美前,稀土分离组成员赵君梅向他献花

2023年3月,李德谦夫妇与儿子李正茂在美国西海岸度假留影

2023年,李德谦夫妇赴美前在长春家中留念

2023年,李德谦夫妇赴美前,稀土分离组部分成员在长春应化所稀土大厦会议室聚会

2013年，李德谦夫妇（前排左起第六、第七）与稀土分离组已毕业部分学生在长春聚会后合影

2003年，搬离本馆前，李德谦（第二排中）与稀土化学与物理实验室全体师生在楼前合影

目 录

李德谦研究员科研成果概述
序 一
序 二
前 言
李德谦科研小传精彩图集

1936～1955

第 1 章　君自故乡来：少年时代

故乡洪湖　/　3
姓名玄机　/　4
父母亲人　/　5
逃避战火的小学时光　/　8
病学参半的初中生活　/　9
就读于省立武昌二中　/　11
本章小结　/　14

1955～1959

第 2 章　风华正茂时：求学珞珈

报考武大　/　17
学在武大　/　19
神奇的稀土　/　21
恩师曾云鹗　/　25
本科毕业论文　/　27
本章小结　/　30

1959～1969

第 3 章　立业应化所：科研启航

到长春应用化学研究所报到 / 33

科研启航 / 37

上海跃龙厂实践 / 48

动荡岁月 / 50

本章小结 / 52

1970～1979

第 4 章　耕耘北国巅：并蒂莲开

喜结良缘 / 55

协助张钰开展"离子交换法分离钇"研究课题 / 60

下厂实践"N263 萃取钇"工艺 / 63

支持彭安完成"环烷酸（HA）萃取钇"研究工作 / 65

组建研究团队 / 70

独立开拓氨化 P507 稀土分离工艺 / 73

开发"N1923 分离稀土与钍"工艺流程 / 79

本章小结 / 81

1980～1989

第5章　攻坚产学研：组建工厂

第一次出国 / 87

开发氨化 P507 分离龙南低钇混合稀土全工艺流程 / 90

组建定南稀土冶炼厂 / 94

执行"713 矿"军转民稀土项目 / 101

开始招收研究生 / 104

本章小结 / 111

1990～1999

第6章　学术攀新高：门人渐众

第一位博士生王春 / 117

开发双溶剂萃取（HAB）体系分离高纯钇工艺流程 / 123

开展 P507 萃取剂的稀土溶剂萃取与分离化学基础
　　研究 / 131

得意门生 / 140

先生的拿手菜 / 153

本章小结 / 156

2000～2009

第7章　迈入新世纪：花果纷呈

迈向新世纪 / 161

设计开发"四川攀西氟碳铈矿铈、钍与稀土分离萃取流程" / 164

组建四川冕宁县方兴稀土公司 / 167

开创"氟碳铈矿清洁冶金与分离制备一体化集成技术"研究先河 / 169

转让技术给江苏丽港稀土公司 / 185

发展"伯胺从包头矿中萃取分离钍和稀土"清洁流程 / 187

朝气蓬勃的稀土分离人 / 192

中秋团圆宴 / 211

本章小结 / 217

2010～2019

第8章　宝刀不言老：砥砺新锋

忙碌的返聘生活 / 223

推广技术，开坛讲学 / 225

开展核纯钍研究 / 232

研发"P507-ROH 分离重稀土新体系和工艺" / 237

跟随弟子，且学且游 / 246

本章小结 / 251

2020～

第9章　莫道桑榆晚：犹有新篇

"新冠"来袭 / 257

报刊约稿 / 257

撰写《结缘稀土60年》科研总结 / 262

享受快乐人生 / 267

无畏疫情 / 270

离别在即 / 272

本章小结 / 274

第10章　弟子三千人：贤者七二

长春应化所稀土分离组新任掌门陈继 / 279

中国科学院赣江创新研究院副院长廖伍平 / 283

中科院海西研究院研究员孙晓琦 / 285

中国恩菲工程技术有限公司王玮玮 / 290

厦门钨业股份有限公司王艳良 / 293

辽宁大学化学院教授熊英 / 296

本章小结 / 300

第 11 章 桃李度春风：永怀师门

1983 级硕士生乐少明：四载随师，终身受益 / 303

1990 级硕博连读生王春：一入师门蒙教诲 / 309

1991 级硕士生孙静：我与先生 / 314

1994 级硕博连读生陈继：扶我上马又送一程，一路叮咛一路情 / 319

1995 级博士生陆军：回忆在长春应化所学习工作点滴 / 321

2001 级博士生王进平：永远的导师 / 326

2000 级硕博连读生赵君梅：天涯海角有尽处，先生恩谊无止境 / 335

2000 级硕博连读生乌东北：廿余载师生情 / 341

2002 级硕博连读生王玮玮：这个领路人润物细无声 / 353

第 12 章 致谢

第 13 章 书评

让科学家的风范久久传扬
——读《六十余载稀土情——李德谦科研小传》有感
叶为民 / 373

让"立德树人"之风吹满校园

——读《六十余载稀土情——李德谦科研小传》有感

　　陈永贵 / 377

春风化雨,方能滋养大地

——读《六十余载稀土情——李德谦科研小传》有感

　　王启刚 / 380

情满稀土分离组

——读《六十余载稀土情——李德谦科研小传》有感

　　孙　静 / 384

窗前撰文琐忆

——庆祝母亲完成《六十余载稀土情——李德谦科研小传》有感　刘一凡 / 387

附　录

附录1　李德谦研究员科研大事年表 / 393

附录2　专利 / 397

附录3　专著专论7章 / 402

附录4　英文研究论文161篇 / 403

附录5　中文研究论文144篇 / 430

附录6　人才培养 / 445

附录7　稀土分离组成员(部分)风采及学籍信息 / 456

第1章
君自故乡来：少年时代
1936～1955

先生少小离家，自大学毕业后一直定居长春，少有返乡。但家族亲友以及祖籍的山山水水都令他魂牵梦绕，思乡之情日久弥深。近百年时光倏忽而过，故乡洪湖经历了沧海桑田的巨大变迁，但先生与故乡的渊源却悠长凝重，经久不息。那山，那水，那人总在先生心中，从未远离。

故乡洪湖

提起洪湖，许多人自然会在耳边响起《洪湖水浪打浪》这首甜美的湖北民歌，那悠扬高亢的曲调，那遍布四处的野鸭与莲藕，还有那满满的稻谷香，不知激起了多少人对鱼米之乡的向往。

清晨，一轮红日冉冉升起，几叶扁舟迎风飘荡。波光粼粼、云蒸霞蔚的湖面如镜子一般倒映着群山绿树，偶有几只飞鸟掠过，俯身冲向碧绿的荷塘。山倒映在水的眼睛里，而水则依偎在城市的怀抱中，依山傍水，你侬我侬。沃土滋养了一代代在这里生存的人民，他们在这片土地上生息繁衍，辛勤劳作，保卫家园，谱写了一曲曲荡气回肠的生命之歌。

洪湖历史悠久，有许多名胜古迹。三国"赤壁之战"火烧乌林的古战场、成吉思汗后裔阿里不哥隐居的陆庄、瞿家湾的明清建筑一条街、湘鄂西革命烈士纪念馆、国家级珍稀动物白鱀豚自然保护区以及省级洪湖湿地自然保护区皆汇集于此，秀丽的湖光水色与灿烂的人文

景观吸引了无数游客。

如今,洪湖已发展成一座通达开放的城市。两桥两路建设打通洪湖交通的任督二脉,上连荆州,下达武汉,跨江跃省、左右逢源,洪湖已成为湖北沿江重要的节点城市。气象一新,工业新城筑巢引凤,与全国路网无缝对接,洪湖实现了发展的新格局、新维度。

姓名玄机

九月洪湖,天高云淡,莲花飘香。

1936年9月8日,洪湖市一户李姓小院里,即将添丁。这个来到世上的婴儿,就是此后毕生都在为稀土分离事业作贡献的李德谦研究员,也是深受学生们爱戴敬重的先生。作为李氏夫妻第一个孩子,先生自然受到了格外的照顾与疼爱,被父母寄予厚望,取名德谦,寓为品德谦虚之意。

先生诞生八十八年后的一个傍晚,先生的朋友弓爱君无意间发现先生的姓名实则另藏"玄机"。他用微信@先生说:"李教授,您好,我发现了一个小秘密,也是一个小小'天机'。您的名字起得非常好,蕴含了我国博大精深的儒家思想。我发现,您的名字与元素周期表中的3个元素同音,锂—锝—铅,锂、锝、铅原子序数分别为:3、43、82,这三个数加起来为128,而镧系元素是从57号镧元素到71号镥元素,把这两个数加起来正好也是128。这预示着您天生就是一个要从事化学科学的研究者，研究方向是稀土元素。您看我发现的小秘密如何？"言语中充满着机智与诙谐。

对此，先生一边很谦逊地回复："谢谢！但我不是天生的化学家，只是一个普通从事稀土化学的工作者。"另一边，又欣欣然地把这个消息转发给了学生。看得出来，先生对自己名字被别样解读非常满意，也甚为骄傲。

"德昭商山自古稀为贵，谦逊洛社从来土中金"，走过了与稀土结缘的六十年历程后，先生发现原来他的名字，早已完美地预示了他对名利的淡泊，对稀土的眷眷深情。

父母亲人

先生出生于小康之家，家中共有七人。父母双亲、两个弟弟和两个妹妹，加上他自己。祖父经商，家中颇有资产，他为先生的父亲取名李崇文，有重视读书人之意。只是，"崇文"则崇文矣，先生的父亲并没有正式上过什么学堂。由于父亲去世较早，所以先生对于父亲的印象已经非常模糊。只记得父亲嗜饮，平时老是醉酒，最后也是因为饮酒才英年早逝。或许是对父亲喝酒发脾气的印象记忆深刻，或许是单纯害怕饮酒导致悲剧，所以，先生和他的兄弟姊妹几个都不喜欢饮酒。

父亲去世后，原本富足的小康之家便陷入困境，生活的重担一下子就落到了先生的母亲身上。母亲叫刘文秀，名字是后来才起的。娘家也是世代经商，先生的父母双亲当年也算是门当户对，青梅竹马。

先生说，外祖父母的家就在由长江、汉水和洪湖围出的一个新堤上，两家只隔着两条街。街上家家户户都做买卖，站在家门口向外望去，可以看到许多船，街上人来人往，十分繁荣。师母在日后这么说：

自李德谦的父亲去世后，他的母亲和妹妹便挑起了生活的重担，靠为人浣洗衣服养家糊口，生活很是困顿。幸亏，有一户人家把孩子寄养在家里，也给了比较丰厚的报酬，一家人才得以维持生活。后来，大妹妹出嫁武汉，小妹妹一直在洪湖，这个孩子也被带到了小妹妹婆家继续养着……

考虑到当时家里的生活状况，大伯父建议李德谦停学。但他的母亲和弟弟、妹妹们没有同意。她们宁可自己辛劳，也不忍心断送长子/哥哥的前程，叫他继续学业。经此变故，李德谦愈发下定决心：虽然我身无缚鸡之力，但用手握住一支笔的力气还是有的！一定不辜负母亲、弟弟和妹妹的期望！只要有赚钱能力，我就能挑起家庭生活的重担，为亲人们遮风避雨！

师母对于先生的家世十分清楚，在饭桌旁对我娓娓道来。停顿一会儿后，师母又继续说道：

正是有这样底层生活的苦难经历，才使得李德谦知道底层人们最需要什么，对于苦难，他很共情，他深刻理解贫苦人们心底的无助与哀伤，这也是他日后同情弱小，保存善良本真最深刻的原因。

对此，我亦深以为然。

由于常年劳作积劳成疾，先生的母亲身体状况一直不佳，六十岁不到就撒手人寰。都说子欲养而亲不待，先生体会尤深。所以，每每提及母亲，先生都会十分难过。操劳一生的母亲，在世时甚至都没有留下一张照片，更别说全家福了，这也成为兄弟姊妹心中的憾事。后来，他请人画了一张小像，以志哀思。先生也一直把这张手绘像存于手机中，以便随身携带，时时瞻仰，仿佛母亲从未离去。

图1-1　先生之母刘文秀手绘像

后来，先生毕业工作，有了经济能力，每月工资38元，自己留下一半作为生活费，另一半寄回老家，逢年过节也会另筹钱寄回去。即使母亲去世后，先生也一直保持这个习惯。即便现在，先生的两个弟弟已经离世，侄子们家里有什么大事需要商榷，先生总会发表自己的看法，尽力予以帮助，俨然是现任家族族长的角色，他常挂在嘴边的话是：

家里的事儿，我说了算！

先生对于身为长兄、伯父，对于能帮助到自己的弟弟妹妹和子侄们，深感自豪。

另外一个对先生影响很大的亲人是先

生的堂兄，他叫李西林，也是李氏家族中出类拔萃的优秀子弟。他高中尚未毕业即开启军旅生涯。最初报考的是飞行员，据师母说前途很不错。但后来因为身体原因，不再适合飞行，便转到广州军区后勤部做事，后升任部长，少将军衔。

堂兄非常支持先生的求学之路。当得知先生被武汉大学录取，而家里又无力承担时，遂决定资助先生，每个月寄给他生活费。正是由于堂兄的支持，先生才得以专心读书，学有所成后帮助弟弟妹妹，也帮助李氏家族的其他亲人们。

家族，是一个特殊的人群聚集体，家族成员之间存在血缘和亲情这一纽带，在人类历史发展中具有重要地位。家族所强调的"休戚相关，荣辱与共"的精神，在先生的成长之路上再一次得到了印证。

逃避战火的小学时光

20世纪三四十年代，或许是近代中国史上最为动荡的一段时期。国家虽然名义上统一，但是内战不断，到处是兵燹（读作 xiǎn）战乱。1937年7月7日，日本发动全面侵华战争，中华民族到了最危险的时刻。

1937年冬到1938年冬，南京、武汉相继失守，日本军机在空中狂轰滥炸。日本兵到处抢掠烧杀。无数底层的百姓都挣扎在水深火热之中，生活苦不堪言。

尽管生活如此困苦，先生的父母仍然选择把他送入江峰小学读书。

据先生回忆："说是读书，其实每天都是在飞机下讨生活，逃生……在汉口六渡桥，总会听到一首口口相传的童谣'天不怕，地不怕，就怕飞机屙粑粑……'"言语虽然只有寥寥几句，却足以反映先生心中当年印象之深刻。

后来，先生有机会转学到武汉读书。一年后，先生在辅仁小学毕业。尽管先天营养不足，尤其是双眼弱视，但在父母兄弟姐妹们共同的呵护照料下，先生却好似开春的杨柳，沐浴着阳光，茁壮成长。稚气未脱的脸上写满了坚韧与力量。挨过饿，忍过痛，就会加倍珍惜和平与安逸的生活。年幼时的苦难经历，使得先生对幸福的感受比常人更加深刻。断断续续的读书生活，也激发了先生的求知欲，他热爱学习、勤于动脑，注定了人生将与众不同。

病学参半的初中生活

1949年，是新中国人民最不能忘记的一年。

1949年的10月1日，中华人民共和国成立，中国人民从此摆脱了被剥削、受奴役的命运，扬眉吐气当家作主人。

是年，先生13岁，顺利考入新堤初中。可他却莫名地患上一种肠病。其时，大伯父为他在武汉联系医院，医生建议开刀做手术，但先生的家人不能接受。于是，初中学习生活，不得不在时断时续中进行，不是在医院问诊，就是在寻访医生的路上。寒来暑往，历经三年。希

望升起，又渐渐沉寂，在身心都倍受折磨后，先生终于等到一名随军南下的军医，经他诊治，先生才得以康复。军医的名字已不可考，只记得姓华，对先生的病症看得很准，表示吃一百副中药就能治好。没有花一分钱问诊费，甚至自始至终，药方也没有任何改变，就这样奇迹般地医好了先生的肠病。

华医生，是名副其实的再世华佗，我很感激他。

每每提及此事，先生总会这么说。

除去寻医看病和偶尔去学校听课外，空闲时间里，先生就会读书。语文通常都是自学，算术、科学等理科科目会向高年级同学请教。虽不是无师自通，但许多内容也要靠自己反复琢磨才能有所理解。所有科目中，先生对化学情有独钟。讲授该科目的是傅缘远老师，他对先生一直很关心。当时的初中化学课本，基本沿用旧教材，后来渐渐转为"以苏为师"，翻译苏版教材。教科书中基础理论知识水平较低，大致处于描述化学现象阶段，所涉及的基础知识以分子-原子论为主线。想象着一个个肉眼不可见的分子、原子是构成物质的基本细胞，它们彼此化合，重新排列，发生奇妙化学反应后，就会生成与反应物性质完全不同的新物质，并伴随一个个变幻莫测的化学现象，每当此时，先生就会沉醉其中，不能自拔。

有了这段病学交替的蹒跚经历，先生对身体健康的重视程度日深，也确立了要学以成材的决心。思来想去，视力不好，身体也不强壮，靠体力谋生显然不适合，入伍当兵也不行。似乎，只有学习，才是改变命运的唯一途径。因此，从初中时代起，先生便坚定努力读书的信念，虽没有一定要达到"为中华之崛起而读书"的境地，但也希望能尽自己最大努力回报亲人、奉献国家。这个信念自少年时代即扎根于先生心中，一直到耄耋之年，历经数十载时代变迁，从未改变。人的一生，偶尔一段时期内坚持做一件事并不是很难，但能一生坚持做好一件事的人寥寥无几，持之以恒无疑需要强大的毅力和决心，先生把毕生精力都奉献给稀土分离事业，矢志不渝，想来也是缘于这段求学经历。

就读于省立武昌二中

1952年，初中毕业后，先生顺利考入省立武昌二中。由于视力差、身体弱，他受到了同班同学们的关心和爱护。在这所学校里，先生度过了充实的求学时光。省立武昌二中最早由英国基督教循道公会创建，名为武昌博文书院，迄今已有130多年历史。1907年，湖广总督张之洞在大东门外官购民地，修建山形西式楼房作永久校址。1928年，该校更名为"武昌博文中学"。1954年，武汉市人民政府又将"武昌博文中学"正式定名为"武汉市第十五中学"。这里人杰地灵，区位得天独厚，人文积淀丰厚。据武汉市第十五中学校史记载：孙中山先生曾在校园内点过兵，也就是现在的"中山坡"；陈独秀、董必武都曾亲临"博文"作过报告；众多的科学家和知名政要曾在这里治学卒业。中国

心理学先驱、浙江省政协原副主席、浙江大学名誉校长、浙江省教育厅原副厅长陈立，天津市原副市长、天津大学校长、中国著名物理学家张国藩，"托着太阳升起的人"著名动物学家吴醒夫，世界著名气象专家、新中国首任气象局局长、中科院院士涂长望，中国科学院院士、武汉大学生命科学学院教授、植物胚胎学家杨弘远，中国科学院院士、武汉大学生化学院教授查全性，华中科技大学教授、博士生导师、人工智能研究所所长李德华等早年都曾在这儿就读。中共一大代表、国务院原参事刘仁静，原广电部部长艾知生，湖北省人大常委会原副主任张岱梨，武汉市委原副书记殷增涛、朱毅等也曾是这所学校的毕业生。历史人物陈立夫回忆在"博文"求学往事时，欣然题写"博文古井"四个大字。120多年来，这里人才辈出，名人众多，充分体现了百年老校卓著的办学效果和深厚的办学底蕴。

秉持"诚之为贵、博我以文、约我以礼"的校训，原博文中学一直是教会学校中的翘楚。治学严谨、管理有方的办学模式，使得先生在省立武昌二中收获良多。尤其是化学老师唐明棣，则直接影响了先生的高考志愿报考意向。作为一所教会学校，武昌二中的文化课程包括国文（语文）、数学、生物、化学、物理、地理和历史，参照苏联教学模式，必修俄语。

唐明棣，原武汉大学教师。退休后，受聘于省立武昌二中任高中化学教员。唐明棣非常喜欢勤奋好学的李德谦，有时候，会指派他上讲台给其他学生们授课，这种教学相长的方式深受李德谦喜爱。每次上台，他都会无比珍视机会，准备起来也格外认真。尤其是讲完后，唐老师会点评他讲得如何透彻，如何清晰，不足之处该如何改进等等。这对于正寻求认同感的青春期少年来讲，无疑是至高无上的鼓励，先生的自尊心亦获得极大满足，他沉醉其中，与化学情分更浓。

1955年7月，蝉鸣声声，艳阳高照。

先生即将高中毕业，奔赴新的人生起点。毕业前夕，任课教师与同学们一起，聚集在教学楼门前合影留念。先生个子矮小，站在后排左二位置。班级里清一色都是男同学，唯一的女性是一名教师，她是政治辅导员，名字先生已经记不清了。只知道她身形消瘦，与当时大多数女教

图1-2　1955年，高中毕业合影，后排左二为李德谦

师一样,平素着装质朴,然而行事却少有女子柔弱之态。照片后方斜插在楼梯口的红旗垂在学生们身后,清晰地昭示着时代的特征。

本章小结

作家吴晓波在《吴敬琏传:一个中国经济学家的肖像》第三章中引用了德国思想家奥斯瓦尔德·斯宾格勒的一段话:"一棵植物,就其本身而论,是无足轻重的。它构成风景的一部分,因某一机缘而在这里落地生根。朦胧的微光,沁凉的寒风,每一株花朵的闭合——这些并不是因,也不是果。"斯宾格勒对植物命运的思考用于对人生经历的评述貌似也极为恰当:一个人对自己的出生地、所属国家与所处时代别无选择,一切因果,其实就是命运而已。生命之所以绚烂或者平淡,其本质上是源于自身性格与环境的造就。生无法选择,命却可以被改变,生与命之间即是奋斗的历程,而努力拼搏以期更好地顺应命运,抑或更改命运的过程恰恰正是生命的精彩所在。

回望先生的过去,虽没有大的起伏,但就其平生所处的国运而言,从民国中期到新中国成立之初,从改革开放伊始,再到国内生产总值位居世界第二,这本身就是一部特殊的历史。先生在这充满起伏跌宕的岁月里,始终能够保持本心,努力坚持做好一件事,持之不懈,甘愿终身为之辛勤耕耘,一步步踏上征途,用知识与勤奋改变了既定命运的人生轨迹。这种毅力与坚持实在是令人钦佩。

第 2 章
风华正茂时：求学珞珈

1955～1959

先生从小学到高中，再到武汉大学化学系，一路如行云流水，畅通无阻。在本科毕业论文设计环节，有幸得到曾云鹗教授悉心指导，开展稀土元素光谱分析研究；本科毕业后，一直就职于中国科学院长春应用化学研究所。报到之初，即应召，于苏锵研究员麾下，与稀土分离技术结下深厚缘分。六十余年，先生的科研活动都紧紧围绕着稀土元素化学及其分离工艺进行，所有成果，都离不开大学阶段打下的良好基础与科学训练。

报考武大

入学高中，时光荏苒，转眼，又是三年时光。

1955年9月，先生19岁。他如愿以偿地考入武汉大学化学系稀有元素专业，光荣地成为化学专业后备人才中的一员。之所以报考武汉大学化学系，既是出于兴趣，也是切合当时就业实际的选择。先生偏爱理科，数理化基础好，尤其喜欢化学，中学时代的傅缘远与唐明棣两位化学教员是先生化学学科的启蒙恩师。另外，化学是我国起步较早的学科之一，新中国成立后，一批优秀的留学人员纷纷回国参与新中国建设，他们之中不乏早期院士和新中国化学学科各专业的奠基人，他们把对祖国深深的热爱转化到了培养人才、完成重大科研工作中来，用青春和热血感染着新中国成立之初的青年学子。身处其中，先生亦对化学学科情有独钟。

作为一门中心学科，化学是一门非常实用的专业。药品供应、矿物开采、化工产品研发都离不开化学。冶炼、制药、医疗、石油等相关企业都需要化学人才，研究单位也需要大批研究者。因此，化学专业的毕业生很容易就能找到工作。本着"学以致用"这一主流思想，先生坚定地选择化学学科为职业。当然，武汉大学离家近，花费较少，也在先生考虑之中。

江城多山，珞珈独秀；山上有黉，武汉大学。

这所具有百多年历史的名校，溯源于1893年清末湖广总督张之洞奏请清政府创办的自强学堂，历经传承演变，1928年定名为国立武汉大学，是近代中国第一批国立大学之一。1946年，学校已形成文、法、理、工、农、医六大学院并驾齐驱的办学格局。据武汉大学校史记载，武汉大学化学系前身为化学与分子科学学院，历史悠久，积淀深厚，是我国建立最早的化学院系之一，其历史可以追溯到湖广总督张之洞在汉阳炼铁厂建立的化学学堂。百余年薪火相传，学院名师荟萃、桃李遍五洲。据不完全统计，院友中有中国科学院院士14人，如曾昭抡、庄长恭、纪育沣、柯俊、彭少逸、陈荣悌、查全性、王佛松、游效曾、江元生、钱保功、卓仁禧、张俐娜和周翔。另有梁骏吾、张高勇2人为中国工程院院士。

为了能顺利考取武汉大学，除正常备考文化课之外，先生付出了额外的努力，说起来，还有一段故事：

当时，报考高等院校前需要例行体检，检查项目包括身高、体重、心肺状态及视力水平等。由于我弱视，担心不能获得报考资格。所以，当别的同学专心复习文化课时，我却每天忙着去医院背默视力表。坚持几个月，通过视力测试后，我获得了"暂准报考"的批函，才算真正具备了高等学校报考资格。

入学那天，我担心求学资格被学校取消，索性不准备任何大件行李，只带了少许随身物品来校报到。庆幸的是，学校对视力的进一步检查，是看颜色板，这并不难，我遂得以顺利进入化学系学习……

多年以后，谈及此事，先生已然没有了当年的情绪起伏。并且，从恬然的谈话中，似乎还传递出一丝窃喜和骄傲。当时的报考要求，对先生并不利。如果不是热衷于学习，不是积极去解决问题，恐怕先生今生与化学再无缘分，更不会有日后成就。面对自身困境，先生能主动寻求解决办法，并且坚定执行。或许效果显著，或许收效甚微，也可能功败垂成，但无论怎样，努力过、坚持过，就会留下印记。这印记，深深浅浅烙在先生成长的每个阶段，成为他人生履历中最宝贵的生命财富。

学在武大

珞珈山麓，东湖之滨，优美的校园和学府殿堂，山川雄奇，人文荟萃，一派生机勃勃的景象。怀揣堂兄资助的生活费，先生知道，求学不易！经历过战火的洗礼，忍受过病痛的折磨，幻想过化学家的壮举，先生对大学生活格外珍惜。

当时国内高校化学系开设课程大致相同，主要课程有：物理、无机化学、有机化学、分析化学、物理化学、有机分析、化学史、国防化学以及工业化学等。化学系同学，实践环节很多。除普通化学实验（两个学期）在大一完成之外，还有物理实验、分析化学实验、有机化学实验、有机分析、有机合成（一个学期）、物理化学实验（十几个实验）和毕业论文（一个学期）这些需要动手实验的课程外，还有化学文献查找和化学文献报告（两个学期，每个同学要报告一次）两门课程。除上课外，学生们大部分时间都在化学实验室中度过。

武汉大学学习气氛很浓，基础课程抓得很紧，同学们的学习热情也很高。

课程内容多，必须要及时记录课堂笔记。可是，苦于弱视，每次上课，先生即使坐在教室第一排，仍然难以清晰地辨识出黑板上的字迹。怎么办？面对困难，先生再一次选择积极面对，努力战胜。得益于长期因自学而建立起来的背默能力，先生学会了速记。每次讲授新内容前，他都会做好预习。等到上课时，只要一听到老师讲到关键点，就迅速地把它补充到预习笔记上，课后再及时整理成复习笔记。就这样，一个知识点，先生往往通过课前预习、课上听讲与课后整理的方式反复学了三遍，领会也更加深刻，顺利地从低年级升入高年级。

正是有了这种速记式学习经历，先生的记忆力和逻辑思维能力都得到了强化训练,反应能力亦明显比同龄人迅速许多。先生在耄耋之年尚能撰写英文研究论文,谈及数十年前所从事的科学试验仍能记忆犹新,概可归因于当时的刻苦修炼。正所谓动心忍性,增益其所不能。

斗转星移,岁月如梭。短短四载,收获良多。

在武汉大学这座被誉为"世界上最美丽的大学之一"的校园里,先生如饥似渴地上课、读书,渴望能为祖国建设贡献青春活力。在这个优雅的人文环境和美丽如画的"人间天堂"里学习、生活,先生终生难忘。做武汉大学优秀学生,以武汉大学为荣,是先生的行为准则。时至今日,热爱母校,关注母校发展,时刻准备为母校尽力,已经成为流淌在先生血液中的一种家校情怀。

神奇的稀土

稀土,英文名为 Rare Earth。说是稀土,其实不是土,也不仅指一种元素,而是一类典型金属元素的统称。稀土之所以"稀",是因为这些元素在地壳中含量较少又相对分散的缘故;稀土元素的化学性质几乎一致,就像是十几个孪生兄弟一样,提取起来相当困难。之所以被称为"土",是因为它们的氧化物多呈土状,无金属光泽,不溶于水。简言之,稀土就是元素周期表中的15种镧系元素——包括镧(La)、铈(Ce)、镨(Pr)、钕(Nd)、钷(Pm)、钐(Sm)、铕(Eu)、钆(Gd)、铽(Tb)、镝(Dy)、钬(Ho)、铒(Er)、铥(Tm)、镱(Yb)、镥（Lu）以及化学性质与镧系元素相近的第三副族中另外两个元素钇（Y，39）和钪（Sc，21）的统称，共计17种。

稀土元素常见的化合价是三价，它们属于周期表中第三（III）副族。在这17种稀土元素中，钪与其他16种元素在自然界中共生关系不太密切，性质也不十分接近，所以也有人不把它归入稀土元素之列。除钪以外，根据它们的物理化学性质，人们常把稀土元素分为轻、中、重三组或者轻、重两组。两组分类法是以钆为界，称钆之前的镧、铈、镨、钕、钷、钐和铕七个元素为轻稀土元素，或铈组元素。钆和钆以后的铽、镝、钬、铒、铥、镱、镥及钇九个元素为重稀土元素或钇组稀土元素。因为钇的离子半径在重稀土元素范围，化学性质与重稀土相似，自然界中又常与重稀土共存，所以把钇归为重稀土组。

元素周期表

17种稀土元素并不是在同一时间被发现的，从1794年芬兰人加多林（J. Gadolin）从硅铍钇矿发现第一个稀土元素钇，1803年发现铈、1839年发现镧、1843年发现铒、1878年发现镱、钬，1879年发现铥、钪，1880年发现钐、钆，1885年发现钕、镨，1886年发现镝、1892年发现铕、1895年发现镥、1907年发现镥，到1947年由美国人马林斯基（J. A. Marinsky）从铀裂变产物稀土元素中用离子交换法分离获得钷，稀土元素发现史整整经历了153年。由于稀土元素的发现与其分离方法的发展密切相关，因此稀土元素的发现史亦可看作是稀土元素分离方法的发展史。也正是从1947年开始，美国科学家发明了用离子交换法分离稀土，并由著名学者斯佩丁（F. H. Spedding, Iowa State University）改进了离子交换法工艺，制备出公斤级的纯净单一稀土，为研究各种单一稀土的本征特性以及开发稀土的用途创造了基本条件。单一稀土元素的获得使人们逐步对稀土丰富的光、电、磁等性质有所认识，为各种稀土功能材料的研制和应用奠定了基础。由此，稀土才由充满误会的元素发现期，真正步入了产业化发展和作为战略元素的应用黄金期。

稀土元素的性质非常相似，但彼此之间又有一些差别，这是由它们的原子和离子的电子结构，以及半径大小所决定的。电子结构特征由电子组态来描述，根据能量最低原理，镧系元素原子的基态电子组态有两种类型：[Xe] 4f 6s 和 [Xe] 4f 5d 6s。当原子受热或电磁辐射激发时，分别失去它们的 5d 6s 或 4f 6s 三个外层电子之后，会变成正三价离子。

当 4f 轨道处于全空、半充满和全充满时，离子较稳定，所以镧、钆、镥的正三价离子是最稳定的。原子序数比镧大 1 或 2 的铈、镨，比钆大 1 的铽原子，也倾向于多电离出 1 或 2 个 4f 电子，变成稳定的 +4 价离子。原子序数比钆、镥小 1 或 2 的钐、铕、镱，也倾向于少电离出 1 或 2 个电子，从而具有半充满或全充满的 4f 轨道，形成稳定的 +2 价离子。由于具有未充满的 4f 电子壳层以及 4f 电子被外层 5s, 5p 电子屏蔽，稀土元素具有极复杂的光谱现象，因此稀土有着与众不同的光、电、磁、超导、催化、活性等优异性能，就像人体内维生素一样，虽然用量不大，但如果在其他材料中加入适量的稀土元素，便可以组合成多种多样、性能各异的新型材料，因此稀土元素具有"工业维生素""未来元素"等美誉，并同钨、铜、铀钍、钽铌一起被誉为"五朵金花"。

镧系元素随着原子序数的增加，核电荷数相应增加，电子依次填入 4f 内层，而外层保持不变。由于 4f 电子的径向分布不可能完全屏蔽核电荷对外层电子的引力，核电荷的增加对外层电子的引力也增大，因而造成镧系元素原子和正三价离子半径也随之减小，这就是"镧系收缩"现象。"镧系收缩"现象，使得铕 (Eu) 以后元素的离子半径接近钇 (Y)，构成与重稀土元素性质极相似的钇组元素，彼此在自然界共生，难于分离……

随着对稀土认识程度的加深，先生充分体会到稀土研究工作的重要性。从此，一眼万年，与稀土结下了一生情缘；与稀土相伴，亦成为先生毕生的研究志向。

恩师曾云鹗

在莘莘学子之中,先生是幸运的。在武汉大学,他遇到了科研历程中的第一位恩师,我国著名分析化学家、稀土化学家和教育家,被誉为"中国稀土元素分析化学奠基人"的曾云鹗教授。

曾云鹗,1915年生于湖南武冈,2018年3月卒于湖北武汉。曾云鹗教授在稀土分析化学领域有高深造诣,在稀土分析中的新方法、新技术和新化学试剂的综合研究领域中取得一系列有特色的重要科研成果;在稀土新型显色剂、分子光谱分析及稀土色谱分离技术等方面,曾云鹗教授及其领导的团队曾多次获得国家级大奖。

先生与曾教授的相识,也是一段佳话。当时,先生就读大学三年级,曾先生则刚刚结束在苏联莫斯科的留学生活,随即执教武汉大学化学系。曾先生开设的课程是稀土化学。课堂上,他引经据典,对17种稀土元素的发展历史了如指掌,对稀土元素的应用前景侃侃而谈,许多知识仿佛都印在脑子里一般,随用随取,且取之不竭。不仅如此,曾先生对人亦十分和蔼,总是笑容满面,与他相处如沐春风。他渊博的学识与亲和的人格魅力,使得先生对他十分崇拜,能在曾先生课堂上学习,他觉得非常开心,也十分期待。或许是爱屋及乌的原因,或许是稀土独特魅力的吸引,先生对稀土化学亦情有独钟。

先生对曾教授的孺慕之情从始至终。1995年,先生返乡,途经武汉时，特意拜访了曾教授，二人在武大新图书馆门前合影留念。2015年，曾教授百岁华诞之际，先生与师母在武汉大学化学院蔡汝秀教授陪同下，到家中看望，并向他赠送了贺礼。虽然，此时的先生，已年近八旬，头发花白，但在曾教授面前仍然如小学生一般，他与师母恭敬地并立于曾教授身后，是那样的低调与谦和。

如今，斯人已逝，英名永存。曾教授一直活在武汉大学校园内，活在先生心里，也活在继续为稀土事业奉献的人群中。曾教授严谨、求实的工作作风，深刻影响了先生对待科学研究的态度；他正直宽厚、谦虚务实的品格亦成为先生的学习楷模。

图 2-1　1995 年，先生（右）与曾云鹗教授（左）在武大新图书馆门前

图 2-2　2015 年，先生（后排右二）与夫人（后排右一）做客曾云鹗教授（前排中）家

本科毕业论文

毕业设计是本科生必须经历的一项重要教学环节,是培养学生综合运用所学基本理论、基本知识和基本技能来分析、解决实际工程问题的重要一环。它与其他教学环节紧密配合、相辅相成,是前面各个教学环节的继续、深入和发展。这一阶段的学习重要性决定了学生必须严肃认真地完成设计内容,奉献高水平的设计成果。因此,研究型高校对于学生本科毕业设计课程都极为重视,而学生在认真完成毕业设计过程中亦会收获颇丰。

在曾云鹗教授的悉心指导下,先生开始接触稀土化学,并开展了题为"稀土中微量铀的光谱分析"的本科毕业论文研究,内容是独居石放射性元素的光谱分析工作。因为分析化学试验对仪器清洁程度有极高要求,因此,要求试验操作必须非常规范,尽可能减小误差。另外,由于稀土元素原子序数较大,发光光谱通常都是由 d-f 和 f-f 电子跃迁引起,导致稀土光谱谱系繁杂,尤其是在当时简陋的科研条件下,利用发射光谱仪来定性和定量准确检测稀土存在困难,但先生对此却从未厌烦。凭借谨慎认真负责的态度,先生不仅出色地完成了导师交给的研究课题,而且积累了初步的稀土分析测试经验,为日后开展钍及稀土的定性分析检测工作奠定了基础。

毕业论文完成之后,先生修满学分,顺利从武汉大学毕业,从此走

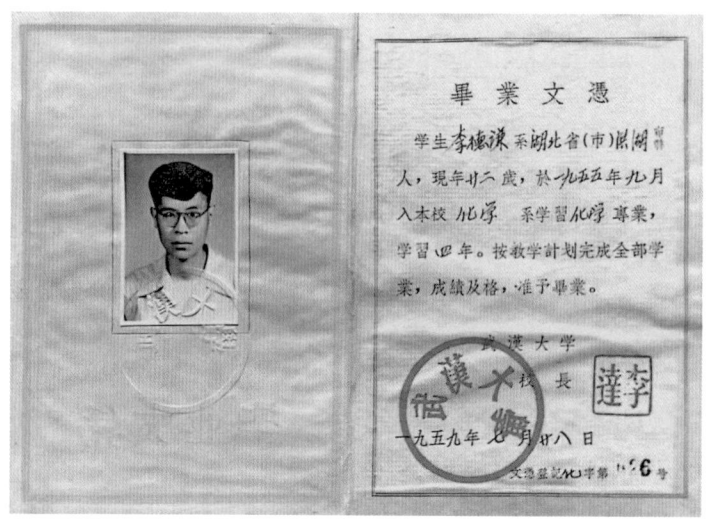

图 2-3 1959 年，先生的大学毕业证书

向工作岗位。1959 年 7 月，武汉大学化学系稀有元素专业全体毕业生特意到照相馆合影留念。此时班级里仍然没有女同学，唯一的女性是辅导员张老师。她坐在前排右一位置，先生在其身后右一位置站立。从照片上看，先生的容貌已经与日后差别不大，笔挺的身姿看起来神采奕奕。虽然，本科毕业以后，先生系统的学习生涯至此全部结束，然而，生命有穷期，求知无止境。在未来的工作中，先生一边工作，一边继续学习，生命不息，学习不止，实现终身学习、毕生进步的奋斗目标。

2009 年 10 月，为纪念毕业离校 50 周年，先生与部分同学相聚武汉校园，重返化学楼前合影。岁月无声无息，却仍在每个人脸上和身上印下了自己的痕迹。与昔日的青涩相比，同学们的样貌已不可辨，唯有先生的那副眼镜仍在每个人的心间，未曾消散。

图 2-4 1959 年,武汉大学化学系稀有元素专业毕业生合影

图 2-5 2009 年 10 月,毕业 50 周年返校,同学在武大合影照

―― **本章小结** ――

　　一个民族青少年的精神面貌决定了该民族的发展状态,要么未老先衰,要么朝气蓬勃,全看教育。大学教育目的并不在于让学生学到多少知识,而在于通过学习形成一种思维,养成一种敢为天下先的气度;不仅在于传承文化中的精华,更在于继承基础上的创新。高质量的大学教育,无疑能让人受益终生。短短四年大学时光,先生在这里认识了最优秀的一批人,学习了先进的教学理念,也受到了高级的科学训练。所有这些,都留在先生不断前进的印迹之中,成为先生日后职业人生的基石与阶梯。

第 3 章
立业应化所：科研启航

1959～1969

北国春城六十载，一草一木总关情。

自1959年大学毕业来到长春后，先生一直生活、工作在长春应用化学研究所，从未离开。先生在第二故乡长春与稀土相知，走上科研道路，此后的人生旅途，先生把毕生的心血和精力全部奉献给了稀土分离事业，取得一项项科研成果，把自己的名字深深印在了长春应用化学研究所科研发展大事记的年表之中。

到长春应用化学研究所报到

1959年8月，立秋时节。北国长春，层林尽染，秋意始浓。

23岁的先生服从分配，在恩师曾云鹗教授推荐下，告别父母亲人，远离故土家乡，到中国科学院长春应用化学研究所（以下简称"长春应化所"）工作，从此开启了筚路蓝缕的科研之旅。

作为国内外享有崇高声誉和影响的综合性化学研究所，长春应化所拥有70多年辉煌的发展历史。其历史沿革大致可划分五个阶段：建所初期（1948—1954年）、发展时期（1959—1977年）、改革开放时期（1978—1999年）、知识创新时期（2000—2014年）以及科技腾飞时期（2015年至今）。

长春应化所前身最早可追溯到伪满时期"大陆科学院"。该院成立于1935年，是伪满设立的综合性科学研究机关，也是东北地区等级最高、设立最早的科学研究机构。共设有23个研究室、4个试验室、

4个工厂、1个实验厂和1个分院及3个下属研究所，研究内容根据日本发动侵略战争的需要而确定，涉及农业、林业、畜产、矿产、冶金等。该机构是日本为掠夺我国东北资源，为侵华战争服务而设立的科研机构。1945年，随着日本投降，大陆科学院解体[1]。

1948年10月18日，长春解放，东北行政委员会接管"伪满大陆科学院"。12月1日，在其基础上，组建"东北工业研究所"。其建设任务是：完成配合（东北）各工厂建设，进行资源调查及研究；培养科学技术研究干部；检验各厂矿产品的质量，联系指导各工厂的技术研究工作；接收苏联科学上的成就、先进技术和经验。1949年9月，"东北工业研究所"更名为"东北科学研究所"。

东北科学研究所成立后，取得了一些成果。1950年12月28日，成功合成出新中国第一块合成橡胶——氯丁橡胶，日产10～20千克生胶，解决了国防建设急需。承担国家下达的钢铁、钨矿、钼矿、锡矿等全分析任务，开始从独居石中提取钍和稀土元素。1951年，研究所有10项科研成果获得了工业部奖励，为东北工、农业经济的恢复与发展作出了重要贡献，多次受到东北人民政府奖励。

1952年8月，东北科学研究所归属中国科学院，改称"中国科学院长春综合研究所"。12月，中国科学院物理化学研究所自上海北迁长春，以物理化学家吴学周为首的43名科技人员，从上海来到长春工作。1954年6月，中国科学院决定，将长春综合研究所的化学部分与北迁长春的中国科学院物理化学研究所合并，组建"中国科学院长春应用化学研究所",由吴学周院士出任所长。这是长春应化所发展史上里程碑式的一件大事,为以后的建设发展奠定了重要基础[1]。

长春应化所下设合成化学、有机化学、物理化学、无机化学、分析化学和农产化学六个研究室,这是研究所早期基础设置。研究所的职能和任务主要是配合东北重工业发展,研究方向包括:合成橡胶及其合成过程研究;重工业建设及矿产资源利用;电化学即稀有元素研究;金属防腐与金属化学研究;光谱分析、固体表面化学、高分子化合物的物理与化学性质以及反应动力学研究;纸浆及纤维素研究;分析化学方面的研究基础及人才培养;有关大豆的研究。

20世纪50年代中期,国家进入大规模经济建设时期,制定了12年科学技术发展远景规划。根据国家经济建设和学科发展需要,特别是在"两弹一星"等战略领域,长春应化所取得了丰硕成果。在稀土分离及稀土元素分析领域,稀土五室在国内首次分离出15个单一稀土元素:镧(La)、铈(Ce)、镨(Pr)、钕(Nd)、钐(Sm)、铕(Eu)、钆(Gd)、铽(Tb)、镝(Dy)、钬(Ho)、铒(Er)、铥(Tm)、镱(Yb)、镥(Lu)和钇(Y),分离纯度达世界领先水平,为我国稀土产业发展作出了先导性重大创新贡献。1958年7月15日,《光明日报》刊登题为"15个希土元素分离成功"的新闻报道。1960年12月,国家科委决定,在长春应化所建立"超纯物质及稀有元素分析测试基地"。1964年,黄本立研究员等编辑出我国第一部《混合希土元素光谱图》[2]。

"文革"结束以后,科学的春天到来,长春应化所把工作重心迅速转到科学研究上。继20世纪70年代中期，汪尔康研究员领导研制了我国第一台脉冲极谱仪和新极谱仪，获中科院科技进步一等奖，1980年，所内七室研制出火箭固体推进剂，并把它应用在我国第一枚远程运载火箭上。1985年，由王佛松研究员负责完成的"顺丁橡胶工业生产新技术"研究成果荣获国家科技进步特等奖。1988年，由李德谦研究员负责完成的"低钇混合稀土分离工艺"获国家技术发明二等奖。1997年9月，"长春热缩"向社会公开发行3 000万A股股票，长春应化所是第一大股东。同年10月7日，"长春热缩"在上海证券交易所鸣锣上市，成为中国科学院系统第一家所办企业上市公司。

据长春应化所所志记载，七十多年来，长春应化所历经先后7次易名，5次改变归属，30余次整合及成批成建制地援建、组建一批新兴科研院所和公司企业，共取得科技成果1 200多项，其中包括镍系顺丁橡胶、火箭固体推进剂、稀土萃取分离、高分子热缩材料等重大科技成果450多项，创造了百余项"中国第一"，荣获国家级自然、发明、科技进步奖60多项，院省（部）级成果奖400余项；申请国内和国际专利4 400余项、授权2 800余项；发表第一单位科技论文20 000余篇（其中SCI收录15 000余篇），专利申请、授权数和论文被SCI收录引用数持续位居全国科研机构前5位；培育了中科院系统第一家境内上市公司——长春热缩材料股份有限公司（"中科英华"）；建成3个国家重点实验室、2个中科院重点实验室、2个国家级分析测试中心；成批成建制地向30余个新兴科研机构和新兴企业输送专业人才1 200

多人，有32位在本所工作和学习过的优秀科学家当选为中国科学院院士、中国工程院院士和发展中国家科学院院士，被誉为"中国应用化学的摇篮"；先后荣获"全国五一劳动奖状"等多种荣誉称号，为我国经济建设、国家安全和社会可持续发展作出了重要贡献。

先生初来时，吴学周院士任所长。吴学周，物理化学家，1902年生于江西萍乡，享年81岁。1924年毕业于南京高等师范学校化学系，1931年获得美国加州理工学院博士学位。1932年，赴德国达摩城高等工业大学，与诺贝尔奖金获得者赫茨伯格（Herzberg）教授一起，从事自由基光谱和分子振动光谱研究。1933年回国。1948年当选为中央研究院院士，1952—1983年在长春应化所工作，1955年被选聘为中国科学院学部委员（院士），是中国分子光谱研究的奠基人之一和化学科学研究的卓越组织者。

科研启航

报到之初，先生即被安排在苏锵先生麾下，开展稀土分离研究。

苏锵，1931年7月生于广州，2017年2月卒于广州。他毕业于北京大学化工系，历任中国科学院长春应用化学研究所研究员、博士生导师、稀土研究室主任、研究所学术委员会主任等职务，是我国稀土科学创新发展的重要开拓者和奠基者之一，著名的无机化学家，中国科学院院士。

此时的苏锵，已近而立之年。他脸颊瘦长，鼻梁高挺，一双眼睛炯炯有神，知识分子特有的书卷气使得他看起来分外儒雅，谦逊和气。刚一见面，先生就被他渊博的学识，平易近人的温和气质所折服。而苏锵，亦对这个刻苦努力的后生心存好感，有意提携。

苏锵不仅是先生从事稀土分离事业的领路人，也是合作者，是共同经历了稀土分离事业从筚路蓝缕到繁花似锦、蒸蒸日上的亲密战友。早在1952年，苏锵就参加了从独居石中提取钍和混合稀土的研究与建厂工作。独居石，是一种含有铈（Ce）和镧（La）的磷酸盐稀土矿物，中文学名"磷铈镧矿"。之所以称为独居石，是缘于它经常以单晶体形式存在。1958年，苏锵又与夫人任玉芳研究员率先在中国开展羧酸萃取分离稀土研究，因此，他在选择适宜萃取剂分离稀土离子方面颇有研究经验。他是先生踏上稀土研究道路上的第二位授业恩师。在世期间，与先生一直保持着深厚情谊，亦师亦友，志同道合。

苏先生的稀土造诣颇深，只是不爱多说话，但是与他谈稀土时，总有说不完的时候。他为我国早期的稀土分离事业作出了巨大贡献。

先生对苏锵院士的评价非常到位，对苏先生的敬仰之情从始至终。即使自己也已进入耄耋之年，每每提及苏院士，也仍保存着谦逊之心。如果说这个世界上先生最希望得到谁的肯定，那苏院士必定是首选。就在传记编撰完成，请人写序的时候，先生也充满感慨地说："如果苏先生能写，就最好了！"只可惜，斯人已逝，徒留遗憾。

虽然，先生与苏锵在早期工作时接触颇多，但二人的合影却很少。

图 3-1　1992 年，先生（右）与苏锵院士（左）在秦皇岛合影

唯一的一张拍摄于 1992 年，当时的情景已然模糊，只记得参加在秦皇岛举办的学术会议后，二人拍过合影。同行者除了苏先生外，还有倪嘉缵院士、姚克敏同行，以及张晓凤等两名学生。秦皇岛的天空有些灰暗，仿佛刚下过雨。海边不甚平整的海滩上有一些游客，却无人下水嬉戏。雾蒙蒙的天空有些寂寥，游人却也不少。面对镜头，两位科学家都是嘴角微微上翘，严肃却又不失温和。

2001 年夏，为纪念苏锵和唐定骧两位先生从事稀土工作 50 年，长春应化所稀土物理与化学国家重点实验室举办了学术报告会，室主任孟健研究员组织了此次聚会，来者甚众。洪广言、李德谦等纷纷与二位先生合影留念，笔者也有机会目睹了苏院士的风采。果真是玉树临风，直叫人不自主地被他温文尔雅的气质所吸引，被他渊博的学识所

图 3-2 2001年众专家在"苏锵、唐定骧从业50周年学术报告会"上合影

左起：李红飞、洪广言、苏锵、唐定骧和先生

折服。2010年9月25日，为纪念苏锵院士及其夫人任玉芳研究员80华诞，长春应化所又在长春南湖宾馆隆重举办了"稀土科学前沿领域学术研讨会"。会后，苏院士夫妇特意回到长春应化所，参观稀土分离实验室，与先生交流，并与先生、陈继、廖伍平、白彦及学生们一起合影留念。看到稀土分离科研团队后继有人，在继续开枝散叶中，苏锵院士心中倍感宽慰。

2015年，得知苏锵院士健康状况不好的消息后，先生携师母专程飞往广州探望。久别重逢，苏院士夫妇对先生和师母的到来十分高兴。设宴招待先生和师母，并合影留念。2017年，苏锵院士与世长辞，上

图 3-3 2010 年 9 月,纪念苏锵夫妇 80 周年华诞,稀土分离组成员与苏锵院士夫妇合影

第一排左起:陈继、李德谦、苏锵、任玉芳、刘书珍和廖伍平;
第二排右一为白彦,第三排右一为孙晓琦,其余均为稀土分离科研团队研究生

图 3-4 2015 年,先生(中)与苏锵(右二)在广州合影

次一别，竟成永诀。此后，每每谈及苏锵院士，先生怀念与不舍之情溢于言表。

1958年，国内尚无稀土冶炼厂，也没有专门从事稀土研究的企业和事业单位。为此，在国家和中科院等相关部门大力支持下，国内第一个稀土中间厂在长春应化所诞生，以期为稀土分离产业化奠定研究基础。1959年，新中国成立后最早建设的钢铁工业基地之一——现包头钢铁（集团）有限责任公司正式投产。20世纪60年代，以"中国地热之父"、地质学家任湘为首的105地质队提交了一份高质量的《内蒙古白云鄂博铁矿稀土稀有元素综合评价报告》，为国家评价出了一座世界罕见的特大型铌-稀土矿床[3]。稀土中间工厂的研究工作随即聚焦于包头稀土矿中的稀土分离工作。而先生也在苏锵院士的直接领导下，在稀土中间工厂开始从事放射性元素钍（Th）及稀土元素铈（Ce）的萃取化学与分离技术基础理论研究。

由于暂时拿不到包头矿样本，研究人员就以独居石分离铀、钍后的混合稀土为原料进行模拟分离工作。中间工厂稀土分离采用湿法空气氧化接水解分离铈，用氨气流分离镧（La），用还原法分离铕（Eu）、钐（Sm）和镱（Yb），而乙二胺四乙酸二钠盐（EDTA）离子交换法用于分离其他稀土的工艺流程。为分析稀土原料中存在的微量钍，先生采用了乙醚萃取-阴离子交换法自硝酸铀酰中萃取分离 ^{233}Th，再对钍进行含量测试。结果表明，这种先分离、再分析的办法对于分析稀土原料中的微量钍十分有效，是他至今最有意义的研究工作之一，每次提及,先生总是充满自豪。

工作期间,有一件事令先生至今难忘。

原来,先生当时患上了盲肠炎,急需做手术。可是,即使用了很多的麻醉剂,但也丝毫感受不到麻痹作用,疼痛感依然很强烈,手术根本无法进行。于是,咨询医生用的是哪种麻醉剂,被告知是乙醚。先生这才告诉医生,他每天都在用乙醚做试验,也没有采取过任何保护措施,身体可能对乙醚已经产生了免疫,希望能换一种麻醉剂。后来,医生把麻药换成吗啡后,手术果然能正常进行。同时,因为每天同铀、钍、乙醚打交道,化验结果表明先生的白血球数值已急速降到2 000个/毫升以下,需立刻休息。1个月后,白细胞含量才恢复正常,但先生依旧继续工作,似乎丝毫未受影响,敬业精神可见一斑。

先生的早期实验主要在中间工厂进行。半年多的时间里,先生就完成"氢氧化铈(Ⅳ)在硝酸溶解时的还原问题"和"用过硫酸铵法氧化和分离少量铈"两项研究,深刻体会到理论联系实际对科学研究的重要性,正式成为了一名踌躇满志的"稀土小兵"[4]。他青春年少、意气风发、斗志昂扬,初尝科研喜悦,兴冲冲地走在科学研究的大路上。

新中国成立之前,中国没有稀土行业,稀土产品依赖进口,关于稀土化学的研究几乎没有。即便是到1957年,上海永联化工厂采用碱法处理独居石生产硝酸钍时,稀土也仅作为副产品堆存。后来,长春应化所钟焕邦研究员等同志开始研究单一稀土的分离,正式拉开了

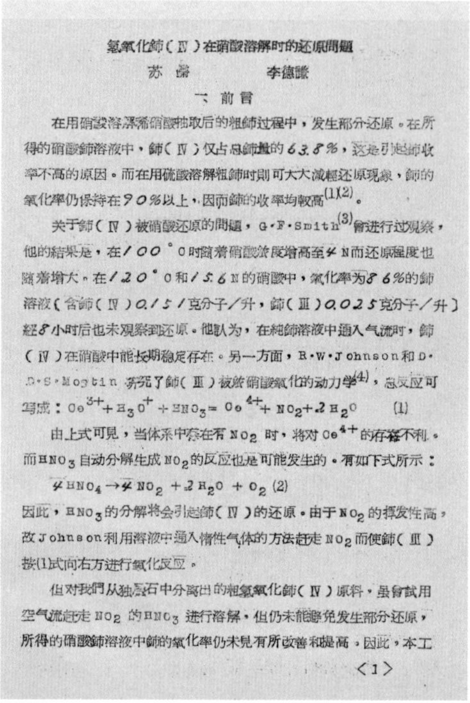

图 3-5　1960 年,"氢氧化铈（Ⅳ）在硝酸溶解时的还原问题"研究报告首页[4]

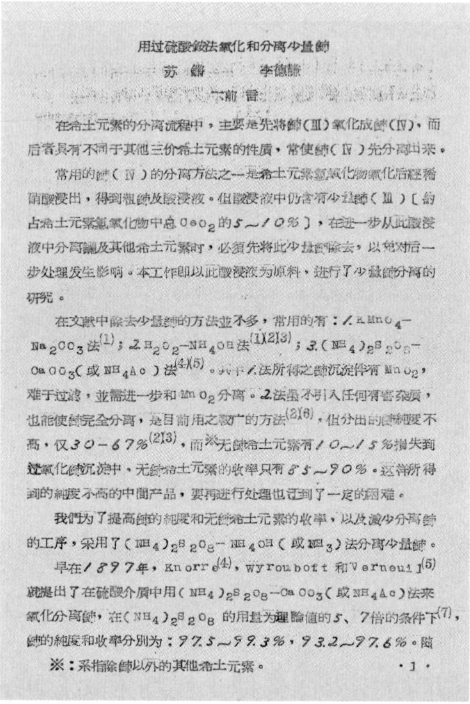

图 3-6　1960 年,"用过硫酸铵法氧化和分离少量铈"研究报告首页[5]

国内稀土研究工作的序幕。60 年代初,长沙 602 厂、上海跃龙化工厂、包钢 8861 厂相继建设投产,中国稀土行业开始由实验室走向工业化。

先生这个"稀土小兵"上阵伊始即投入稀土分离的基础理论研究工作之中。当时,工业上常用的稀土萃取剂是磷酸三丁酯(简称 TBP)。为达到分离目的,萃取流程一般都需要在高酸度条件下进行,从萃取设备组装到工艺操作上都存在困难。不仅如此,用 TBP 做萃取剂时，从硫酸介质中萃取包头稀土精矿中的铈（Ce）和钍（Th）几乎无效。

20世纪60年代初，科研人员发现当使用磷酸二丁酯［简称HDBP，由丁醇与五氧化二磷（P_2O_5）反应制得］做萃取剂时，萃取可在较低酸度下进行。由于HDBP是TBP的水解及辐照后的产物，它对TBP自裂变产物中分离铀和钍亦有影响。因此，用HDBP做萃取剂的研究逐渐增多。针对这一情况，在苏锵指导下，先生系统地开展了HDBP萃取稀土的理论研究。

由于当时国内关于用溶剂萃取法分离提取稀土的研究尚处于初级阶段，因此，从制备HDBP萃取剂所需原料，到合成产物后的物质提纯，再到萃取残余液中目标离子含量的定量分析与检测，都需要从头摸索。尤其是分析稀土中微量钍（Th）时，没有专业分析仪器辅助，只能靠手工滴定完成。为寻找适宜分析的测试方法，先生开展了大量的前期摸索试验，这极大地增加了试验的工作量与复杂程度。但是，先生没有丝毫懈怠，得益于本科阶段对稀土分析方法的专业训练，他广泛查阅文献，反复尝试，发现先用乙醚萃取-阴离子交换法自硝酸铀酰中分离无载体钍Th-234的β放射体，再用Th-234作为示踪原子研究钍的萃取性能这一方法对于分析稀土中微量钍十分有效。凭借一丝不苟的科研态度，先生坚持不懈地把研究工作逐步开展起来。

1962年11月，实验取得阶段性成果。一年半后，《用磷酸二丁酯萃取稀土元素和钍》一文在《原子能科学技术》期刊上发表，这是先生自开展稀土分离研究工作以来的第一篇研究论文[5]。先生心里充满喜悦，这份喜悦来自辛苦但终于有了回报、来自历经失败后获得的成就感。研究论文的发表，为先生日后坚定地从事稀土分离事业增添了信心。

与此同时，在试验过程中，先生发现用HDBP萃取稀土和钍时，当酸度大于3摩尔/升时，四价铈的萃取率比其他铈族稀土高很多。因此，先生敏锐地意识到，调节酸度有可能实现利用HDBP自铈族稀土

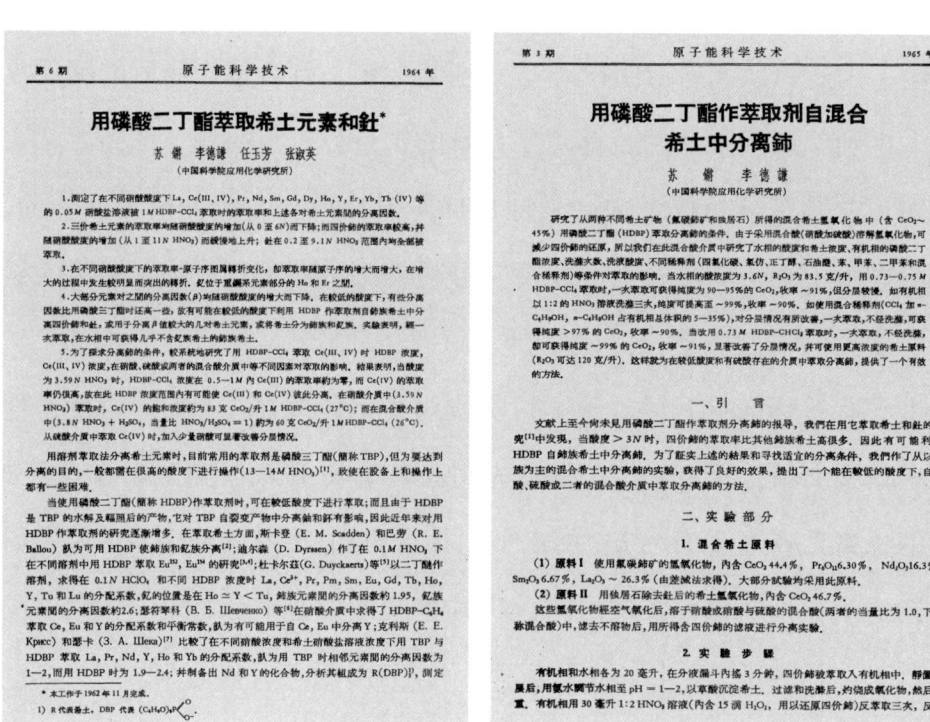

图3-7 1964年，先生发表的第一篇研究论文首页[6]

图3-8 1965年，先生发表的第二篇研究论文首页[7]

中分离铈这一目标。基于这一判断，先生随即设计研究方案，一鼓作气，展开研究工作。

10个月后，又一篇名为《用磷酸二丁酯作萃取剂自混合希土中分离铈》的研究论文在《原子能科学技术》期刊发表[6]。科研成果的相继问世，极大地鼓舞了先生，激发了先生的科研斗志，也是对先生辛勤劳动的最大认可。繁体字的论文页面也记载着时代的厚重与沧桑。虽然，现在看起来，当时的研究工作比较简单，但正是这一点一滴的简单，才搭起了科学事业日新月异的桥梁。工程与工艺研究看起来没有基础理论研究那样深奥与高大，但恰恰是反复的验证与试验，不断摸索与尝试才能把基础研究应用到实践之中，筑起科学事业稳固的基石。

当然，试验过程也并非总是一帆风顺。多数时候，都是预想与结果存在偏差，甚至，二者会背道而驰。每当这时，先生就会静下心来，仔仔细细地回想在试验操作过程中是否有失误的地方，先确保试验程序的规范性，然后，认认真真地分析试验数据，校验数据处理过程中是否有错误之处；所有能想到的地方都重新修正过了，还是不对的话，再检查试验药品是否变质、纯度是否达到要求等问题。先生深知，试验过程中任何一个小小差错，都会导致结果的千差万别。此时，先生的研究天赋就会表现出来，其严谨、求实的科学品德也显露无遗。

善观察，勤思考，对科学问题能深入分析，一直是先生拥有的优良品质。在从事科学研究过程中，先生深切体会到"见微知著，睹始知终"是每一个科学工作者必须勤加修炼的基本技能。因此，在试验过程中，先生更加注重试验设计的合理性、操作的规范性与数据处理的细致化，研究能力日益提高。历经多年的实战，他这个昔日的"稀土小兵"，俨然已成长为一名颇有经验的稀土科研人员。

上海跃龙厂实践

弹指一挥间，先生从事稀土分离工作已经六载。褪去踌躇满志的青涩，淡漠头顶闪耀的光环，在时间的长河中，先生对稀土分离的情意越来越深厚。

为更好地体验独居石的分离工艺和工业生产实践，20世纪60年代初，先生有幸被派到上海跃龙化工厂去考察、学习。跃龙，意为从中国大地上跃起的稀土之龙。它是我国于1958年建成的第一个铀（U）、钍（Th）、稀土（RE）冶炼厂，采用的是烧碱法分解独居石-TBP萃取分离U、Th、RE的工艺流程。始建之时，就被国家寄予发展稀土的厚望，是迄今为止我国最悠久的稀土企业之一，现已更名为上海跃龙有色金属有限公司，稀土产品远销海外。

金秋十月，上海正值多彩季节：天高云淡，月朗风清，气候舒适宜人。略带潮湿的海风轻柔地吹打着面颊，和煦的秋阳暖暖照进心房。开阔的柏油路上人来车往，穿戴整洁的上海市民展现出欣欣向荣的生

活气象。"一年好景君须记,最是橙黄橘绿时。"这是一个满载收获,硕果累累的好时节。

跃龙厂里,一片生机勃勃。为充分利用萃取设备,跃龙厂采取三班倒的上工模式,师傅们轮流休息,机器一刻也不停歇。

为方便与师傅们交流,历时半年多的时间里,先生吃、住都在工厂里。每每遇到不明白的地方,都会虚心向师傅们请教;有新发现的时候,也会及时与他们交流。虽然是知识分子,但先生与工人师傅们待在一起时却毫无违和之感。工人们淳朴、善良的品性,知无不言、言无不尽的传教方式使得先生受益良多。先生因其谦虚好学、不耻下问、坚守生产第一线的求教方式也深受工人师傅们爱戴。

先生对那次受益良多的工业实践经历,深有感触:

在这段时间里,我不仅亲身实践了溶剂萃取法在独居石湿法冶金工业方面的成功应用范例,而且还目睹了离子交换法分离单一稀土的工业实践。首次见到了大型混合澄清器的运行,并向工人师傅学习了如何对萃取器的正常运行进行观测和控制,这一受益匪浅的考察、学习经历为日后让实验室研究成果走向工业化工程奠定了基础。

那时,先生已近而立之年,七载科学探索,他不仅积累了丰富的稀土分离研究经验,而且在基础研究中业已能独当一面。跃龙厂实地考察,又亲历了工业实践,犹如肋生双翼,脚踏煦风,他要在稀土分离事业的大船上拉起风帆,凭借溶剂萃取这副船桨,驶向更深邃莫测的科研海洋!

动荡岁月

命运,从来不以某个人的意志为绝对宗旨。无论悲喜,也不管是否情愿,它总能以不期然的面貌倏忽而至。

正当先生即将在科研道路上扬帆远航,取得更多成果的时候,20世纪60年代中后期,先生的科研工作因为"文革"却不得不中断、暂时停顿下来。不能工作,也不许回老家,先生他们几个外地过来的年轻人只能每天呆在宿舍里消磨时光。好在图书馆每天都会开放,这对于求知若渴的先生来讲,无疑是最好的去处。因此,只要是从图书馆经过的人都会看到先生伏案学习的画面,无论春夏秋冬,寒来暑往,从未间断。

图书馆里,他时而会站起来伸伸腰,时而会拿起笔在本子上写写画画。有时,他脚步匆匆地出门一趟;有时,又会踮起脚尖在书架上翻来找去。如此生活,持续了大约三年时光。翻看字典,查阅科技文献,已成为先生的日常。犹如一块松软的海绵,先生如饥似渴地汲取书本中的知识;仿佛一片干涸的土地,先生在知识的海洋里浸润心田。先生坚信:学习使人进步,科学研究需要日日坚持。

研究所里的图书种类比较单调,且主要以化学、化工学科为主,科技图书中俄文、英文居多。俄文还好些,毕竟先生大学时期主修俄语,有些语言基础。而英语则不行,完全是零基础。对此,先生并不焦虑。不会的词汇，翻查字典；不理解的定理，反复揣摩。开始时读粗浅的，然后渐渐地拓展加深，凭着坚定的毅力和信念，仅靠着双眼不足0.1的视力，先生从而立之年苦学到年近不惑，英文阅读及科学调研能力得到大幅提高，撰写研究论文亦不再是难题，收获很大。

《周易》有言，"易有太极，是生两仪"。任何环境下都存在福、祸两面。没有绝对的福，也没有极致的祸，福兮祸之所伏，祸兮福之所倚。福与祸，总是你中有我，我中有你，且不断变化，端看个人的选择。在那十年特殊的岁月，实验工作几近空白，可谓祸。但先生在此逆境中，却没有退缩，像别的年轻人一般，选择了回家，或者另择别的工作。他依然选择坚持不懈，并充分利用空余时间，努力用知识提升自己，不仅纠正与填补了原有知识体系的偏差与短缺，而且对科学研究的认知也有所加深，是为福。尤其是在所里组织的夜校学习班课堂中，通过学习其他领域相关知识，先生的知识储备得到进一步拓展，无形之中也为日后科研工作的拓展起到了积极作用。

日夜交替，斗转星移。否极才会泰来，黑夜的尽头便是黎明。

20世纪60年代末、70年代初，研究所里的工作渐渐重新启动。冬日已过去，春天将来临。刚开始的时候，黑暗的地方渐渐透出些许光亮，渐渐地，这微光就弥散开来，照亮了整个星空。问道于胸，求知若渴的先生轻轻抖落掉心间的少许尘埃，在稀土分离事业中即将轻装上阵，砥砺前行。

本章小结

生于战火纷飞年代,成长在新中国成立之时,先生的事业发轫之始确乎太过艰难。但幸运的是,先生在有志于学的年纪,得遇恩师,与稀土结缘;在就业的人生路口,与稀土再度重逢。他虽然经历了漫长的科研停滞期,却更加坚定了致力于科学研究的决心。先生刚毅坚卓,毕生钟情于稀土分离事业,矢志不渝。

"天行健,君子以自强不息。"先生在成长路上经历的所有磨难、所有挫折,都是通往成功路上的阶梯,是检验先生毕生发奋图强的试金石。

注释

[1] 胡晓菁、黄少凯、黄艳红:《情系化学 返璞归真:徐晓白传》,北京:中国科学技术出版社2018年版。

[2] 裴蔼丽、沈联芳、程建华、欧阳远珠、黄本立、张定钊:《混合希土元素光谱图》,北京:科学出版社1964年版。

[3] 马爱平:《追忆"中国地热之父"任湘:永远在"开发矿业"》,载《科技日报》2020年12月17日。

[4] 长春应化所档案馆,档案号为54-4-10。

[5] 长春应化所档案馆,档案号为54-4-9。

[6] 苏锵、李德谦:《用磷酸二丁酯作萃取剂自混合希土中分离铈》,载《原子能科学技术》1965年第3期,第243—248页。

[7] 苏锵、李德谦、任玉芳、张淑英:《用磷酸二丁酯萃取希土元素和钍》,载《原子能科学技术》1964年第6期,第734—739页。

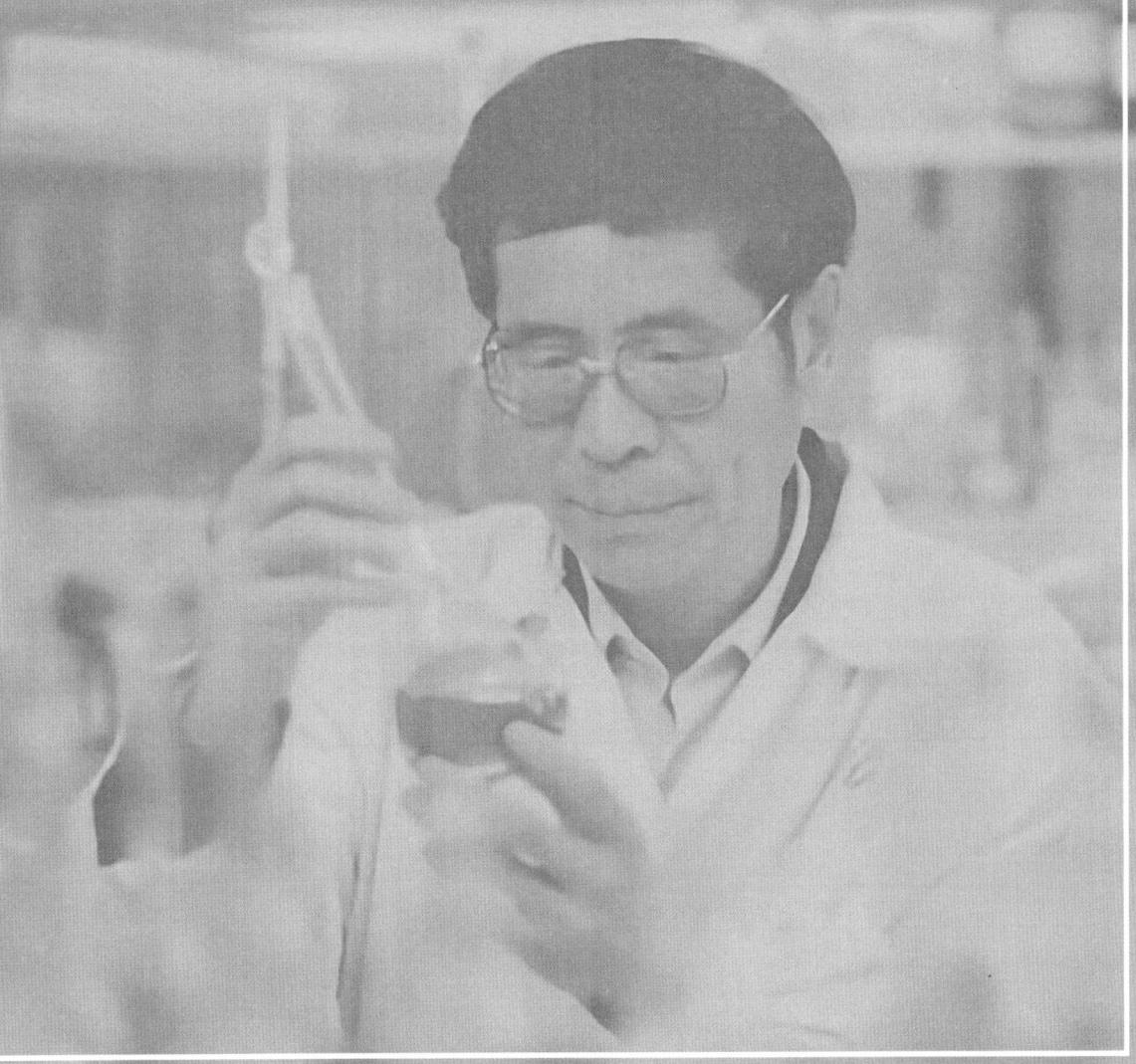

第4章
耕耘北国巅：并蒂莲开

1970～1979

而立之年的先生在科研事业即将大展宏图之时，又迎来了人生一喜：他与师母刘书珍女士喜结良缘，使得自己能全身心地投入工作之中。他协助张钰开展"离子交换法分离钇"研究课题、下厂实践"N263萃取分离钇"工艺、支持彭安完成"环烷酸萃取分离钇"科研项目，并于70年代初组建了自己的研究团队，正式开启了稀土分离工艺独立开发与稀土元素基础化学研究的工作历程。

先生独立从事科研历程的第一站是开拓用伯胺从包头稀土矿中分离钍，以及P507萃取单一稀土两项分离流程的研究工作。历经50多年的生产实践考验表明，P507萃取单一稀土流程仍然是国内湿法冶金稀土分离工艺中无可替代的存在。

喜结良缘

自古以来，中国人讲究的头等大事应是"成家立业"，之所以把"成家"放在"立业"之前，大概是认为成家更有利于事业顺遂。家是个体的集合，也是社会的最小细胞。家庭和睦，不仅令人身心愉悦，也能推动事业发展、国家昌盛。一个人家庭经营得好，就会更有精力和智慧为国家及社会多做贡献，从而实现个人价值。

1972年5月，先生与师母喜结良缘。师母，名讳刘书珍，是所内分析研究室职工，曾在长春应化所光谱培训班学习。先生与师母之前并不认识，彼此没有接触。能有缘结为伉俪，实赖媒人之福。之所以

这么晚才结婚，主要是因为那个年代，人们的思想还比较传统，爱情是个不可言说的话题。先生他们几个先后到应化所工作的外地年轻人，父母不在身边，婚姻大事又不好自己四处张罗，所以只能请同事帮助。先生与师母的爱情，是典型的"先婚后爱"模式，虽无父母之命，却有媒妁之言。

1975年12月14日，儿子李正茂出世。从此，先生在这世上多了一个亲人，又多了一重叫做"父亲"的人生角色。养育孩子是辛苦的，但更多的是快乐。小茂继承了先生聪明、勤奋的良好基因，秉持了师母温柔、善良的品格，谦虚乐观，学习上一路开挂，顺利考入北京大学技术物理系。本科毕业后，又相继考入美国大学攻读硕士和博士学位，蒙美国导师相邀，毕业后留美工作，随即定居美国。2004年，小茂与来自宝岛台湾的陈玉臻小姐结识，后步入婚姻殿堂，二人先后育有一女和一子。2019年，先生与师母赴美探亲，一家六口合影留念。祖孙三代同框，李氏人丁兴旺，且生活幸福，先生与师母倍感欣慰。2023年11月，先生和师母再一次来到美国与亲人团聚时，昔日的小孙女已变成长发飘飘的少女，而懵懵懂懂的小孙子也长大成为顽皮的少年郎，唯有一家人的亲情，任时光流逝，却永远一如既往。

婚后数十载，先生与师母二人一直相濡以沫，风雨同舟。先生的视力不好，师母就是先生的眼睛。无论出差，或是拜访亲朋好友，总是两个人一起。先生拿主意，师母来执行。一起走路，要么就是手挽着手，要么就是师母挽着先生的胳膊肘。温暖，又妥帖。

图 4-1　2019 年，先生全家福

图 4-2　2023 年，先生全家福

偶尔，走在开阔人少的大路上，先生也会松开师母的手。于是，只一会儿的工夫，先生就远远地走在了前头。

这时候，师母就会高喊："喂，等等我！"

或者，先生自己反应过来，等着师母追上来。

先生与师母两人就这样一路等着，喊着，追着，从少年夫妻走到黄昏白首。

师母小先生两岁，虽然身体整体状况不如先生硬朗，但师母却总是把先生的事情放在第一位。虽然也是新时代知识女性，独立自强，但师母更具有中国传统女性温柔贤淑的美好品德，一心一意照顾全家人的饮食起居，从不抱怨牢骚。正是有着师母无微不至的关怀与照顾，先生才能全身心投入工作，以最大的热情去关心学生、钻研课题，解决分离工艺在生产实践中遇到的障碍与难题。

先生虽不善言辞，但对师母温柔体贴。2002年，先生66岁。平日一直准时出现在办公室的他突然有两三天的光景，没有来上班。问询组里孟老师才知道，原来是师母生病住院了。学生们纷纷组团去医院问候，自愿留下来照顾师母，但先生和师母并不同意。先生觉得医院里环境不好，不希望年轻人待在那里；另外呢，先生也放心不下师母。学生们只好回去上班，留下先生一人守护。考虑到医院里的饭菜并不十分可口，先生就抽空烧病号餐带给师母。那段时间，先生虽每日奔忙于医院和住所之间，但丝毫不觉辛苦。如此大概有一周的时间，直到师母出院，伉俪情深，无怨无悔。

经过这次生病,师母也意识到自己身体需要保养。于是,开始与先生一道,重视养生,每日与先生一起,坚持一小时快步走,同时,注意控制饮食。也是从那一年开始,师母慢慢地瘦了下来,变成了身轻体健的模样。人在中年时,先生和师母虽彼此照顾,但并不十分依赖。抚育后代,侍奉双亲,忙于工作,一如多数的中年家庭。但是,随着孩子远离,年岁见长,先生和师母之间越来越离不开彼此。先生是师母的天,师母是先生的地,天与地,一刻也不能分离。如果有一会儿功夫,先生见不到师母,就会追问去了哪里?老伴,老伴,越老越需要彼此相伴。相依为命、彼此珍惜;你若安好,便是晴天。先生与师母之间的爱情虽没有轰轰烈烈,但平凡亦可感天动地。

平等、尊重、互相依赖,彼此搀扶,心意相通一直是先生与师母的爱情状态。

1977年,诗人舒婷写过一首《致橡树》,恰如其分地描写了20世纪七八十年代时期人们普遍的爱情观:

我如果爱你——/绝不像攀援的凌霄花,/借你的高枝炫耀自己;/我如果爱你——/绝不学痴情的鸟儿,/为绿荫重复单调的歌曲;/也不止像泉源,/常年送来清凉的慰藉;/也不止像险峰,/增加你的高度,衬托你的威仪。/甚至日光。/甚至春雨。/不,这些都还不够!/我必须是你近旁的一株木棉,/作为树的形象和你站在一起。/根,紧握在地下,/叶,相触在云里。/每一阵风过,/我们都互相致意,/但没有人,

/听懂我们的言语。/你有你的铜枝铁干,/像刀,像剑,也像戟;/我有我红硕的花朵,/像沉重的叹息,/又像英勇的火炬。/我们分担寒潮、风雷、霹雳;/我们共享雾霭、流岚、虹霓。/仿佛永远分离,/却又终身相依。/这才是伟大的爱情,/坚贞就在这里:爱——/不仅爱你伟岸的身躯,/也爱你坚持的位置,足下的土地。

先生与师母之间的爱情,虽不轰轰烈烈,但朴实隽永;虽不曾有形式上的山盟海誓,却经历了六十多年的天长地久。先生与师母,是夫妻,亦是战友。他们互相尊重,彼此搀扶,并肩抵御生活中的风霜雪雨。他们坚信爱情是世界因为有你而不同、有你才会更多彩。他们之间的爱不是索取,而是互相给予。先生认为:家庭就是夫妻双方为了实现共同目标而构建的堡垒,这堡垒能为爱人遮风、为亲人挡雨。健康的爱情使人心情愉悦,进步提高,而和谐的家庭则为他们增添前进的力量。这力量使先生如沐春风,这力量使师母心情舒畅,这力量使得先生与师母合力奉献于祖国的稀土分离事业之心变得更加坚强!

协助张钰开展"离子交换法分离钇"研究课题

离子吸附型稀土矿又称风化壳淋积型稀土矿。20世纪60年代末,我国首次在江西龙南足洞发现了离子吸附型稀土矿。随后相继在福建、湖南等地均有发现,但江西比较集中,并且开采量大。为开发以中、重稀土为主的离子吸附型稀土矿，急需相应的分离流程工艺。

1969年，江西603钨冶金厂稀土室（江西稀土所前身）陈连祥主任来长春应化所商谈稀土合作事宜，拉开了长春与江西稀土合作的序幕。同年，长春应化所派出包括苏锵在内的10人技术团远赴江西，由"革命领导组"选派陈玉琳为负责人，开始接触江西离子型矿。当时研究内容主要是提取钨细泥中稀土和钪以及制备高纯钇，先生参加了由张珏负责的用醋酸铵离子交换法分离钇的工作。

钇在元素周期表中位于第五周期第（Ⅲ）副族，不属于镧系元素。但由于镧系收缩现象，钇的水合离子半径恰好落在镧系元素钬与铒离子半径之间，导致钇与重稀土元素的物理、化学性质非常接近，通常与其他重稀土元素共生于自然界中，统称为钇组稀土元素。因此，在分离元素钇的工艺流程中，既要考虑十几个化学性质极其相近的镧系元素之间的分离，也必须考虑稀土元素同伴生的杂质元素（如铀、钍、铌、钽、钛、锆、铁、钙、硅、氟、磷等）之间的分离，分离流程相当复杂。

另外，作为"超级工业味精"的重稀土元素，在光、电与磁学领域都表现了相当的特异性，具有广泛的应用前景。随着人们对稀土的认识越来越深，其经济利益和社会效益表现越来越卓越。因而，从以中、重稀土含量丰富著称的南方离子吸附型矿中提取钇的工作十分重要。

抵达江西后，长春应化所稀土分离技术团队采用离子交换色层技术分离钇。离子交换色层原理是利用离子交换反应，以离子交换树脂为固定相，稀土离子溶液或淋洗液为流动相，利用稀土离子与络合剂形成络合物的稳定性不同、稀土离子在固定相内流动速度不同的原理而实现分离稀土目的的一种分离、分析手段。其优点是一次操作可以将多个元素加以分离，且还能得到高纯度产品。缺点是不能连续处理，一次操作周期花费时间长，树脂再生、交换等所耗成本高。目前，这种分离手段已从主流方法上退下来，被溶剂萃取法取代。由于离子交换色层法具有获得单一稀土产品纯度高的突出特点，偶尔，为制取超高纯单一稀土产品以及分离一些重稀土元素，仍需用离子交换色层法[1]。

众人划桨开大船，在张珏研究员的带领下，在不到一年的时间内，技术团队就获得纯度大于99.99%的氧化钇产品。对此，《江西日报》曾以"鸡窝里飞出金凤凰"为题进行了报道。报道说，该项研究为我国高纯氧化钇生产提供了新技术。它是继1958年7月15日在《光明日报》上刊登新闻《15个希土元素分离成功》之后，长春应化所在稀土分离研究领域所取得的又一重大技术进步。

忆往昔峥嵘岁月，先生不无感慨：

给我留下印象最深的是李杰同志，他是负责人（副连长），工作勤奋，为人和善，对我们照顾无微不至。他已离开我们了，但我们非常怀念他！

我们很怀念与蔡启缙总工相处的日子，他领导的江西稀土公司为我国的稀土产业发展作出了很大贡献。

采用离子交换法分离钇的工作经历，使得先生又掌握了一门稀土分离、分析的新技能。他不仅熟悉了离子交换法的基本原理、研究重点，而且对用离子交换法分离钇及相关金属元素的工业应用有了实践经验。这为将氨化 P507 萃取流程与色层技术结合，用于低钇混合稀土矿开发工艺，实现稀土分组、分离之目的提供了借鉴与参考。

下厂实践"N263 萃取钇"工艺

据先生回忆，中国最早的稀土矿发现于 1934 年，民国时期中央研究院地质所何作霖从丁道衡等考察者带回的白云鄂博铁矿标本中发现了稀土元素。历史上，世界稀土资源的供给重心曾有过两次转移，最早的供应国是巴西、印度和澳大利亚。1949 年美国加利福尼亚州的芒廷帕斯稀土矿被发现，使美国成为 20 世纪中期全球最大的稀土供应国。直到 1986 年后，中国才逐渐取而代之。

中国科学院地球物理研究所张培善研究员认为：中国成矿因素繁多，在漫长的地壳演化、频繁的岩浆活动以及变质、地表风化和沉积的共同作用下，形成了分布面广、种类齐全的稀土矿藏。在自然之手的创造与馈赠下，中国稀土以独居石、磷钇矿、淋积型矿、海滨矿砂等矿物形式分布于内蒙古、山东、四川、江西、福建、新疆、海南等 20 多个省区[2]。

稀土矿藏的发现是我国稀土工业和稀土化学发展的重要基础。研究团队组建后，先生遂把工作目标瞄准了我国三大稀土矿：包头白云鄂博稀土矿、江西南方离子吸附型矿和四川氟碳铈矿，研究重点是根据三大矿藏稀土丰度分布特点，开发相应的稀土分离工艺流程。

1972年，先生加入了由中国有色金属研究院孟庆江总工和长春应化所唐谟堂研究员领导的"N263萃取分离钇"研究小组。N263萃取剂，学名甲基三烷基氯化铵，等同于国外Aliquat 336产品，是一种油溶性季铵盐。由于分子中的氯（Cl^-）阴离子可被其他阴离子，特别是金属络阴离子所交换，其功能类似于离子交换树脂，因此又有液态阴离子交换剂之称[3]。

N263之所以能被用来分离钇主要是基于这样一个事实：钇在硝酸盐体系中萃取行为表现接近于重稀土，而在硫氰酸盐体系中其萃取行为更像轻稀土。因此，研究人员推断，如果先使用N263从硝酸盐体系萃取出较轻稀土，再从硫氰酸盐体系中萃取出重稀土，那么，不易被萃取的钇就会被分离出来。

当时，工厂同时运转两套萃取体系，即硝酸盐和硫氰酸盐体系。由于串级萃取工艺是在铁架上运转，而硫氰酸盐体系遇到铁就生成血红色的硫氰酸铁。所以，每次工作结束，白大褂上都会被染上红色，我记得很清楚。

先生不疾不徐地说着。

后来，由于N263分离钇需两个步骤，操作过程较为繁琐，逐渐被环烷酸分离钇一步体系所取代。

支持彭安完成"环烷酸（HA）萃取钇"研究工作

1973 年的一个普通工作日，长春应化所稀土五室一间简陋的实验室里，整齐划一的架子上，正放着一排排的分液漏斗，科研人员正进行着环烷酸萃取钇的串级萃取试验。只见先生左手握着漏斗底部，右手扶紧活塞，眼睛正全神贯注地观察漏斗里的溶液。同事们围在先生身侧，正兴致勃勃地看着、听着。他们的脸上都带着微笑，而实习生小刘右手微微抬起，似乎正指着什么。

另一个场景，干净的试验台上，谢延芬在进行环烷酸分离钇的探索性实验。她左手摇晃着一个装有粉色溶液的锥形瓶，右手夹着笔，眼睛盯着桌上的笔记，似乎正在思考。先生和彭安站在她身后，两人的鼻梁上都架着一副厚厚的眼镜。彭安左手握着分液漏斗，头微微转向先生，很明显，两人在对试验现象进行分析与讨论。

这两副画面，只是 20 世纪 70 年代时期先生与同事们一起工作的日常缩影。当时，他们的平均年龄在四十岁上下，正是科研工作的中流砥柱。他们深知：发现问题、分析问题并及时解决问题，把疑惑及时消灭在萌芽之中，科学研究才会有所收获，有所创新。对待科学研究，他们时刻保持着严谨、认真的工作状态；对待科学研究，他们有着极高的热情与耐心。透明的玻璃瓶内，盛装的不仅仅是五颜六色的

图 4-3 20 世纪 70 年代中期,先生(左三)与同事讨论试验

图 4-4 20 世纪 70 年代中期,先生(中)与彭安(右一)讨论课题

溶液，更是科技工作者们五彩缤纷的化学梦想。

经过几个月摸索，彭安、戴桢容报告了环烷酸萃取分离钇的研究成果。报告指出：在一定条件下，无论是盐酸还是硝酸介质，环烷酸（HA）萃取钇过程中所需溶液酸度的pH值最高，分配比最小，但萃取能力较靠近镧，表明其萃取位置在镧系之外[4-5]。通过串级模拟试验，研究团队从含氧化钇50%～60%混合稀土中获得了大于99.99%的氧化钇Y_2O_3产品，其收率超过90%[6-7]。

1974年，长春应化所与江西南昌603厂（江西稀土所前身）等单位合作，在上述研究成果基础上，研发了用环烷酸从龙南高钇稀土矿中萃取分离高纯钇的分离流程，并于1976年把该流程应用于企业，取得了良好的经济效益。

1978年，研究团队开拓的环烷酸稀土分离工艺获得全国科学大会奖。表彰成果为"稀土元素的提取、分离、分析和应用的研究"（见本书精彩图集之获奖证书），奖励分属长春应化所稀土五室、八室和十一室三个部门，它是科技人员集体智慧的结晶，充分体现了团结就是力量这一革命真理。

"大雪压青松，青松挺且直"。冬日里的皑皑白雪为美丽长春平添了许多风韵。

为纪念稀土五室被评为"先进集体"，组内成员们选择在本馆楼前空地上合影留念。轻盈的雪花挂满树梢，丛丛密密的松枝尽力向天空伸展。先生站在后排居中位置，是唯一戴着眼镜的学者，具有很高的辨识度。左手边是倪嘉缵院士,他高高瘦瘦的,眼窝深陷,是典型的南方人面孔。黑白老照片带着时间的印记,把先生的思绪拉回了往昔。

图 4-5　20 世纪 70 年代,稀土五室成员冬日合影,后排中为先生

照片中第一张后排,左边的是谢延芬女士,她是日本留下的孤儿,她有一个妹妹,二人均由一位体育老师抚养。谢延芬毕业于所办大学,留所在五室一组工作,妹妹清华大学毕业。谢延芬最早参加伯胺萃取钍及稀土研究。她们姐妹二人均已返回日本定居。谢延芬回中国几次,均是到长春应化所叙旧,对我们组很有感情。

图 4-6　20 世纪 70 年代，先生（右一）与同事在南湖合影

这张前排从左到右，第一位是王君仁，彭安的先生，早已去世。第三位是纽秉良先生，是吴学周所长来长春应化所时带来的，他实验非常严格，洗过的玻璃烧杯一点也不挂水珠。现在已知的只有我等三人健在。

先生指着照片上的人徐徐说道。

回忆过去，难免会有些伤感；展望未来，前途充满希望。昔日的战友有些已经故去，但一起经历过的欢喜却从未远离。这些为我国稀土分离事业贡献了青春和才智的人们，他们的容颜已永久定格在这方寸照片之间，再不会老去。

2019 年，先生与师母因公出差去北京，顺便探望昔日的工作战友彭安。此时，三人都已年过七旬，青丝添白发、少年变白头。彭安坐在轮椅上，行走要人搀扶，身体已大不如前。三人聊聊亲朋故友，说说彼此日常，慨叹时光匆匆流逝，憧憬明日科技之辉煌。岁月带走了年轻的容颜，却带不走他们心底深处对待科学研究的那份执着与纯真。

20世纪70年代中后期是先生身先士卒、事必躬亲、独立思考的一段科研时光。每日与一批学识相当、志趣相投的同事们进行科学研究，发现问题、共同思考。求同存异、心无旁骛的工作状态，使先生心中倍感充实。身着白大褂、脚踩翻毛靴的工作打扮，使先生看起来格外帅气。就连厚重的眼镜片也为他增添了几分儒雅的风华。同筑强国梦，共结稀土情，长春应化所的老一辈科学家们展现了他们最朴实、最勤奋、最无私的家国情怀。

组建研究团队

60年代末，研究室希望苏先生从事稀土应用领域研究。但是，苏先生认为稀土萃取化学亦不应该放弃，应该有人接上。对此，我表示会继续开展苏锵及任玉芳两位研究员开创的稀土萃取化学研究，把稀土分离技术发扬下去。苏先生很高兴，亦很欣慰。因此，我就在他的继续指导下，开始了独立研究。

70年代伊始，我成为稀土分离化学与工艺研究的负责人，并组建了自己的研究团队。早期的研究人员主要是职工，沈春雷、徐雯、林大志、谢延芬、高原、金桂琴、林寿贤、王忠怀、孟淑兰等十多人都曾是组内成员。他们多出自如兰州大学、吉林大学、武汉大学、北京大学等名校，业务能力精湛，主人翁责任感强，为早期的中国稀土分离事业作出了很大的贡献！

……

后来，这些人或是工作调动，或是健康原因，或是出国深造，渐渐偏离了稀土分离研究方向。坚守到最后，组里只剩下王忠怀和孟淑兰了。

说到王忠怀，先生的情绪明显有些低落。

王忠怀，女，2005年卒于吉林省长春市。她本科毕业于兰州大学化学系，比先生略小几岁。王老师在世时，业务娴熟，尤其擅长分析化学。对于提取复杂体系中稀土及钍离子检测方法，颇有心得。试验中遇到疑难问题，向她请教，都会得到圆满解决。王老师性情率直，笑声爽朗；为人热情，遇事喜欢直截了当。在早期包头稀土矿中钍及稀土元素的分离化学基础研究及分离工艺开发方面，王老师做了大量工作，是稀土分离组元老级人物，也是先生的重要工作帮手。

由于具有家族遗传病史，王忠怀老师身体多病，但她极少会说出来，只有个别同事才知道她的健康状况。

2004年，王老师的身体已不适合工作，只能居家休养，但先生仍旧每月支付劳务费用给她，以减轻她的经济压力。直到2005年的一天下午，王忠怀老师自感时日无多，特意把先生与师母请到家中，交还实验记录。她认真地说：

我想着，如果我人不在了，这些记录是要交还给实验室的！

先生和师母听了，心中更加难过，真是：执手相看泪眼，竟无语凝噎。为生命如此脆弱而难过，为不能挽留王忠怀老师的生命而难过。王老师，直到生命最后，心里还在想着课题组，想着如何交接工作，这是怎样的一种敬业精神呢！

不久，王老师与世长辞，组内学生都深感惋惜。每每想起，眼前总会浮现她亲切的笑颜，爽朗的笑声亦会在脑海中萦绕。她伏案滴定稀土溶液、分析试验数据的身影总是历历在目，恍如昨日。如今，原稀土五室几经搬家，许多资料都不慎丢失，不得不叫人扼腕叹息。

图4-7　20世纪70年代，王忠怀（前排右二）、李德谦（后排右二）等合影

图 4-8 2003 年,稀土分离组老师实验室合影,左一为王忠怀

80 年代后,我开始招收研究生,学生越来越多,渐渐成为了科研中的生力军和执行者。稀土分离组能发展到现在的规模,不是我一个人的功劳,学生们发挥了极为重要的作用!

说起后起之秀,先生的离愁别绪缓缓消散,随之而来的是满脸的骄傲与自豪。

独立开拓氨化 P507 稀土分离工艺

重稀土被称为"超级工业味精",市场需求量大,价格也一路飙升。我国稀土工业所用的主要矿物原料氟碳铈矿几乎不含重稀土，独居石中重稀土含量也很少，而南方离子型稀土矿拥有得天独厚的重稀土资源，是稀缺昂贵的铽、铥、镥等重稀土元素的主要来源。

江西龙南稀土矿以重稀土为主，其中氧化钇占比达60%，中、重稀土占比30%，是世界罕见的重稀土资源矿产地。外国人从江西进口大量龙南稀土矿，仅仅是按氧化钇计价，大量的稀贵重稀土以白菜价白白送给了外国人。然而，更为可悲的是，20世纪70年代，国内处理龙南稀土矿只是以提取氧化钇为主，而对其他稀土的分离尚无一个可供生产上采用的工艺流程[8]。

溶剂萃取法具有操作可连续化、处理量大、生产周期短的明显优势，无疑是分离单一稀土的首选技术。溶剂萃取原理是利用萃取剂中的有机官能团与稀土离子之间的强烈化学螯合作用，选择性地把稀土离子从水相转移到油相，再通过酸液洗脱有机相等反萃取手段，把目标离子从有机相重新转移到水相，达到分离单一稀土的目的。因此，萃取剂的选择至关重要。

镧系元素之间的理化性质十分相似，多数稀土离子半径居于相邻两元素之间，非常相近，在水溶液中都是以稳定的三价态形式存在。稀土离子与水的亲和力大，因受水合物保护，其化学性质非常相似，分离提纯极为困难。因此，筛选适宜萃取剂和萃取体系，考察单一稀土溶剂萃取行为、探索溶剂萃取过程中的传质模式与机理，系统性开展南方离子吸附型矿中稀土离子的萃取理论研究具有重要意义。

20 世纪 60 年代末，我国首次在江西龙南发现了离子吸附型稀土矿，而后相继在福建、湖南等地均有发现。继 N263、环烷酸分离钇研究工作后，为开发以中、重稀土为主的离子吸附型稀土矿，先生把目标锁定在 P507 分组分离、提取单一稀土的工作内容上，并于 1973 年开始独立从事 P507 萃取稀土元素化学与分离工艺研究。

P507，学名 2-乙基己基膦酸单 2-乙基己基酯，英文缩写为 HEH（EHP），被认为是国产第二代工业酸性萃取剂。第一代国产工业酸性萃取剂俗称 P204，学名二（2-乙基己基）磷酸，英文首字母缩写为 D2EHPA。P204 与 P507 均属于磷类萃取剂，其中 P 代表磷元素，而 204 和 507 则分别表示当时研究人员的办公室房间号。实现二者工业规模上的国内合成由上海有机所袁承业科研团队与上海莱雅仕化工有限公司李富强总经理合作完成。

最早开展有关酸性磷（膦）类萃取剂研究的，是美国阿贡国家实验室（Argonne National Laboratory）的 Peppard 教授团队。1958 年，他们率先提出烷基磷酸萃取机理为阳离子交换反应，这为其分离稀土离子奠定了理论基础。60 年代中期，美国钼公司（Molycorp Inc.）采用二（2-乙基己基）磷酸 D2EHPA 为萃取剂，成功从氟碳铈矿酸浸液中生产出了氧化铕（Eu_2O_3）。

为解决 D2EHPA 在萃取稀土离子过程中存在的萃取酸度高、反萃取困难问题，70 年代初，以袁承业院士为首的上海有机所科研团队参考美国科学家 Peppard 的研究工作，成功地在工业规模上合成了国产第二代酸性磷类萃取剂 P507，为萃取分离稀土技术的发展奠定了物质基础。

对于萃取剂发展史，先生如数家珍，脱口而出。对于萃取专家，亦是情谊甚笃。

袁承业，生于 1924 年 8 月，卒于 2018 年 1 月 9 日。他是中国萃取剂化学研究的开创者、著名有机化学家、中国科学院院士。

一段时间，我与袁院士联系很多，也曾去上海有机所专门拜访过几次，受益匪浅！

袁院士的工作内容是研发稀土萃取剂，关注合成，而先生则是利用萃取剂的功能，侧重点在应用。没有适宜萃取剂，稀土分离效率不会高；没有稀土分离效率参数指导，也无法优化萃取剂结构，最终无法推广应用。结构与性能，制备与功用，珠联璧合、密切相关。

结果表明，P507 是萃取分离稀土的优良萃取剂，其萃取稀土的平均分离系数高于 P204。萃取机理依旧是阳离子交换反应，即萃取能力和水相氢离子浓度的三次方成正比。

基于萃取机理：$RE^{3+}+3(HL)_{2(o)} \xrightleftharpoons{K_1} RE(HL_2)_{3(o)}+3H^+$ 可知，水相酸度是影响萃取效率的重要因素之一。其中 RE^{3+} 代表稀土离子，$(HL)_{2(o)}$ 代表酸性萃取剂二聚体，$RE(HL_2)_{3(o)}$ 是萃取剂稀土络合物。为保证萃取过程中水相酸度及有机相萃取容量能够维持在一定范围内，先生率先提出 P507 萃取剂"皂化"概念。所谓"皂化"，是指用碱液预先与酸性萃取剂发生酸碱中和反应，以除去一部分萃取剂中的氢离子，降低其酸度的一种酸性萃取剂预处理方法。皂化后的萃取剂与稀土进行离子交换时，可明显降低其萃取酸度，且相分离状态更佳。

通过大量的研究试验，研究团队发现：用于皂化的碱性阳离子可选择铵根离子[(NH$_4$(Ⅰ)]、钠离子[Na(Ⅰ)]、钙离子[Ca(Ⅱ)]等。但是，经NH$_4$(Ⅰ)皂化的P507萃取剂在稀土离子的分离选择性、萃取容量、相分离等方面，相比于Na(Ⅰ)、Ca(Ⅱ)等离子皂化的P507萃取剂均具有显著提高，且对分离体系不引入像Na(Ⅰ)和Ca(Ⅱ)一类的杂质离子，是最适宜的萃取剂皂化离子。P507最适宜皂化度为36%，之所以确定这一皂化值，是因为在稀土分离工厂中，镧(La)/铈(Ce)萃取线、钕(Nd)/钬(Ho)萃取线（大组分线）、钐(Sm)/铕(Eu)/钆(Gd)萃取线、纯铕(Eu)萃取线、钆(Gd)/铽(Tb)/镝(Dy)萃取线、铒(Er)/铥(Tm)萃取线等普遍采用1.5摩尔/升的P507萃取剂，液碱皂化值为0.54摩尔/升，换算过来皂化值即是36%。结果证明，氨化P507在稀土分离系数和萃取容量方面均有明显优势[9]。

基于这一发现，先生带领课题组职工和学生们率先在国内开展了氨化P507萃取、分组分离稀土离子的系统性基础研究工作，开展了大量的基本参数测定试验。通过反复筛选萃取体系，测定氨化与否，不同稀土离子浓度、溶液酸度、反应温度、萃取平衡时间等参数对分配比影响规律的对比试验，提出了氨化P507萃取、分组分离工艺流程，这是一个具有我国自主知识产权的单一稀土分离流程。之后，长春应化所与江西603厂共同完成了用氨化P507对龙南低钇稀土矿分组分离的工艺研究，确立了氨化P507的主体地位。

1976年，"第一次全国稀土萃取会议"在包头召开，先生首次在会上报告了这一成果。

20世纪80年代初，氨化P507流程被列为国家科委"六五"重点攻关项目，时任长春应化所所长的倪嘉缵院士作为项目负责人牵头承担了这一任务，先生为技术负责人。

此后，氨化P507分离流程逐步广泛应用于我国稀土冶金工业，为国家创造了巨大的经济和社会效益。2015年，最后一个用P204分离稀

图4-9　倪嘉缵院士（中）与参加"六五"攻关项目人员交流
右一王忠怀，左二（遮）李德谦

土的冶炼厂宣布改用P507进行稀土分离及提取。至此，全国100%的稀土冶炼厂均采用氨化P507流程分离单一稀土，这一过程整整经历了30余年，至今无可代替。

P507分离工艺的地位至少在未来15年内无法撼动，这是由它的发展历程所决定的。正如20世纪四五十年代美国爱荷华州立大学物理化学家和无机化学家斯佩丁（1902-1984）（Spedding）教授开拓了EDTA离子交换法分离单一稀土以来，一直沿用到现在一样。

先生对于这一成果充满了肯定与自信。

开发"N1923分离稀土与钍"工艺流程

我国稀土矿主要分布于内蒙古白云鄂博、江西赣州、福建长汀、山东微山、四川冕宁等地，其中包头白云鄂博矿是世界最大的稀土矿山。业内有句话：世界稀土在中国，中国稀土在包头。相关数据显示，全球已探明的稀土资源工业储量约9261万吨（稀土氧化物），但我国内蒙古包头白云鄂博矿就占到了世界储量的62%、中国储量的87.1%。因此，包头"稀土之都"的称号当之无愧！

内蒙古包头白云鄂博稀土矿，发现于1934年，它位于包头市区以北150公里的白云鄂博地区，是我国著名的以铁、稀土、铌等为主的特大型多金属共生矿床，属于复合型稀土矿。工业有价元素多达20多种，稀土元素工业储量为3500万吨。同时，包头矿也是世界第二大钍矿，钍储量为28万多吨，仅次于印度（34万多吨），其矿物分布特点是钍与稀土伴生。

钍在自然界中以单一同位素钍-232（^{232}Th）存在。^{232}Th不能直接作为核燃料，但在快中子作用下，能够吸收中子发生核反应后转变为铀-233（^{233}U），^{233}U是具有较大衰变截面的核燃料。^{232}Th储量是天然铀的50倍，作为核燃料利用率是天然铀的200倍，随着铀资源的日益贫乏，钍将成为人类宝贵的核能资源。并且，钍作为核燃料不产生对环境危害较大的长寿命超铀放射性元素，有利于和平利用核能。因此，钍作为核燃料已成为当前国际原子能研究和发展的重点领域。

早在20世纪60年代初，先生就已经在苏锵的指导下参加了包头稀土矿综合利用的"415任务"。所谓"415任务"，指的是专门针对包头矿综合利用和稀土应用的研究任务。20世纪60年代中期，先生系统开展了P204分离包头矿中的铈Ce（Ⅳ）和钍Th的热力学研究，并在包头完成了用P204从包头矿中萃取分离这两种元素的串级模拟试验，开发了我国第一个用P204萃取法从包头矿中分离钍、铈的工业流程，这是在我国首次推广P204分离稀土的研究。但是，研究发现，用矿物酸从负载Th的P204有机相中反萃取Th很困难，限制了P204萃取剂在工业上的应用[10-12]。

20世纪60年代末期，继上海有机所合成新型萃取剂仲碳伯胺N1923之后，先生领导的科研小组就率先开展了N1923从包头矿硫酸焙烧水浸液中分离Th和提取稀土的系列研究，为分离Th奠定了研究

基础,成为冶金部和中科院的重大攻关项目。研究结果表明,N1923 是从硫酸介质中萃取分离钍的特效萃取剂,并以此开发出了以 N1923 分离 Th 的工艺流程。

20 世纪 70 年代初,冶金部决定由长春应化所负责,组成"伯胺会战组"。项目负责人是倪嘉缵院士,先生是技术负责人。国内共有 11 家研究单位参加,很快在包头进行了扩大试验。在此基础上,1979 年,在长春应化所牵头带领下,"伯胺会战组"在北京通县进行了千吨级 N1923 分离 Th 工业试验,取得预期效果,为 N1923 工业应用提供了工程参数。"用伯胺从包头稀土精矿硫酸焙烧水浸渣中萃取分离钍和制取硝酸钍工业性试验"项目是处理包头稀土矿的"五朵金花"之一。该项目成果于 1980 年获中国科学院科技成果一等奖。目前,该工艺已用于从独居石中分离钍的冶金工业。三年以后,后续"伯胺提取氯化稀土工艺"又获得中科院科技成果一等奖,十年磨一剑,恰是如此。

然而,正值伯胺流程即将走向包头矿工业之际,有单位将包头矿前处理工艺改为浓硫酸高温(> 800℃)焙烧,将钍"烧死"在渣中,给包头市的环境治理留下了致命的隐患。也因此导致先生在未来的 40 年里,一直为寻求包头矿的清洁生产流程而苦苦探索[13-16]。

── 本章小结 ──

20 世纪 70 年代以前,先生处于"上九,潜龙勿用"阶段,其志在学。虽经历动荡挫折,却从未止住前进的脚步,此乃元吉,是个好的开始;之后,顺应天时,承接稀土分离事业旗帜,反复实践,在实践中又继续学习,不断提升自身业务水平及学术影响力,此乃事业亨通之象;聚焦国家稀土资源开发困境,追赶科技发展前沿,选定 P507 萃取剂作为研究对象,率先研发氨化 P507 稀土分离流程,使之最终成为国内湿法分离稀土领域中至今尚无替代的存在,实现了报效祖国,用科技服务社会的远大志向。

熬过科技停滞期的黑暗,科学研究终会迎来迅猛发展时刻。经历过产业化的求真与探索,先生更加钟情于稀土分离事业。他坚苦卓绝,积极向上,凭借溶剂萃取这一技术,在稀土分离领域中顺势而为,一路高歌,让更多的稀土企业沐浴到了科技的曙光!

注释

[1] 刘宝芬:《近年来稀土萃取剂和工艺的研究进展》,载《湿法冶金》1993 年 1 月号,第 57—60 页。

[2] 参见《美国国家地理》2019 年第 12 期,第 37—51 页。

[3] 陈耀焕、盛怀禹:《季按型萃取剂 N263 的纯化、转型和分析研究》,载《化学试剂》1984 年 6 月第 1 期,第 12—15 页。

[4] 彭安、戴桢容、王长祥:《环烷酸萃取分离混合稀土中的钇》,载中国科学院长春应用化学研究所《稀土化学论文集》,北京:科学出版社 1982 年版,第 39—49 页。

[5] Peng A, Dai Z R., Wang C X: The yttrium separation from mixed rare earth with naphthenic acid, Rare Earth Chemistry Symposium, Science Press,

Beijing, 1982 年，第 39 页。

[6] 戴桢容、王长祥、王子尧：《液液萃取分离高纯钇》，载《中国发明专利》，专利号：CN 85102220，1985。

[7] 戴桢容、宋文仲、王长祥：《溶剂萃取分离钇及制备低钇混合稀土》，载《中国发明专利》，专利号：CN 85102270，1985。

[8] 黄小卫、张永琦、李红卫：《我国稀土资源的开发利用现状与发展趋势》，载《中国科学基金》2011 年第 24 卷第 2 期，第 129—133 页。

[9] 李德谦、吴忠臣、纪瑞恩：《用 P507 从硝酸溶液中萃取分离轻重稀土元素》，载《稀土》1981 年第 1 期，第 23—27 页。

[10] 李德谦等：《用 P507 萃取三价稀土元素钪、铈（Ⅳ）和钍》，载《稀土资料汇编—第一次全国稀土萃取会议资料》1976 年第 7 期，第 79—93 页。

[11] 李德谦等：《用 P507 从硫酸溶液中萃取三价稀土元素钪、铈（Ⅳ）和钍》，载《稀土萃取资料汇编—第一次全国稀土萃取会议资料》1976 年第 7 期，第 95—103 页。

[12]《稀土》编写组编著：《稀土》上册，冶金工业出版社 1978 年版，第 536—538 页。

[13] 薛理珍、李德谦：《二（2-乙基己基）膦酸从盐酸介质中萃取钪（Ⅲ）、钇（Ⅲ）、镧系离子（Ⅲ）和铁（Ⅲ）》，载《应用化学》1992 年第 4 期，第 21—25 页。

[14] Li D Q, Zuo Y, Meng S L: *Separation of thorium (IV) and extracting rare earths from sulfuric and phosphoric acid solutions by solvent extraction method*, J. Alloy. Comp., 2004 年第 374 卷第 1—2 期，第 431—433 页。

[15] Liu J J, Wang Y L, Li D Q: *Extraction kinetics of thorium (IV) with primary amine N1923 in sulfate media using a constant interfacial cell with laminar flow*, Sep. Sci. Technol., 2008 年第 43 期，第 431—445 页。

[16] Li D Q, Wang X T, Bai Y, Liu J J, Li D, Liu S Z: *A novel clean metallurgical process for Baotou ore: The industrial test data*, COM 2014-Conference of Metallurgists Proceedings, ISBN: 978-1-926872-24-7, Published by the Canadian Institute of Mining, Metallurgy and Petroleum 2014, 8369。

第 5 章
攻坚产学研：组建工厂

1980～1989

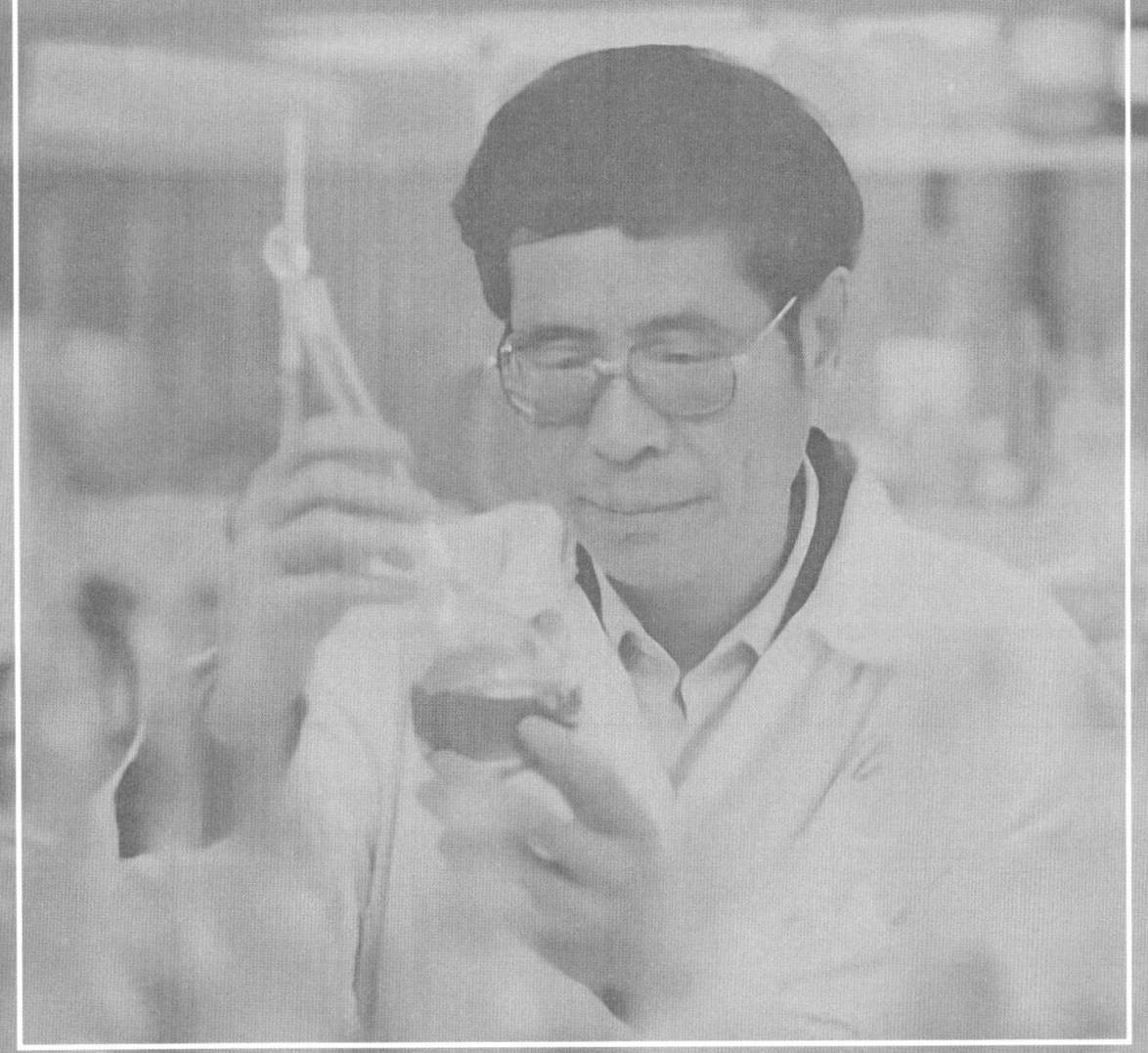

经历了近十年的生产停滞期，中国的科学家们迫切需要聆听世界科技进步的声音，也希望世界能知道中国的研究状态。20世纪80年代初，先生有幸受邀参加了在比利时列日召开的"第四届国际溶剂萃取会议（简称ISEC'80）"。第一次走出国门，向全世界汇报中国稀土分离工作的研究进展情况，先生的报告引起了业界同行的关注与肯定。

氨化P507稀土全分离流程在江西定南稀土冶炼厂的成功应用，激发了先生产学研一体化的工作热情。他深知，发表论文是一回事，将其转化为生产能力又是另一回事。"纸上得来终觉浅，绝知此事要躬行"，他积极筹措启动资金，成功在江西定南组建了第一个稀土冶炼厂，实现了科学技术服务社会、理论成果输出提升经济效益的重大转变。科技人员职称评定的恢复，使得先生的研究队伍陆续有研究生加入进来，年轻人带着朝气与热情，逐渐成为科研工作的中坚力量。

第一次出国

1980年9月，天高云淡、稻谷飘香。

先生受邀参加在比利时列日召开的"第四界国际溶剂萃取会议"。该会议首次举办于1971年的荷兰海牙。此后，又分别于1974年和1977年在法国里昂以及加拿大多伦多相继举办了两届。国际溶剂萃取会议是萃取界最高级别的科研盛会，能够在受邀行列，对于科学工作者来讲既是无上的光荣，也是弥足珍贵的学习与交流机会。对于有幸参加此次盛会,先生心里充满了浓浓的荣誉感与使命感。

此次国际会议,是新中国成立后的 31 年中,中国科学家们首次以组团形式亮相在世界人民面前的科研集会。参会人员中不仅有曾经留学海外、如今回国参加建设的栋梁之才,也有未曾留学海外的专家学者。他们态度谦和、文质彬彬。面对外国学者提出的学术质疑,他们回答得有理有据、不卑不亢。会议代表分别来自 39 个国家,共有 495 人,其中中国代表 15 人,他们中有中国化工学会副理事长苏元复,北京大学徐光宪和黄春辉,清华大学李以圭,中国科学院袁承业、陈家镛和李德谦,有色金属研究院的雅文厚等 11 人,另有来自台湾地区的龙村倪等 4 人。

会议总计收到报告 205 篇,其中大会讲演 4 篇,学术报告分 18 个组进行。先生在会上用英语作了题为"用 2-乙基己基膦酸单-2-乙基己基酯萃取分离稀土、钪和钍"的报告;徐光宪作了题为"逆流交换萃取分离高纯(99.9%)镨(Pr)、钕(Nd)及其机理"的报告;袁承业则作了题为"用 2-乙基己基膦酸单-2-乙基己基酯溶剂萃取镧系"的报告。这些报告质量较高,受到与会同行们的重视[1]。

说起此次出国,即使时隔四十余载,先生仍记忆犹新。谈及当时被抓拍后不得不把照片买回的小插曲,情绪仍然有些小兴奋。

陈先生管钱,袁先生管账,我是记录员。那时候科学院给制装费,我的大衣是在单位借的,二位老先生自己有。我们都没有相机,唯一的一张照片是在游船上被人家抓拍的,上岸后我们几人的照片已经挂在照相馆的门上了，而且是要美元的，你不要也拿不走。大家商量必须买走，否则，有失国体！

波光粼粼的水面，乘客寂寥的游艇上，先生身穿笔挺大衣，微靠着椅背。他头发浓密，眼神坚定，神态端庄，不苟言笑。略微泛黄的照片下方，清晰地印着"ISEC 80"字样，洋溢着古朴与厚重的学术味道。

此次参会，极大地拓展了先生的视野。对于溶剂萃取过程中萃取剂的结构设计与合成、萃取机制的分析与推理、萃取过程中的传质与分散，以及新型分离、分析方法等研究方向都有了新的认知与体会，对于萃取工艺国际主流流程也有了初步了解。世界很大，人很渺小，知无涯而生有涯，唯有走出国门，与发达国家对话，多交流，勤学习，才能追

图 5-1　1980 年，先生在比利时列日参加第四届国际溶剂萃取会议后游湖，幸亏被抓拍留下珍贵的一瞬

赶时代的潮流,尽力缩小差距。此后,先生对于访学的热情空前高涨,以至于一段时期内,凡有国内外重要学术会议,都会看到先生求知问道的身影。直至耄耋之年,亦不改初衷,频频出现在稀土分离重要会议场所。或是学习,或是交流,不厌其烦地分享自己数十载科研经验,帮助企业技术人员脱离技术困境,帮助科研后起之秀提升学术水平,已成为先生的职业习惯。

开发氨化 P507 分离龙南低钇混合稀土全工艺流程

20 世纪 60 年代末、70 年代初,在江西省南部地区发现了一大批品位高、储量大、开采容易、提取工艺简单、放射性比度低、稀土元素齐全的离子吸附型稀土矿床,龙南稀土矿即是其中之一。进入 20 世纪 80 年代后,龙南稀土矿的开发工作进展十分迅速,矿山生产能力达到每年近千吨(以氧化稀土 REO 计)。为开发龙南稀土矿单一稀土全分离流程,20 世纪 80 年代初,国家科委把全分离江西龙南矿低钇稀土任务作为国家"六五"重点科技攻关项目,下达给江西稀土研究所和长春应化所。

针对江西龙南稀土矿的全分离目标,基于 20 世纪 70 年代中后期开拓的氨化 P507 萃取、分组分离工艺体系,先生结合稀土分析室彭春霖研究员关于色层技术分离稀土的工作成果,提交了一个完整的稀土分离工艺全流程方案。该流程包括 12 套萃取分组、分离工艺,4 套萃取色层提纯工艺,1 套离子交换分离工艺和 1 套化学处理工艺,总共由

18个系列综合而成[2-8]。

小试成功后,在江西稀土研究所进行扩大试验,扩大规模按每年处理20吨龙南矿所得低钇稀土进行设计,该工艺流程具有如下特点:

首先,该流程是全分离过程。从用氨化P507分离铒(Er)-铥(Tm)开始,继而钆(Gd)-铽(Tb),最后钕(Nd)-钐(Sm)分组。Er-Tm分组是整个分离过程的第一步,方便提取稀贵重金属Tm和Lu,且可以采用高浓度进料,有利于加大处理量。

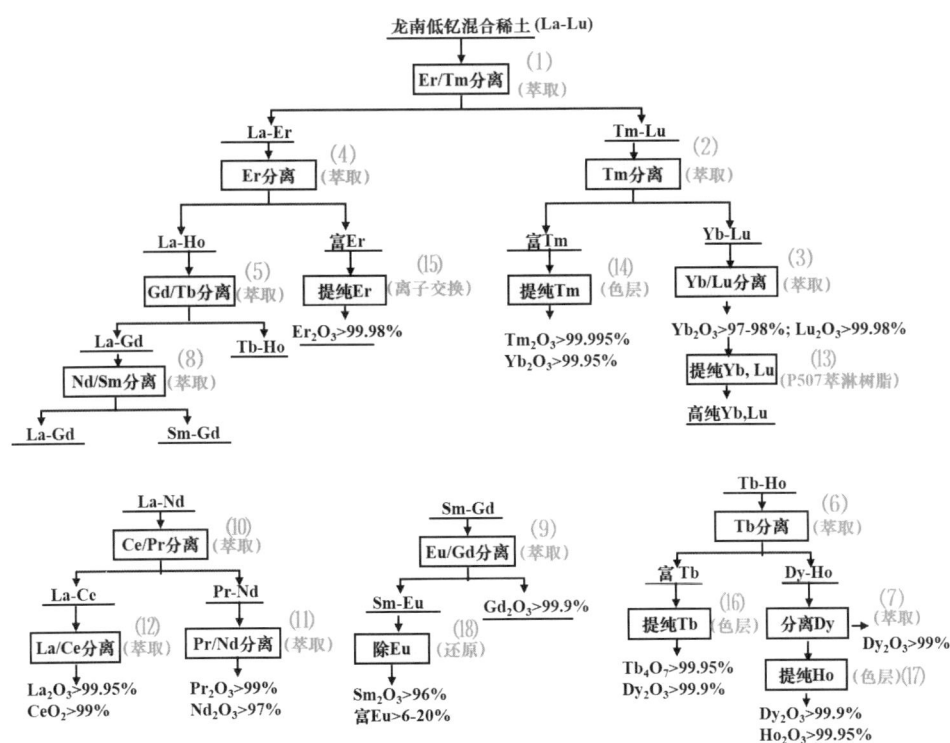

图5-2 龙南低钇混合稀土分离工艺流程

其次，采用 P507 萃取分组分离工艺。首先制得高品位富集物；而后采用萃取色层和离子交换技术将富集物进一步提纯，得到氧化镥、氧化铥、氧化铒、氧化钬四种高纯单一稀土氧化物，其产品百分比纯度均大于 99.90%；氧化镱、氧化钕、氧化镝、氧化钆、氧化镧、氧化铈六种稀土氧化物纯度也达到 99% 以上；虽然氧化钐和氧化镨产品百分比略低，但也在 95% 以上，所有分离指标包括金属实收率均远超国家合同要求。

最后，对分离较困难的 Tb、Ho、Er、Tm、Lu 采用萃取和色层技术相结合，即先富集后提纯的办法。既可以充分发挥萃取法处理量大的优点，又可以利用色层法淋洗峰值高和分辨率高的优点，扬长避短，相辅相成，使全分离过程更具有灵活性和适应性。

经过一年多的扩大试验，1985 年 12 月 23—25 日该全分离流程在南昌通过国家鉴定。专家们充分肯定了该项目的科研成果，并一致认为："P507-HCl 体系萃取和色层技术相结合，只用一种萃取剂（同时又是色层的固定相）一种介质（同时是色层的流动相）即实现全分离江西龙南低钇稀土的工艺流程是国内首创，国外未见报道，达到世界一流水平"。

扩大试验后，江西稀土研究所安装了一整套处理能力为每天 30 公斤低钇稀土全分离的工艺装置，扩大试验所得产品销于国内市场，按当时国际市场价格计算（国内价格更高），全分离所得产品的年产值达 500 万元以上。

1985年，聚焦国家重点科技攻关项目而提交的名为"江西龙南矿低钇混合稀土全分离工艺流程研究"的科学技术成果报告中评价："该工艺技术条件稳定，稀土产品纯度和回收率高、化工原料消耗低，经济效益显著"。

1987年，以氨化P507为萃取剂开发的"龙南低钇混合稀土分离工艺流程"获"中科院科技进步一等奖"。

1988年，"低钇混合稀土分离工艺"获国家发明二等奖，被称为"第二代稀土分离流程"。期间，组内沈春雷、徐文和王忠怀三位研究人员承担了大量工作，研究成果分别整理成题为"氨化P507溶剂萃取分离混合稀土工艺（CN 85102210）""膦酸酯液-液萃取分离稀土元素（CN 85102244）"及"液-液萃取分离稀土元素镝（CN 86108135）"的发明专利，并于1985年和1986年获国家授权[9-11]。

目前，稀土全分离流程计算仍然与20世纪80年代没有大的区别，只是产品纯度要求更高，萃取级数相应增加而已。以南方某稀土公司为例，稀土全分离工艺从Nd/Sm、Gd/Tb/Dy、Tb/Dy、Sm/Eu/Gd、La/CePr/Nd、La/CePr、纯Eu等萃取线，优化为Nd/Ho，Ce/Pr，La/Ce，Pr/Nd，Sm/Eu/Gd，纯Eu，Gd/Tb/Dy，纯Tb，用HA分离Y、Er/Tm、Ho/Er、Tm/Yb/Lu，纯La（包括去除Zn），纯Gd，纯Y，纯Ho，纯Lu共计14条主要萃取线，能得到包括镧（La）、铈（Ce）、镨（Pr）、钕（Nd）、钐（Sm）、铕（Eu）、钆（Gd）、铽（Tb）、镝（Dy）、钬（Ho）、铒（Er）、铥（Tm）、镱（Yb）、镥（Lu）和钇（Y）在内的15

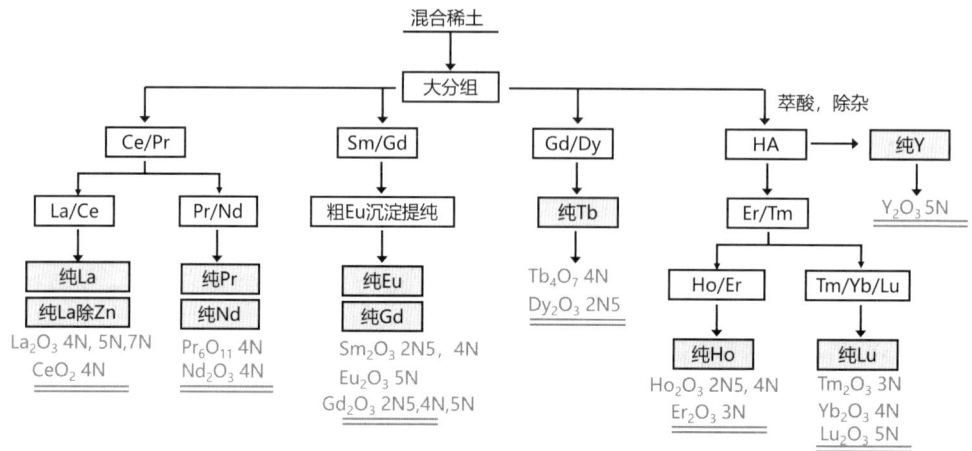

图 5-3　2023 年，南方某稀土公司稀土全分离流程

个单一稀土产品，纯度为 2N5、3N、4N、5N 几个规格，部分元素还能够通过萃取法达到 99.9999%（6N）甚至 99.999999%（8N）。

组建定南稀土冶炼厂

赣州的"三南"，是对该市下属的、彼此相距不远的龙南、定南和全南三个县的统称，自古为客家人聚集地，通行客家语，民风古朴浓郁。定南，自古就是赣粤两省交通的咽喉要地、商贾要道，素有江西"南大门"之称。"岭表之所谓长治久安实赖其地"，故名定南。

定南含有丰富的稀土矿产资源，是赣南稀土资源大县。最早时，江西离子吸附型矿于 1968 年被江西 908 地质队和冶金勘探公司 13 队发现，并于 1970 年 10 月被首次以"离子吸附型稀土矿"命名。所谓离子吸附型稀土矿，是指稀土元素以离子形式吸附在矿物表面，可用电解质溶液以离子交换淋洗方式使稀土离子进入溶液的稀土矿。

南方离子吸附型稀土矿特点是中、重稀土含量较高。世界罕见，价值高、储量少，非常珍贵。特别是稀土元素钇，其含量尤其丰富。据史料记载，部分矿点的钇丰度甚至高达总稀土的60%以上。因此，从江西定南离子吸附型稀土矿中提取钇及其他中、重稀土元素对于当地经济发展及节能降耗具有重要意义[12-13]。

20世纪80代初，中科院启动科技扶贫项目，决定在江西定南革命老区建立定南合营稀土冶炼厂。扶贫项目组由长春应化所组建，先生为技术负责人，冶炼厂生产规模为年处理定南中钇富铕矿40吨氧化稀土计。分离流程确定采用氨化P507流程，即长春应化所"六五攻关"成果。由北京有色设计院按60吨氧化稀土进行设计，提供执行方案。南方离子型稀土全分离流程包括两步：第一步采用1978年获"全国科学大会奖"的环烷酸从龙南高钇稀土矿中萃取分离高纯钇流程；第二步采用氨化P507分组、分离单一稀土流程，实现对稀土元素的逐个分离。稀土分离流程工业实验在江西稀土研究所完成。

1985年初，在一个偏僻的小山坡上，定南合营稀土冶炼厂正式破土开建。1987年，厂房如期竣工。楼高三层，墙壁外刷黄白相间涂料，与稀土颜色相仿。不远处配有职工宿舍与食堂，先生下厂指导生产时曾居住于此。1988年，定南合营稀土冶炼厂试车投产。这是定南的第一个稀土冶炼厂，投产当年即取得经济效益。

定南冶炼厂组建期间,先生负责在长春应化所为该厂培养技术人才,其中包括当地稀土工作者10余人,这些技术人才为冶炼厂的顺利投产提供了强有力的技术保障。这些人回厂之后,很快成为技术骨干,每每提及当年受教于先生的那段求学经历,无不心怀感恩,对先生的言传身教记忆深刻,也常以先生外室弟子自居。

先生这一生,因为双眼弱视,早早就知道了生存不易,年少之时即发愤图强,坚定读书改变命运的信念,终于成为一名优秀的科研工作者;因为弱视,先生格外爱惜身体,做事从不莽撞,生怕一时疏忽,给自己带来伤害;同样,也是因为弱视,先生经历了诸多的不便与磨难。组建定南厂期间,先生的双眼又出现了问题。

图5-4　1987年,先生(左四)与应化所领导、定南冶炼厂职工合影

1985年,我到定南去了解定南离子矿,坐的是大卡车。由于山路颠簸得厉害,回到南昌后,左眼视网膜不幸脱落。于是,立即从南昌飞回长春入住医大二院,由眼科主任刘克飞教授采用电针缝合手术修复。在手术过程中突然停电,刘教授果断采用手动办法进行缝合。由于我的眼先天性不好,靠一只眼要单独走路是不可能的。而定南冶炼厂是所里委派给我负责的扶贫项目,必须保证完成。因此,我还是要经常去定南,为了防震,定南县领导决定在大卡车上特意建一个防震且安稳的座椅,以方便安全接送我。用卡车而非小轿车接送的缘故是因为我当时乘轿车时有晕车现象。

谈及此事,先生仿佛在讲述别人的故事,心底已无半点波澜。既没有强调自己当时的身体状况多么危险,也没有对忍受不便仍要坚持工作的抱怨,只是对当年关心他的领导及同事表达了深切的感激之情。

感谢所有关心我的定南县领导及应化所所里领导和同事们,是他们的关心使我完成了我的定南任务!

我永远记得刘克飞主任的功德!

先生就是这样的一个人:对于自己给予别人的帮助与支持,从不愿多提,更不会口若悬河地加以宣传;对于自己接受过的帮助,却总是铭记在心,常怀感激之情。他虔诚地对待科研事业,严谨求实;恪尽职守地对待本职工作,认真负责。但凡先生承担之工作,他是务求精益求精;凡是先生认可之人,必定不会平淡无奇。他们之中,普通劳动者有之,干部有之,商贾学士亦有之,无论职务高低,能与先生结交，一定都有以天下为己任，无私奉献的高尚情怀。

定南一期工程项目结束后，厂领导敏锐地抓住商机，请求先生为他们制订稀土产量扩大试验的工艺流程。于是，定南二期工程技术工艺改进工作又提上日程。根据1991年11月定南稀土厂提供的原料配比，先生经过反复推算，递交了年处理200吨稀土氧化物的工艺参数以及分离流程初步方案。半年后，对比原有进料工艺，先生得出原工艺流程是最优化的结论。密密麻麻的方格纸上，满满记载的都是先生的智慧与辛劳。

1992年，"定南中钇富铕型稀土分离流程"荣获中科院科技进步二等奖。

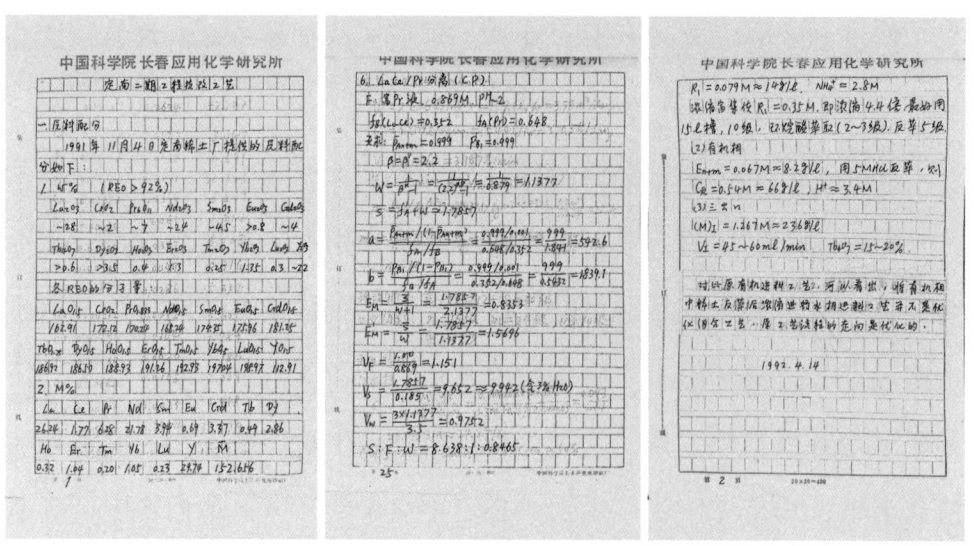

图5-5　1991年，先生"定南二期工程工艺参数"手稿首页、推导页及末页

图 5-6　1992 年，中国科学院向李德谦颁发科技进步奖二等奖证书

2003 年 4 月，定南稀土冶炼厂改制为定南县南方稀土有限责任公司，年处理量为 5 000 吨稀土氧化物，为当地的经济发展与繁荣作出了不可或缺的贡献。

之后的岁月里，先生也回访该厂多次。每一次都仿佛荣归故里，受到热情招待。厂部负责人表示目前的分离工艺基本上都是在原定南厂使用工艺基础上的放大，没有任何改变。但先生认为，实际上他们也在传统的基础上进行了创新。

时隔四十年，当年先生培训过的技术员，依靠当地稀土资源，如今一个个地成为相关企业老板或者技术高管。他们特别感谢先生福泽四方，把他们带上了稀土致富的发家之路。因此，对于先生住过、呆过的地方都心存虔诚的敬意。最令人感动的是，建厂初始时的萃取车间都还原样保留着，甚至连宿舍都当成文物留存至今。先生认为这反映了老区人民诚信、求实与尊重历史的淳朴本性，而只有老区人民才知道：他们是把对先生的尊重与感谢写进了历史！

叙事至此，不由心生感叹：历朝历代，都会有人乐此不疲地追求长生不老，为此不惜求仙问道、涂炭生灵，但从未有人达成永生之梦想。他们哪里知道，只有为人民做事，服务于人民群众，心存善念，才会永生；只有把人民群众放在心上，多干利国利民的好事，顺应时代发展潮流，才会活在人民心中，永远不会老去！

图 5-7　2017 年，先生（前排中）重返定南厂与厂长卢林寿（前排左二）等合影

氨化 P507 萃取、分组分离稀土全流程在江西定南稀土冶炼厂的成功应用，是先生结缘稀土六十年的第一个产业化成果，具有里程碑式的意义。如果说江西是中国红色革命的摇篮，那么，江西定南稀土冶炼厂无疑是长春应化所氨化 P507 稀土分离新工艺产业化项目的诞生地。那里曾经帮助过的人，经历过的事，甚至住过的宿舍，对于先生来讲，其意义与地位自是人生别处无法相比。

人是故交好，酒是陈年香。往事，丝丝缕缕，藏在先生心中；慢慢发酵，细细品味，渐渐沉淀，变成永恒记忆。

执行"713 矿"军转民稀土项目

江西上饶市，曾经有一个矿，这个矿为我国第一颗原子弹提供了重要的核原料，为我国原子弹事业作出了重大贡献。但是，这个矿非常神秘，不仅现在的上饶本地人不清楚，就连当时的上饶本地人也不知情。因为，这个矿在当年被列为国家秘密基地，门口有森严的警卫和极其严格的内部管理。直到近些年来，一些消息才被陆续公开。这个地方，就是位于江西上饶市西部枫岭头镇的 713 矿。

713 矿，其实是一个铀矿，713 只是该矿的代号。该矿始建于 1958 年，是国家核工业部在 20 世纪五六十年代建设的核工业生产基地之一，是苏联援建项目，隶属于第二机械工业部。该矿肩负了当时我国国防核能生产重任，在全国具有非常重要的地位。20 世纪 80 年代，伴随着国际形势和中国社会经济发展局势的变化，713厂逐渐走向"保军转民，军民结合"道路。从1986年开始，713厂逐渐在九江合理布局，于1992年总体搬出大山，走入城区。本世纪初，由于国家将工作重心转向经济建设，核试验慢慢减少，核原料需求也随之逐渐减少，历经近半个世纪风雨的713矿于2005年正式停产。

为执行江西上饶"713矿军转民项目"，考虑到该矿中稀土含量较高的现状，江西省政府决定采用长春应化所技术在现有铀矿的基础上改建稀土分离厂，用以分离钇及单一稀土。其中，用环烷酸提取高纯钇的前期工作，由稀土研究室的戴桢容及彭安二位研究员负责，而低钇及其他单一稀土分离工作则交由先生领导的研究团队与厂方共同完成。因此，20世纪80年代的先生，一方面时刻跟进江西定南合营稀土厂的工作进展，另一方面需要兼顾"713军转民项目"的顺利实施。

这一时期的先生，一年中有大半时间都会逗留在江西。要么是去定南稀土冶炼厂解决技术难题，要么是在上饶713矿区开展前期准备工作，同时，还有可能是回长春研究基地，指导研究生开展实验，协调完成所里安排的重要工作，其繁忙程度可想而知。尤其是在当时交通工具多为火车和汽车，极少使用飞机的情况下，差旅时间上的消耗是非常大的。单说从江西赣州乘火车到长春，路上就要花掉三天多的时间，并且从赣州市内还要乘大巴辗转抵达工厂。尽管如此，先生仍是乐此不疲，单薄瘦小的身躯下仿佛蕴藏着巨大能量，工作起来依旧快速高效。

后来,由于长春应化所与上饶"713矿"未签订协议,铀矿也消耗殆尽,该项目便停了下来。但是,先生与当地人员的稀土情谊并未中断,仍有往来。经常有人就稀土相关问题,咨询先生,请他提供指导。

这些人后来转战赣州,成立了一个做稀土纳米粉的企业。主要经营氧化钇纳米材料,做得很有特色。

先生淡淡地说着,语气轻缓又平静。

回顾20世纪80年代的工作,先生这样总结:

这一时期的工作不仅架起了从实验室到产业化的桥梁,而且完成了基础理论向生产力的转化,在稀土分离事业中具有重要意义。更

图5-8　20世纪80年代,先生(前排中)与上饶713矿稀土冶炼厂职工合影

重要的是，通过这些产业化项目的实施，树立了研究工作必须为生产服务的宗旨，坚定了科学研究务须脚踏实地的基本理念，做到了学以致用，培养了实干型的科学人才。

先生的话语客观中肯，少有感情色彩。他总是实事求是地评价自己的工作成果，从不过多使用修饰性词语，言约而意丰。任何一个产学研项目，若没有近十年的辛苦探索，很难取得明显的经济效益和社会效益；如果没有前期的科研探索，反复探究生产过程中可能存在的问题，并及时解决，真正产业化的时候就会出现许多意想不到的障碍。只有一丝不苟、严谨认真地尊重事实，按照科学规律做事，不急躁、不放弃，才有可能获得成功。

开始招收研究生

1978年3月，国务院批准教育部《关于高等学校恢复和提升教师职务问题的请示报告》，指出恢复高等院校及科研院所中科技人员的原有职称，重新树立起全民族尊重知识、崇尚文明的风尚。1981年5月，国务院批准了《中华人民共和国学位条例暂行实施办法》，制定了学士、硕士、博士三级学位的标准，中国学位制度从此建立。1983年，邓小平同志发出"教育要面向现代化、面向世界、面向未来"的号召，指出我们国家的教育目的已经开始转向"为社会主义服务"阶段。

1981年9月，先生45岁，迎来了他人生中的第一个硕士研究生，于丁羽。此时先生还不具备研究生招生资格，因此，于丁羽被记在倪嘉缵院士名下，但科研工作由先生安排。在先生指导下，于丁羽硕士在读期间主要开展了伯胺 N1923 从硫酸体系、碳酸盐体系中萃取分离镧系［Ln（Ⅲ）］、铁［Fe（Ⅲ）］和钍［Th（Ⅳ）］的平衡规律研究，以第一作者身份发表研究论文 2 篇。硕士毕业后，就职于吉林省长春市黄金研究所，现已退休。

先生招收的第二个挂名弟子是 1983 级硕士研究生乐少明，他与先生既是师徒、亦是校友。虽然乐少明是 1983 年 9 月才开始攻读硕士学位，但与先生之间的缘分始于 1982 年春。当时，乐少明被武汉大学无机化学专业教研室选派，到长春应化所完成本科毕业论文实验及报告编写工作，而负责指导他开展研究课题的导师就是先生。在先生耐心、细致的指导下，乐少明的实验技能突飞猛进，对科学研究有了朦胧的兴趣与感觉。同时，他也被先生的人格魅力、科研造诣折服。之后，乐少明如愿通过全国硕士生入学考试，成为继于丁羽之后挂名在倪嘉缵院士门下、由先生亲自指导的又一位弟子。

硕士在读期间，乐少明主要开展伯胺 N1923 从盐酸、硫酸体系中萃取钪（Sc）、银（Ag）、镉（Cd）和锌（Zn）的热力学研究，并以第一作者身份发表研究论文 7 篇，其中两篇入选 1986 年慕尼黑国际溶剂萃取会议 ISEC'86 论文集。2002 年，正逢"下海经商"浪潮，众多有魄力、有胆识的知识分子纷纷脱离事业单位，抛开"铁饭碗"，成为商海中的弄潮儿。受此环境影响，乐少明创建了湖北昊为涂料涂装有限

公司，任董事长，成为先生众多弟子中最早一个有勇气摈弃事业编制，并取得成功的企业家。

乐少明长期关注强酸、高温、强碱、高温有机酸，以及大气含硫等复杂环境下的设备防护问题，与中石化集团等腐蚀严重的企业持久合作，重点从事特种防腐涂料、重防腐涂料等的研发与生产工作，解决了许多长期困扰这些化工企业的设备防腐痼疾，取得了明显的经济和社会效益。他思维活跃，乐于接受新事物，视野开阔，关注经济效益的同时，更注重提高内在修养，经常撰写诗文发布于朋友圈内，娱乐自己，也感染他人。

先生与乐少明，都是湖北人，是武汉大学校友，围绕武汉的共同话题自然多一些。每当其中一人在微信群里发布关于武汉的消息时，另一个必会积极回应，一呼一应，为稀土分离微信群增添了许多生气。尤其是樱花盛开季节，乐少明会把视频发送到群里，与先生分享，以慰后者的思乡之情。临近退休，乐少明出行全国各地的次数较多，每到一个城市，也如先生一般，邀约同组师弟师妹们小聚，以稀土分离组大师兄自居，无形中增加了组内同门的凝聚力。

2021年，乐少明亲力亲为，准备在武汉为先生庆生，同门们也都欣然计划前往，但由于疫情突然加剧，被迫取消，终成憾事。大家都深知，先生在，师门自有来处；若先生去，师门则无归途。众弟子们唯愿先生和师母健康长寿，万事顺遂。

1985年，先生49岁，晋升为长春应化所副研究员，开始具备硕士

图 5-9　1984 年，先生（左）与高原（中）、乐少明（右）在实验室

研究生招生资格。多年实战在稀土分离工艺流程产学研一体化工作前沿，组内所做研究工作早已自成体系，具有鲜明的研究特色。根植于基础研究，先生把单一萃取模式渐渐拓展到协同萃取体系，以期增强萃取剂更加高效节约的萃取能力；聚焦于分离工艺，先生努力开发清洁、高效的分离流程，不断探索复杂稀土矿中单一稀土提取与分离新模式。

马根祥是我名下的第一个硕士生，我送他到美国分析化学家施教授那里完成硕士论文，希望他继续攻读博士学位。但马根祥表示要回所工作，这样就是我们组的职工了。他工作很努力，硕士在读期间，主要开展伯胺 N1923 与中性磷萃取剂磷酸三丁酯（TBP）对稀土离子的协同萃取研究，以第一作者身份发表研究论文 3 篇。工作一段时间后，他考取了美国亚利桑那州立大学攻读博士学位，现移居加拿大多伦多市，在一家制药公司工作，生活状态很好！

先生与马根祥一直保持着联系，对他的状况很清楚。

此后，先生又陆续招收了 1986 级硕士研究生乐善堂、赵云岑和薛理珍，1987 级硕士研究生韩树民、联合培养学生孙都成以及 1989 级硕士研究生张晓凤，共计七人。目前，除薛理珍定居美国、孙都成病逝于新疆大学、乐善堂退休外，其余的人均在国内高校工作，成为改革开放后新中国培养的最早一批科学工作者和高校教师。

20 世纪 80 年代的研究生，他们基本出生于 20 世纪 60 年代，成长于 70 年代。最大的性格特点是心思纯正、拼搏上进、能力强。在 20 世纪 70 年代末高考制度全面恢复之时，他们努力拼搏，上大学、考研究生，报效祖国、服从安排，而后，又随时代巨变迎接另一种激荡的命运，积极开启另一种全新的人生。

虽然是每日奔波于宿舍—食堂—实验室之间，但三点一线的生活，他们也能过得很充实。没有对前途的迷茫，也没有对命运的嗟叹。他们一门心思钻研学术研究，无暇也无意顾及不着边际的东西。没有欲望的挣扎，没有人际的倾轧，一切平静得像小溪流水，一路欢歌，一路浅唱，简简单单却又弥足珍贵。

如今，这些人中，年龄最小的都已超过半百。岁月带走了许多往事，却带不走心底的那份情怀。稀土分离，镌刻在每个人的人生记忆中。先生，不仅是他们科研的指引者与领路人，也是为之传道授业解惑的楷模。深受先生平易近人、淡泊名利之人生态度影响，1987级硕士研究生韩树民坚定教书育人信念，兢兢业业地工作在教学、科研第一线，对此深有感悟。

韩树民，现为燕山大学环境与化工学院教授、博士生导师、享受河北省政府特殊津贴的专家，是先生众多弟子中从事教育工作年代最早、历时最久的育人模范。他生于1962年3月，黑龙江人。硕士在读期间主要开展甲基膦酸二甲庚酯与伯胺N1923协同与反协同萃取过渡金属Zn和Fe的机理研究，以第一作者身份发表研究论文5篇。1996年，他调入燕山大学环境与化工学院任教。曾主持国家和地方科技项目30余项，发表SCI论文220多篇，出版学术专著1部。获国内外发明专利30余项，河北省自然科学奖、技术发明奖和教学成果奖各1项。历任燕山大学某期刊社社长、燕山大学出版社社长、燕山大学设备与实验室管理处处长，以及燕山大学环境与化工学院院长等职务。

韩树民话语不多，但做事敏捷迅速。2021年，先生总结了自己一生的研究工作，把它编辑成word文档发在了稀土分离微信群，并为之取名"结缘稀土60年"，希望与众弟子们一起分享。短短几天后，众人甚至还没来得及细看内容，韩树民却已在征得先生同意后，在燕山大学出版社刊印成册，充分展示了身为弟子的认知与自觉。把自己对先生的尊重转化了最贴切的行动，让先生再一次体会到了"有事弟子服其劳"的荣耀与成就感[14]。

2023年10月,得知先生将于11月赴美定居后,韩树民专程飞往长春,参加了"李德谦研究员暨弟子交流座谈会",分享自己对受先生教诲的感激之情,并在长春应用化学研究所稀土大厦门前与先生和师母合影留念。此时,他虽然已过耳顺之年,但学者的儒雅与挺拔犹在。

师者如光,微以致远。秉承不骄方能师人之长而自成其学的原则,先生仍然会孜孜不倦地读书,查阅文献,不断汲取新知识,与研究生

图5-10　2023年,韩树民(左一)回长春看望先生(中)和师母(右一)

们分享科技前沿讯息。秉承因材施教,不悱不发的教育理念,先生一直尊重学生,从不强迫学生做其不喜欢、不擅长的研究课题。先生努力培养学生"发现问题,分析问题并解决问题"的科研能力。在润物细无声的指导中,每个学生都在涓涓细流的实践中成长、做人、做事,学习。即使是在定南厂组建初期,一年中会有三分之二时间不在课题组里的那段时光里,先生也从未中止过对研究生工作的指导。每次回所,必先与学生讨论课题进展,校验试验数据,事无巨细地传授研究经验。学而不厌,诲人不倦,甘为人梯,扶持后辈,先生从未厌烦。求学于先生门下,每个学生都受益匪浅。师者匠心,止于至善,为师之道没有终点,为师之爱更无边界。先生用学识与才情树起了科学的旗帜,用责任与担当诠释着稀土的芳华。

本章小结

跨越了实验研究到产业化的障碍,在稀土分离领域,先生已无大惑。命运仿佛生就一双推手,推动着先生不断向前走。走过桥,跨过坎,跋涉过山山水水,点点滴滴,方能取得如今的成就。所谓人各有命,先生的命运与稀土紧紧相连。为表彰先生在稀土分离领域的贡献,1988年,人事部为先生颁发了"国家中青年突出贡献专家"荣誉称号,次年,长春市政府授予先生"市劳动模范"荣誉称号。先生的不倦前行,获得党和政府、人民群众的共同认可。氨化P507稀土全分离流程在江西定南稀土冶炼厂的成功应用是科学技术服务于社会、理论成果转化为生产实践的成功典范，为国内稀土行业广泛采用氨化P507分离流程树起了历史的丰碑。

注释

［1］周忠华：《报告题录》，载《1980年国际溶剂萃取会议论文集》，第81—90页。

［2］李显琼：《江西龙南矿低钇稀土全分离工艺研究圆满结束》，载《稀土》1986年第3期，第70—71页。

［3］李德谦等：《用P507萃取三价稀土元素钪、铈（Ⅳ）和钍》，载《稀土资料汇编—第一次全国稀土萃取会议资料》1976年第7期，第79—93页。

［4］李德谦等：《用P507从硫酸溶液中萃取三价稀土元素钪、铈（Ⅳ）和钍》，载《稀土萃取资料汇编—第一次全国稀土萃取会议资料》1976年第7期，第95—103页。

［5］Li D Q, Wan X, Lin D Z, Xie Y F, Lin S X, Wang Z H, Li H, Ji E Y: *Extraction separation of rare earth elements, scandium and thorium with 2-ethylhexyl-phosphonic acid mono-2-ethylhexyl ester*, Proceedings of the International Conference on Solvent Extraction (ISEC'80), Liege, 1980, 80.

［6］李德谦、万雄、林道智等：《2-乙基己基膦酸二乙基己酯萃取分离稀土元素、铈（Ⅳ）、钪和钍》，载中国科学院长春应用化学研究所编《稀土化学论文集》，科学出版社1982年版，第20—29页。

［7］《稀土》编写组编著：《稀土》上册，冶金工业出版社1978年版，第536—538页。

［8］Zhu T: *Solvent extraction in China*, Hydrometallurgy, 1991, 27(2): 231.

［9］沈春雷、谢延芬、李德谦：《氨化P507溶剂萃取分离混合稀土工艺》（CN85102210B，1985）

［10］李德谦、徐文、王忠怀：《膦酸酯液-液萃取分离稀土元素》（CN85102244B，1985）

［11］李德谦、王忠怀、徐文：《液萃取分离稀土元素镝》（CN1014510B，1986）
［12］徐光宪主编：《稀土萃取分离》，载《稀土》（第2版）（上册）第7章，北京：冶金工业出版社1995年版，第469页。
［13］邓岳锋、王香兰、白彦、李海连、陈厉、韩亚星、陈继、李德谦：《P507-ROH体系分离制备高纯氧化镥工艺研究进展》，载《中国稀土学报》2022年第8期，第1—9页。
［14］李德谦：《结缘稀土60年》，2021年由燕山大学出版社制作成册，但未公开出版。

第6章
学术攀新高：门人渐众
1990～1999

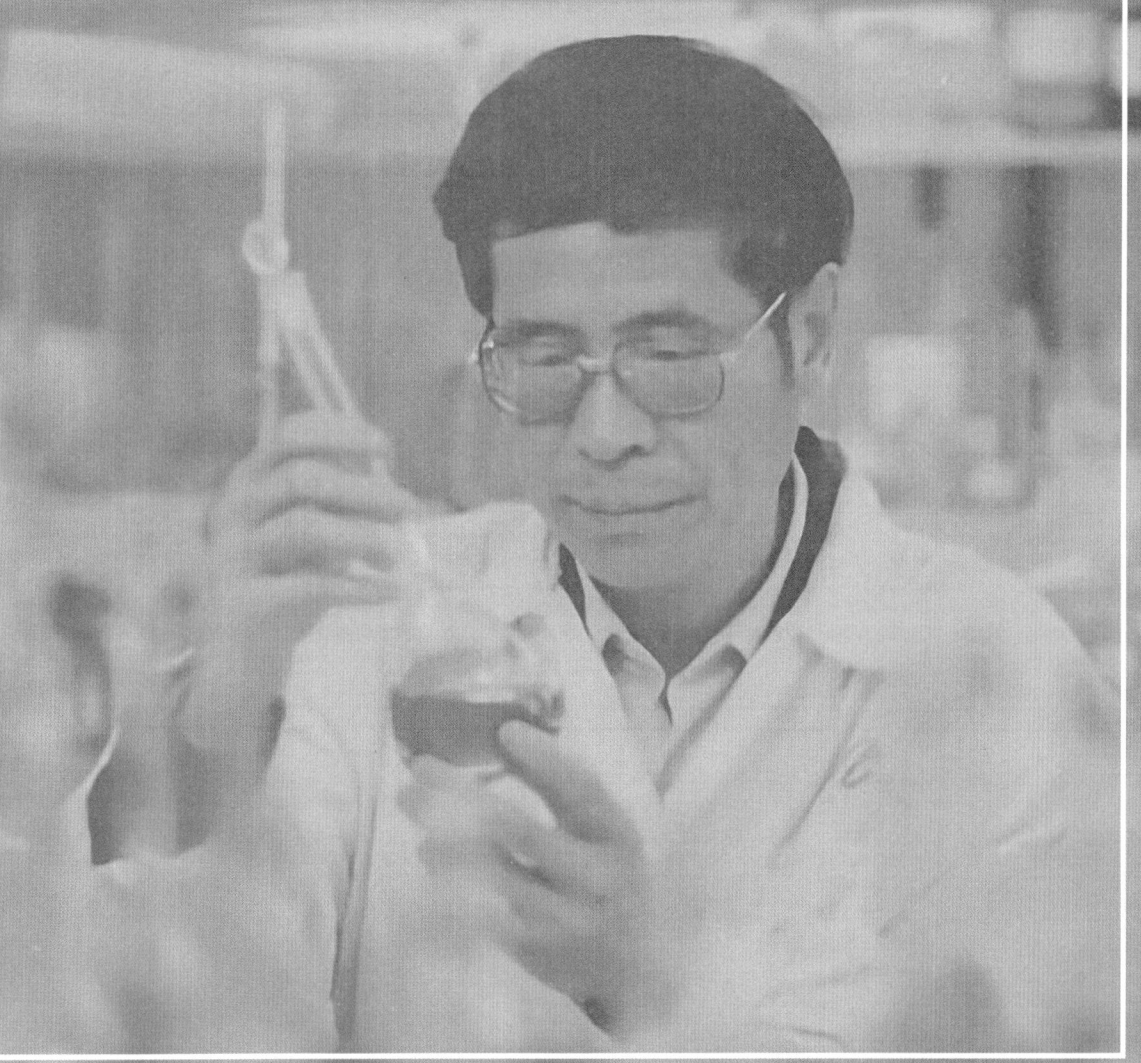

自先生有资格招收博士生后,稀土分离组的科研水平显著提高,随着高影响力研究论文的陆续发表,长春应化所稀土分离组的声誉及影响力得到了迅速传播。国内普遍采用的氨化 P507 单一稀土分离工艺流程广泛用于工业实践后,先生又把目光瞄准了"HAB 双溶剂萃取分离高纯钇新工艺"开发工作。同时,继续拓宽与加深"稀土溶剂萃取与分离化学"基础理论研究,实现了科技创新螺旋式上升的又一次飞跃。

第一位博士生王春

国家发展,科技进步,需要人才完成;国家、企业的竞争,归根结底是人才竞争。科技人才是国家发展的最核心要素,博士生则是科学研究中的主力军。他们思维敏捷,行为迅速,精力旺盛,接受新事物的能力强,对创新有着强烈的直觉与感悟。他们不怕挫折,勇于进取,能以高效的方式把想法变成现实。

自 1988 年被聘为长春应化研究所研究员后,又过了近两年的时间,先生迎来了他的第一个博士研究生,而且是硕博连读模式的研究生。硕博连读,无论在当时还是现在,都是一个充满勇气的决定。因为,科学研究这件事,无论从体力,还是从智力方面,对于个人都有较高要求。硕博连读,意味着要把人生最美好的五六年时光奉献在同一个实验室;要在同一个课题上由表及里,由外向内地不断深入,才能学有所成。不仅要开展成百上千次的试验,经历数不清的失败,还要耐得住寂寞，忍得住孤单。只有经历千锤百炼，破茧成蝶后，方能在思维模式、人生格局与阅历体验上有所升华。

先生指导的第一个博士研究生是王春。他是新疆人，生于1968年11月。本科毕业于中南工业大学，1990年以免试推荐的方式，取得长春应化所读研资格。之所以选择先生作为导师，则是得益于中南工业大学化学系徐俊黄教授的推荐。徐俊黄与先生是大学同学，他对先生的人品与学识甚为赞赏，对长春应化所的科研实力也极为推崇。得知王春有意继续深造，遂向他推荐了在长春应化所工作的先生。王春对有机合成方面很有兴趣，他在大学时接触过溶剂萃取分离化学知识，理论基础非常扎实。

对于王春的加入，先生非常高兴。对于他的栽培，自是倾心尽力，毫无保留。王春对先生的感情，亦是十分深厚。

从试验的规范操作到研究论文的撰写，从试验现象的科学记录到试验结果的准确分析，从生活上的关爱有加再到精神上的鼓励与支持，每一步都有先生的指点。

在先生春风化雨般的培养下，我进步很快！

王春如是说。

博士在读期间，王春不负先生期望，先后取得组内科研成果中的许多个第一。第一个在国际溶剂萃取领域权威期刊 *Solvent Extraction and Ion Exchange* 中撰写并发表英文研究论文2篇；第一个在湿法冶金领域Top期刊 *Hydrometallurgy* 上发表研究论文1篇，不仅开创了组内

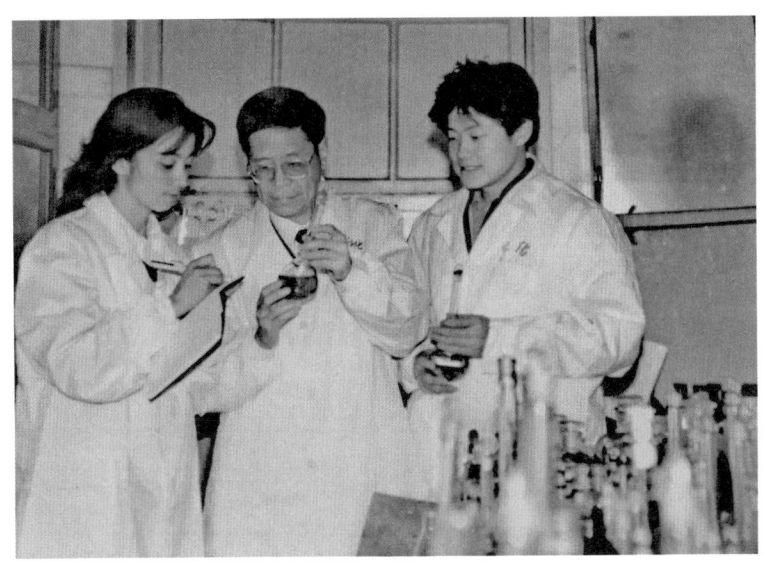

图 6-1　先生（中）在指导王春（右）和张晓凤（左）做实验

投稿 SCI 英文论文的先河，把组内的研究论文影响力从国内扩大到了国际，而且也提高了组内论文的投稿门槛。在先生的授意下，他率先与国外氰特（Cytec）公司合作，第一个系统开展了用 Cyanex 系列萃取剂分离稀土及铁（Fe）的萃取热力学研究，考察了二（2,4,4-三甲基戊基）单硫代膦酸（Cyanex 302）纯化后对稀土离子的萃取行为，并发明了用三烷基氧化膦混合物（Cyanex 923）从强酸性溶液中提取钪的溶剂萃取专利技术。他的实验记录清晰、翔实，字迹美观、大方，不仅是后续学生做实验的重要参考依据，也是组内学生实验记录本的样板，帮助许多研究生摆脱刚刚开展试验迷茫无措的困境。30 年后，虽然王春实验记录本封面早已斑驳不齐，印满了岁月的沧桑，但整洁的数据

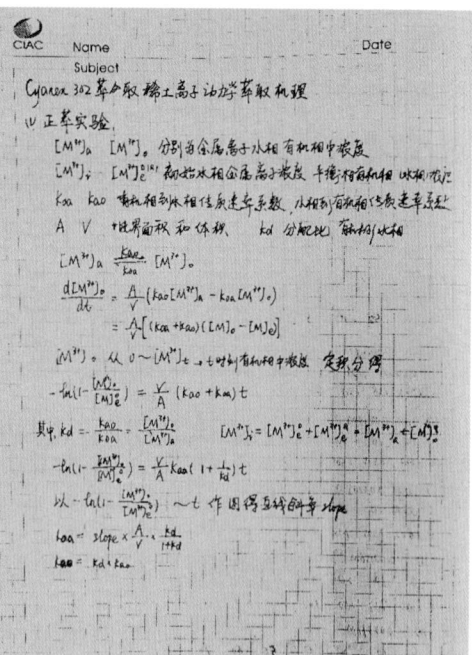

图6-2 王春实验记录封面（左上）、数据分析页（右上）和乌东北实验记录本封面页（左下）和数据分析页（右下）

分析却依然那么清晰、那样流畅。受王春的影响，本书作者当年的实验记录本也力求整洁明晰，这或许就是师门的传承，榜样的力量。

1996年博士毕业后，王春先后就职于北京矿冶研究总院冶金所湿法冶金组、西藏玉龙铜业有限公司、瑞木镍钴管理（中冶）有限公司、紫金矿业集团股份有限公司/紫金矿冶设计研究院、洛阳栾川钼业集团有限公司、紫金大陆黄金有限公司哥伦比亚分公司、金山（香港）国际矿业有限公司。他不仅具备有色矿业项目开发及运营管理大型矿山和冶炼企业的经验，而且在有色金属湿法冶金方面亦积累了扎实的理论基础及丰富的工程化实践经验。同时，他还在国际有色金属湿法冶金界有一定影响力和广泛的人脉关系，培养了一批国际化的矿冶人才队伍。在北京矿冶研究总院任职期间，王春带领科研团队分别于2001年和2002年，获得中国有色金属工业科学技术一等奖一项（"难采难选低品位铜矿地下溶浸工业试验"）以及中国国家科学技术进步二等奖一项（"难采难选低品位铜矿地下溶浸工艺研究设计与工程化实践"）；2015年，王春所带团队荣获"福建省第五批百人计划科技创新团队"；任职紫金矿业集团股份有限公司期间，他又分别于2016年和2017年，荣获"紫金矿业集团股份有限公司特等功臣"及"紫金矿业集团股份有限公司第五次科技大会科技功臣"荣誉称号；2018年，王春指导的项目"含砷炭质难处理金矿加压预氧化关键技术开发及工业化应用"，荣获中国有色金属工业科学技术一等奖。

对于王春的事业成就，先生倍感自豪与欣慰。曾在微信群里公开称赞他：

王春，为我们国家的有色金属开采、开发及冶炼工作做了许多的贡献！

王春，很有能力，工作也很辛苦！

得到先生的高度认可，无疑是幸福和骄傲的。因为这认可充满了真心实意，也充满了体贴与慰藉。

2016年中秋节，为祝贺先生八十寿辰暨从事稀土研究57周年，也感谢先生多年来对学生们的辛勤培养，王春、孙晓琦、王艳良等在

图6-3　2016年，先生在其80寿诞暨从业57周年之际与众弟子在厦门合影

第一排左起：张绘、孙晓琦、王进平、童辉、储德清、陆军、张晓凤、师母、先生、王春、陈继、尚庆坤、廖伍平；第二排左起：李晓晶、张志峰、左勇、王艳良、孙晓波、王弋戈、贾琼、熊英、赵君梅、李薇、王香兰

福建厦门组织聚会,为先生庆生。来自北京、上海、武汉、长春等各地的学生共计27人齐聚厦门,再次聆听先生从业近六十年的心得和教诲,并分享各自研究工作和生活状态。同门手足,新朋旧友,多年未见,依然倍感亲切。交流会上,听到动情处,师母的眼角泪光闪烁。曾经在先生与师母眼中的年轻人,如今业已步入中年,但无论容颜如何改变,先生与师母对待学生如师又如父如母的情感却永远在学生们心间,如甘醇的美酒,历久弥香;又如沁人的花蜜,经得起岁月的涤荡。

开发双溶剂萃取(HAB)体系分离高纯钇工艺流程

钇在冶金、陶瓷、激光、电子等高科技领域有重要用途。我国钇资源极其丰富,在南方离子型稀土矿中钇的含量为10%～60%(与矿物类型相关),而在龙南矿,钇的含量则高达65%。目前,在我国高纯钇的湿法冶金分离工艺主要采用串级萃取方式。

由于"镧系收缩"原因,钇在稀土元素中的位置是不固定的。早在20世纪70年代,苏锵在萃取分离钇的研究工作中就发现,随着萃取体系和条件的变化,钇可以有五种不同的位置。因此,利用钇的位置变化来高效提取钇是一个可行的思路。这对在不同萃取体系中分离钇的化学研究具有重要意义,这是探索钇萃取分离新工艺的基础。

1974年,苏锵首次发现用环烷酸分离稀土时,钇(Y)是最不容易被萃取的元素,从而提出了从硝酸体系中用环烷酸萃取分离氧化钇的技术。20世纪80年代初,由长春应化所彭安、戴桢容两位研究员开拓的用环烷酸分离高纯钇工艺已广泛用于稀土冶金工业。然而,工业实践表明环烷酸萃取工艺存在一些问题,主要表现为环烷酸组成复杂,长期使用后会发生变化,用一段时间后要更新;环烷酸是工业副产品,质量不稳定,水中的溶解度高,环境污染较为严重;环烷酸酸性较弱,须在较高的pH值(>5)下萃取稀土,萃取体系易受高价杂质金属离子影响而出现乳化现象;镧、钇分离系数较小,受原料组成与温度影响,钇与镧分离难度变大,需用P507从钇中分离镧等轻稀土。尤其是,为达到更严格的国际炼油标准,石油提炼过程中将不会有环烷酸副产品。基于以上情况,亟待开发新的高纯钇分离工艺取代环烷酸流程[1]。

20世纪90年代中后期,中国科学院上海有机化学研究所开发了一种新型有机羧酸类萃取剂,取名为仲辛基苯氧乙酸(CA-12),它是由仲辛基苯酚和氯乙酸通过威廉姆逊反应合成的,原料来源广泛,价格低廉。前期试验表明,与环烷酸相比,CA-12萃取剂具有化学组成简单、化学稳定性好、在水中的溶解度小、萃取酸度低、不易乳化等优点,分离钇与萃取其他稀土的综合性能优于环烷酸,是一种有望替代环烷酸的新型萃取剂。然而,CA-12在萃取某些重稀土[如铒(Er)、铥(Tm)、镱(Yb)、镥(Lu)]过程中,存在重稀土与钇的分离系数小、分离选择性低于环烷酸萃取体系的问题[2]。

通过基础研究，1999年，先生提出了全面优于环烷酸萃取分离高纯钇的新体系，即HAB双溶剂萃取体系。该萃取体系萃取剂由HA和HB组成，其中，HA指代CA-12，是主萃取剂。HB是辅萃取剂，多指一盐基磷（膦）酸或其单硫代衍生物，例如P204、P507、二（2,4,4-三甲基戊基）次膦酸（Cyanex 272）、Cyanex 302等。在HAB体系中，钇与其他稀土元素的平均分离系数大于2.5。HAB保持了CA-12对环烷酸的优势，使重稀土与钇的分离系数显著提高。完成实验室串级模拟实验后，先生于同年9月，提交了"液-液萃取分离高纯钇工艺"的国家发明专利。2004年6月，该专利获得国家授权[3]。

1999年10月到12月，在江西省计委资助下，稀土分离研究团队在江西稀土研究所完成了HAB双溶剂萃取分离高纯钇新工艺的中试试验，验证了实验室研究结果，获得纯度大于99.99%的氧化钇，其收率大于95%。结果表明，与环烷酸流程相比，HAB新分离工艺具有流程简单、收率高、适应性强等优点。

2000年，双溶剂萃取分离高纯钇工艺通过了由江西省科委主持的专家鉴定，被评价为"技术上居国内领先，达到国际先进水平"。2001年，国家发展计划委员会就关于HAB双溶剂萃取新工艺印发正式批文，同意将该工艺用于离子型稀土矿分离项目。

在中试试验过程中，发现HAB萃取体系在运转过程中存在有机相降解、酯化和浓度降低问题。为此，先生把该问题交给组内新进职工王香兰，希望她能予以解决。王香兰，1975年生，内蒙古人，2001年

图 6-4　2000 年，先生（站立者）在双溶剂萃取分离高纯钇工艺成果鉴定会上汇报工作

图 6-5　2001 年，国家发展计划委员会产业化示范工程批文

6月，获中国地质大学（武汉）学士学位。同年，她以助理研究员身份被聘为长春应化所稀土分离组成员。2003年9月，通过研究生入学考试，成为先生名下的一名硕博连读研究生。

在组内孟淑兰老师的指导下，经过一年多的试验探索，王香兰提出，用碱、稀土离子或过渡金属离子对萃取剂进行皂化预处理，可有效阻断混合醇ROH与HA发生酯化反应。为验证猜想，她开展了用皂化预处理萃取剂分离钇的串级萃取实验，历时12个月。在萃取运行期间，每隔一段时间，她就会连续多次测定萃取剂浓度，未发现萃取剂酯化和浓度衰减现象。2003年5月，王香兰对上述研究成果"对羧酸类萃取剂的降解或酯化的处理方法"进行整理，申请了国家发明专利[4]。

2004年3月，年产300吨的高纯氧化钇国家产业化工程投料试车，经过近半年时间的调试运转，证明该萃取分离体系有较好的选择性。同时，也发现在长期动态运转过程中，HAB仍会降解或酯化。通过分析，王香兰得出结论：HAB双溶剂萃取体系在运行过程中出现的酯化和浓度降低问题，根本原因在于CA-12萃取剂自身结构上的缺陷。作为主萃取剂，为确保其对稀土离子的高效的萃取能力，CA-12主链上的羧基官能团（—COOH）的活性比较强，如果另外一种辅萃取剂或者添加剂等含有羟基（—OH）的话，就会与羧基发生酯化反应。通过皂化预处理萃取剂方式，虽然在一定程度上可以减缓萃取剂酯化反应的发生，避免其浓度降低，却不能从根本上解决问题。

为此,王香兰和孟淑兰老师果断放弃醇类相改良剂,尝试其他类型的添加剂。历时半年的摸索,发现改用 TBP 替代 ROH 能有效克服双溶剂萃取体系运行过程中萃取剂的酯化或降解问题,而且能改善 HAB 体系的物理现象,提高萃取容量[5]。另一方面,2001 级硕博连读生李薇也完成了用 TBP 代替 ROH 的 HAB 双溶剂体系从南方离子型稀土矿中分离钇的串级萃取试验(15 级萃取、10 级洗涤)。结果表明,CA-12-TBP 双溶剂萃取体系能获得纯度为 99.5% 的氧化钇产品,其收率达到 95%。相改良剂 TBP 能有效改善体系的物理现象,也能避免因添加醇类相改良剂而导致的有机相浓度下降问题[6]。

图 6-6　李薇博士(右)毕业时与先生(左)合影

自1999年在江西开展HAB双溶剂萃取高纯钇中试试验以来，前后历时五年。单为解决HAB产业化过程中出现的"降解或酯化"问题，就耗时三年多，期间的研究过程困难重重。往往是刚刚解决了原有问题，随之又出现新的问题，需要反复试验，不断尝试。但是，江西金世纪新材料股份有限公司（原江西稀土所）对该项工作一直非常支持，给与了充分的时间与谅解。终于使得问题得到有效解决。

对于此次产业化工程中出现的问题，先生表示了诚挚的歉意：

我们非常感谢江西金世纪给予的谅解和表现出的大力协同精神。

科学的探索之路没有终点。先生对于HAB双溶剂萃取体系在使用过程中存在的酯化或降解问题一直不能释怀，对于目前的解决方式也

图6-7 江西金世纪领导与先生（中）和李富强（右二）合影

不甚满意，依旧努力寻找更合适的解决途径。2007年和2008年，李薇和王香兰两位博士相继毕业，HAB双溶剂体系萃取分离高纯钇工作交由廖伍平名下的2008级硕博连读生王艳良继续探索。王艳良发现在CA-12-TBP双溶剂萃取体系中添加辅助萃取剂Cyanex 272可提高重稀土元素与钇的分离系数，且体系反萃取容易。通过串级模拟试验（15级萃取，10级洗涤），可将氧化钇产品的纯度提高到99.94%，表明HAB（CA12和C272等）协同工艺对从混合稀土中提取高纯钇产品具有很大的应用潜力和工业实践价值。

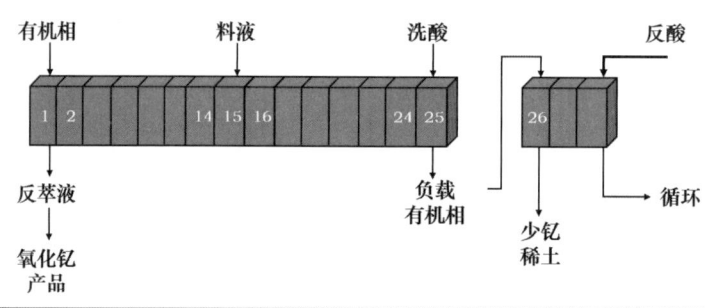

萃取体系	有机相	母液	洗脱酸
CA12-TBP	0.70M CA12 and 15% TBP, sapo. rate=90%	1.0 M $RECl_3$	3.0M HCl
HAB-TBP	0.68M CA12, 0.12M C272 and 15% TBP, sapo. rate=90%	1.05M $RECl_3$	2.98M HCl

图6-8 离子型稀土矿分离钇工艺流程示意图

至此，先生用他的执着与坚持又攻下了科研产业化历程中的一道难题，先生与组内的研究生们又共同谱写了一曲动人的稀土分离之歌，为中国稀土分离工业提供了一个高效的萃取流程。或许，每位博士生的研究成果都不甚宏大，非常渺小，但众多的点点滴滴，汇聚在一起，就会形成一条蜿蜒的河流，流向广阔汪洋的大海。"不积跬步，无以至千里"，科研中任何的成就都离不开最初的第一步。

"双溶剂萃取（HAB）体系分离高纯钇"技术的发明、发展与完善历程使先生充分认识到：

研究工作中，特别是在产业化过程中出现的问题，必须要科学分析，认真改进，才能有所成就。从实践中来，到实践中去，及时发现问题，根据企业的需求解决问题，科学技术才具有生命活力。创新的源头来自企业需求，来自创新的举措能够带来更大的经济效益和社会效益，这是科学研究产业化进程中必须遵循的一个颠扑不破的真理。

开展 P507 萃取剂的稀土溶剂萃取与分离化学基础研究

基础研究是科技创新的"发动机"，科技创新能跳多高、跑多远，基础研究是关键！曾有科技哲人指出："基础研究是整个科学体系的源头，是所有技术问题的总机关。加强基础研究是推进科技自立自强的必然要求，只有在源头上安装科技自立自强的'发动机'，人类才有可能建立科学自信。"[7]

早在20世纪70年代，开始系统研究氨化P507萃取、分组分离稀土之初，先生就已经认识到基础研究的重要性与必要性，即组织学生开展P507串级萃取分离混合稀土工艺开发与单一稀土萃取热力学研究工作。串级萃取是指在工程生产实践过程中，通过把若干萃取器串联起来，使含料水相与有机相多次接触，从而大大提高分离效果的一种萃取工艺。串级萃取按有机相与水相流动方式不同分为错流萃取、逆流萃取、分馏萃取、回流萃取、半逆流萃取等几种，其中最重要的是分馏萃取，它能两头同时得到高纯度和高回收率的产品，容易达到或接近最优工艺指标[8]。

串级萃取理论是研究待分离的两种或两组物质在各级萃取器两相间的分布随工艺条件不同而变化的规律，从中找出产品的纯度、收率和工艺之间的关系的理论。在液-液萃取理论中，需要用到经典的阿尔德斯（Alders）分馏萃取基本方程，该方程可以完美证明串级萃取的计算与实验结果的一致性，却不能解决工艺设计问题。为此，凭借对稀土化学键、配位化学和物质结构等基本规律的深刻认识，时为北京大学教授的徐光宪先生经过三年多的推演与计算，发现了稀土溶剂萃取体系中存在"恒定混合萃取比"基本规律，即在串级萃取过程中，单一稀土离子的分配比与相比的乘积保持恒定。

1975年8月，第一次全国稀土会议在京召开。徐光宪在会上提出了自己的串级萃取理论，引起轰动。从此以后，中国打破了稀土萃取分离技术被外国人垄断的局面，我们在稀土领域也终于开始拥有了话语权[9]。

徐光宪院士提出的这一串级萃取理论中所涉及的基本规律、萃取比体系与恒定混合萃取比体系的级数计算公式、最优萃取比方程、最优回萃比和回洗比公式及最优化分馏萃取工艺的设计步骤相关内容，是 Alders 液-液萃取理论的进一步发展，是对原来的分离工艺实施了成功的改进，它引导了我国稀土分离科技和产业的全面革新，这是北京大学徐光宪院士为稀土分离事业作出的杰出贡献。

谈及徐光宪，先生对他充满敬意。不仅敬佩徐院士渊博的学识，还动容于他为维护我国稀土资源持续开发、有序利用以及改善稀土产

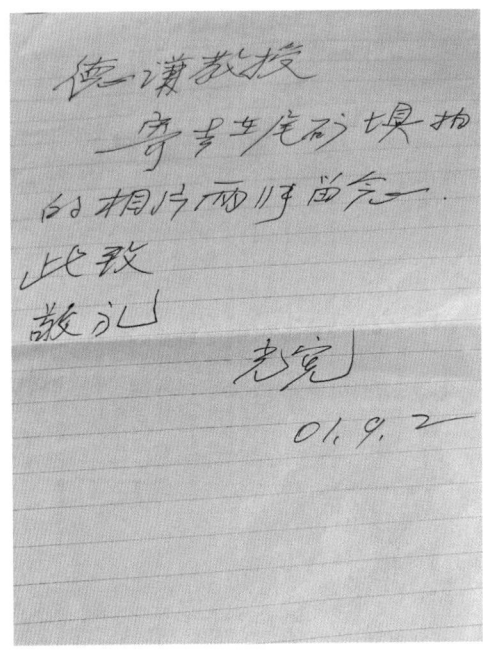

图 6-9 2001 年，徐光宪院士给先生的亲笔信

图 6-10 2001 年，徐光宪院士（右）与先生（左）内蒙古包头尾矿坝合影

业伴随的环境问题而奔走呼吁的义举。

20世纪90年代以后，由于日本和美国经济持续衰退，特别是2000年6月以后，稀土市场出现了大的滑坡，严重制约了稀土产品出口。而当时国内的稀土产品供大于求，使稀土生产经营陷入了前所未有的困境。为解决这一难题，2001年8月16日，包钢稀土发展咨询研讨会在包头召开。作为中国稀土界两个知名专家，先生和徐光宪院士同时受邀参加了此次会议，分别对中国的稀土行业发展提出了自己的看法。会后，二人相携去包头尾矿坝考察，背靠溪水洼田，拍摄了合影。半个月后，照片冲印出来，徐院士特意亲笔署名为"光宪"把照片寄给先生，寥寥数语，足以显示徐院士低调、谦和的君子之风。

在徐院士的串级理论基础上，根据长期积累的工业实践经验，先生又提出了自己的见解。他认为：串级工艺设计的基本任务是已知萃取体系的平均分离系数（β），而β的数值必须在已知萃取平衡分配比（D）的条件下获得，没有D和β，串级萃取就无从谈起。要研究萃取平衡，必须研究萃取热力学，因为只有萃取热力学才是研究物质在宏观体系中平衡态下两相分配规律和机理问题的科学。分配比和分离系数均是萃取热力学平衡态下的计算结果，开展稀土串级萃取技术分离工艺必须预先开展萃取热力学平衡态的基础研究。

综合研究团队从事P507流程30余年的工业实践及相关理论研究，先生提供了P507-HCl体系中稀土元素分离系数（β），供工艺设计参考（表6-1）。

表 6-1　P507-HCl 体系中稀土元素分离系数

轻稀土	β	中稀土	β	重稀土	β
Ce/La	8—10	Eu/Sm	1.8—2.2	Er/Ho	2.0—3.0
Pr/Ce	1.8—2.2	Gd/Eu	1.4—1.6	Er/Y	1.4—1.6
Nd/Pr	1.8—2.0	Tb/Gd	5—6	Tm/Er	3.0—4.0
Sm/Nd	6—8	Dy/Tb	3.0—3.5	Yb/Tm	3.0—4.0
		Ho/Dy	1.8—2.5	Lu/Yb	1.6—1.8

就工业生产而言，阐明反应机理，推测化学反应历程，缩短萃取反应两相接触及分离时间，确立反应的决速步骤，对于提高萃取剂生成能力、降低生成成本、优化萃取工艺十分必要。而这些工作内容必须通过开展萃取动力学实验才可以实现，只有通过动力学研究才能确定反应发生的最优化路径及时间。因此，在开展萃取热力学研究的同时，先生把关注点拓展到了稀土分离萃取动力学研究方向。

动力学研究的实验方法主要有高速搅拌、恒界面池、移动液滴、旋转池和微乳液法。其中，恒界面池法能有效控制界面积，对于分析萃取机理具有明显优势，被认为是研究动力学最好的方法[10]。恒界面池，最早是由英国牛津大学化学院、原子能研究所的路易斯（Lewis）教授在研究溶质通过液-液接触界面时设计而成。因此，它又被称为 Lewis 池，其主要特点是在池中装有一块具有环形孔隙的水平挡板，利用环形孔隙中的两根独自转动的搅拌桨分别独立进行搅动两相，保持两相界面积恒定。调节水平挡板环形孔隙的宽度即能改变两相界面积的大小。

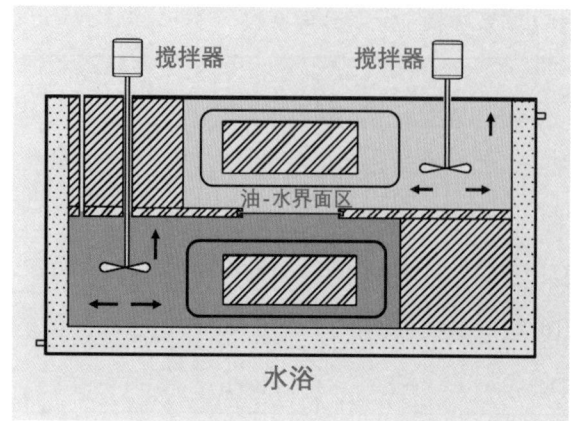

图 6-11　层流恒界面池概念图（左）和实物装置图（右）

20世纪90年代，国内尚无商业化恒界面池可采购。因此，先生抱着试试看的想法，把设计与研发该装置的任务交由硕博连读生郑重。郑重，原是包头稀土院研究人员。与先生初次见面是在包头，当时，他表示希望能到先生门下攻读研究生学位，先生当即欣然同意。

1991年9月，郑重顺利通过全国硕士研究生入学考试，如愿以偿地成为继王春之后先生的第二位硕博连读研究生。他主要开展稀土动力学及其分离工艺研究，尤其擅长试验装置的发明与创造。博士在读期间，郑重发表了中、英文研究论文各1篇，申请了2件国家授权专利。

郑重的工作能力很强，爱动脑、动手。关于层流型动力学装备完全是他自己研究出来的。他白天做实验，同时去东北师大去学数学，非常刻苦。层流型装备成功后，就申请专利并发表文章。郑重现在加拿大多伦多市，全家幸福，他自己成功研究出了汽车用玻璃，并形成了产业。

多年以后，提及郑重，先生对他赞誉有加。

因为层流恒界面池发明工作中，郑重的贡献很大。在申请专利时，先生坚持将郑重列为第一发明人，而他自己则屈居第二。通过这件事，郑重越发感受到先生淡泊名利、尊重学生、处处以学生为先的高尚情怀。先生则认为：不贪功、不冒认，遵守知识产权规则，应当是一名优秀科研工作者的基本品质。1998年，"层流型恒界面池"获得中国授权专利[11]。同年，郑重利用自制的层流恒界面池在国际化工顶级杂志 Chemical Engineering Journal 上发表了组内首篇稀土动力学研究论文。[12]

自从有了层流恒界面池后，组内成员乐善堂、廖伍平、王弋戈、乌东北、熊英、童辉、王香兰、王玮玮等研究生都相继利用这一装置开展了稀土萃取动力学研究，为稀土分离基础研究与工艺开发提供了数据参数。后来，熊英又在原有基础上对层流恒界面池加工工艺进行了改进，恒界面池制作材料从硅酸盐玻璃发展为有机玻璃，克服了硅酸盐玻璃池在使用过程中经常出现的漏水、易碎等问题，变得更为简单、轻便、耐用。而萃取动力学机理的探索，也成为稀土分离组考察稀土萃取行为的一个必要内容，与萃取热力学和界面性质研究一道成为溶剂萃取系统性工作之一，具有鲜明的长春应化所稀土分离组研究特色。

在稀土分离方法上，郑重利用稀土的变价性质，把电解、电泳、电渗析、萃取技术和高分子多孔膜或无机多孔膜等新材料组合在一个器件内，搭建了电解萃取分离稀土装置，实现了稀土的高效分离。变价元素包括可由三价变为四价的铈、镨和铽三种离子，以及三种可由三价变为二价的钐、铕和镱离子。该装置具有稀土分离效果好，不引入杂质离子，结构紧凑、产品质量高的特点，在制备超高纯稀土等领域具有应用潜力。1996年4月，先生为该装置申请了国家发明专利。两年后，郑重、先生分列第一和第二设计人的"电解萃取分离稀土装置"获得国家授权[13]。

萃取动力学是对非平衡状态下两相物质的传质过程与机理的研究。研究结果表明，在盐酸介质中，重稀土离子的萃取速率较慢，达到萃取平衡的时间较长。对生产企业来说，确定一个工艺的接触时间是关系生产效率的大事。对于轻稀土分离，通常采用5～10分钟基本可行，认为达到了热力学平衡，可以利用上述的β值来设计操作工艺。但对重稀土来说，达到平衡时间通常大于100分钟（如Yb/Lu），这就太慢了。如果用热力学平衡数据来设计优化工艺，是存在问题的。因此，先生提出了"P507分离重稀土应采用非平衡萃取设计及分离一体化集成技术"这一思路。

所谓非平衡萃取设计是指在重稀土萃取未达到静态平衡时，即开始下一级串级萃取，通过缩短反应时间、增加萃取级数来提高重稀土萃取效率的一种新型萃取处理方式。通过非平衡萃取设计，可显著提高稀土分离效率。之所以要实现分离与制备一体化，是因为某些稀土离子，如铈离子，具有在三相萃取体系中能与氟离子化合生成氟化铈纳米颗粒这一性质，从而实现离子分离与材料制备一体化的反应进程。

自20世纪70年代以来，先生领导下的稀土分离组在稀土的溶剂萃取与分离化学基础研究领域取得了比较大的成就。课题组先后承担了多项攀登及"973"计划、国家自然科学基金、国家产业化示范工程及中科院稀土重大项目中的课题。发表学术论文 350 余篇，申请发明专利 80 余项，为发展新的分离方法与技术提供了理论依据和基本参数。研制成功的新型层流恒界面池，发展了金属萃取动力学研究方法和传质模式。率先开展了复杂体系的萃取热力学和传质动力学机理研究，提出了两物质（例如 HF-H_3BO_3-Cyanex 923）间的协同效应，这与两个萃取剂对一种物质的协同萃取截然不同。提出 P507 分离重稀土应采用非平衡萃取设计及分离制备一体化集成技术这一思想，对于突破传统思维模式、优化重稀土分离提取工艺具有重要意义。

1998 年，长春应化所"稀土及相关金属的溶剂萃取与分离化学"项目荣获中科院自然科学二等奖。先生在稀土分离基础理论研究方面又迈上新台阶。

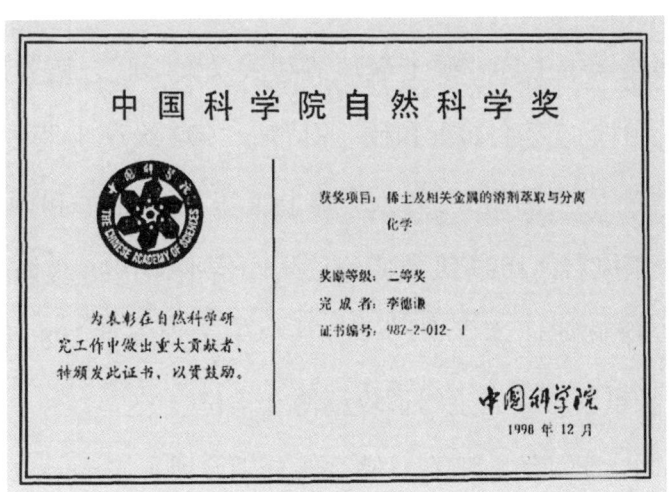

图 6-12　1998 年，先生获得中国科学院自然科学奖二等奖

得意门生

进入20世纪90年代后，随着招收研究生数量的增加，先生渐渐地延伸了稀土分离研究方向，一方面坚持完善国内外新型萃取剂如Cyanex系列及异丙基膦酸单（1-己基-4-乙基）辛酯（PT-2）对稀土离子溶剂萃取基本参数测定工作，另一方面加紧尝试新型萃取剂、新型分离方法如萃淋树脂、乳状液膜、中空纤维膜和高效液相色谱技术应用于稀土分离的可行性。稀土研究室内学生们群星灿烂、研究方向则百花齐放。与此同时，随着四川攀西稀土矿的开发，先生必须带领众弟子们同时兼顾四川攀西稀土矿的稀土分离流程开发工作。

在此期间，先生累计招收学生总计16名。其中硕士生6名，包括1名联合培养学生，博士生包括硕博连读10名。他（她）们分别是1990级硕博连读生王春、硕士李琼清和武汉大学联合培养硕士生魏正贵，1991级硕博连读生郑重和硕士孙静，1992级硕士罗爱清和袁猛，1994级硕博连读生陈继，1995级博士王玉洁、陆军和硕士储德清，1996级博士张凤君，1997级硕博连读生廖伍平，1998级博士罗芳、乐善堂和1999级硕博连读生李红飞。其中乐善堂曾是1986级硕士，工作几年后，又重新考到先生门下攻读博士学位。

在读期间，李琼清、王春、储德清分别开展了Cyanex 272、Cyanex 302及Cyanex 923单一萃取体系对稀土及相关金属离子热力学萃取行

图 6-13 20 世纪 90 年代初,稀土分离组成员合影
前排左起:孟淑兰、李德谦、宋文仲、王忠怀,后排左起:袁猛、罗爱清、郑重、王春、孙静

为研究;孙静与魏正贵则在此基础上,尝试了异丙基膦酸单(1-己基-4-乙基)-辛酯(PT-2)与 Cyanex 272 协同萃取稀土离子的研究工作;郑重与乐善堂重点关注两相滴定法与层流界面池法用于稀土萃取动力学机理的探索;王玉洁、张凤君和罗芳尝试采用中空纤维膜器分离稀土;袁猛合成了萃淋树脂,试图通过离子交换的方式对稀土进行分离;罗爱清开展了正庚烷乳状液膜分离钪(Ⅲ)、铁(Ⅲ)和镥(Ⅲ)研究;而陆军则通过高效液相色谱技术测定了 PT-2-稀土萃取常数工作;陈继在生物活性有机锗及高效液相色谱技术分离生物大分子研究

方面独具特色。上述16人中，除李琼清现就职于加拿大罗斯科实验室（Canada Rosco Lab）、陈继与廖伍平继续从事稀土分离事业外，余者均在国内工作且在其他研究领域成果颇丰。

1991级硕士生、曾任中科院上海硅酸盐研究所所长助理的孙静研究员也是师门翘楚。硕士在读期间，她主要开展PT-2萃取及协同萃取分离钪、锆、钍、钛、铁、镥机理研究，以第一作者身份发表研究论文6篇，包括1篇英文研究论文。1994年硕士毕业后，她考入中科院上海硅酸盐研究所攻读博士学位。2005年，入选中国科学院百人计划，就职于上海硅酸盐研究所。目前，其研究领域集中于低维柔性导电材料的制备及在柔性电子方面的应用、光催化降解典型大气挥发性有机溶剂（VOCs）的机理及氧化钛溶胶的研制与自清洁应用三方面。完成了国家重点研发项目、国家自然科学基金委国际合作项目、中科院战略性先导科技专项A类子课题、上海市科技创新项目等多项科研任务。已在 *Adv. Mater.*，*Nano Energy*，*ACS Nano*，*J. Am. Chem. Soc.*，*Carbon*，*J. Mater. Chem.* 等国内外核心期刊发表学术论文310余篇，被引一万余次，H因子64。拥有授权专利48项，转让3项；起草发布建材行业标准2项，企业标准3项。获上海市科技进步一等奖2项，二等奖1项。合著有《纳米粉体的分散及表面改性》，应邀为Wiley等出版社出版的相关英文专著撰写了3篇英文章节。现任中国微纳学会理事，《无机材料学报》副主编，*Nature Partner Journal Computational Materials*，*Scientific Reports*，*Journal of Nanoparticle Research*，*Aerosol*

Science and Engineering 等英文期刊编委。获得全国三八红旗手、国家百千万人才、上海市领军人才、上海市优秀学科带头人等多项荣誉称号。

对于这个硕果累累的女弟子，先生一直很赞赏。提起孙静，赞美的话总是这两句：

她很能干，工作做得很好！

然后，会补充说道：

遇到困难，可以找她！

同门师弟罗爱清对孙静的刻苦努力记忆深刻：

记得师姐临毕业之前，还在做实验。有一次，不小心被核磁管割伤了，左手食指第二节韧带被割断。去医院缝合，当时很多患者都大声喊叫，难以忍受疼痛。只有师姐一个小姑娘，表现得很坚强。缝合三天后，师姐就继续工作了，让我这个大男生都很敬佩。

如今，孙静的食指伤痕仍然很明显。她的第三节指肚明显粗大，而第二节指肚相对瘦弱，大概是当时的血液流通不畅、恢复不彻底所致。即便是现在，遇到潮湿阴冷的天气时，手指仍会隐隐感到不适，这大概就是努力的代价。所以说，成功人士的背后总是有不同于一般人的努力和付出，光鲜的背后更多的是汗水，也可能是泪水和鲜血。

孙静没有辜负先生的嘱托，对同门师弟妹们很照顾。听到罗爱清正在为筹措创业资金而发愁时，她拿出了如亲姐姐一般的担当。她安慰罗爱清，鼓励他如果遇到困难，而她又能帮得上忙的话，千万不要客气。良言一句三冬暖，有了这份亲情一般的祝福，好运一定会降临到有所准备的人身上。同门之谊，故交情厚，温暖人心。

先生对孙静一直很信任，对她的人品与工作能力也十分褒赏。每次即将抵达或是过境上海，总是第一个告诉她。有时，也会请她帮助联系入住酒店，安排行程等相关事宜。然后是约会袁猛、罗爱清、乌东北和左勇几个学生。有时候，先生还会请上海莱雅仕化工有限公司董事长李富强一起吃顿饭。如果是因公出差，席间还会有两三个外单位的新人。先生与师母坐上首，李总李富强、客人及其他弟子分坐两

图6-14　1992年，先生（右二）及师母（左二）与孙静（左一）、王春（右一）在长春应化所新大楼门前合影

厢，亲切交谈。三四个小时就这么静静滑过，大家最后依依惜别。如果聚餐地点就在先生入驻的酒店，送别时，先生和师母就会目送我们一一离去，然后再彼此搀扶，返回酒店。这情景，像极了某著名女作家写的《目送》里的情节……

提起李总李富强，则是另外一段故事。李总与先生结识于20世纪90年代初期，当时他正在一家国有企业做技术员，主要工作内容是开展第二代国内工业萃取剂P507的合成工作，离先生的接触圈还比较远，二人并没有特别的交集。直到2000年后，李总看准国内稀土产业商机，自己下海经商开办公司之后，二人的联系才多了一些。由于先生经常往返于江西、内蒙古和四川各大稀土矿区，而李总也要深入涉足稀土分离产业，于是，彼此就有了交集的朋友圈，也经常会一起出席国内外的溶剂萃取和湿法冶金会议。时间久了，先生有什么好的想法，或者业务上有能帮助李总的地方，也会倾心相授；而李总对知识分子，尤其是对品德高尚的科学家自身就存有好感与敬意，对先生也格外尊重，渐渐地也融入了稀土分离组。不仅与先生交往甚密，而且与组里同门也相处很好。但凡知道先生有什么特别的活动，总会积极参与，从不抱怨推诿，不得不令人敬佩李总的格局之大、胸襟之开阔非常人可比。

李总对佛教比较感兴趣，但并非那种执着与痴迷的情况，而是选择自己认为正确的方式，以坚定执行的姿态，影响着周围的人们。随着年龄增长，李总越来越喜欢做善事，对成败得失看得越发淡薄。每每遇到天灾，有需要救助的地方，李总都会伸出援助之手，表达自己的善意，有"达则兼济天下"的思想高度，展示出中国企业家的责任与担当。优秀的人总会聚在一起，真正的友谊也不会随着时间的流逝而消失，何为君子之交淡如水，李总与先生近三十年的忘年交无疑给了我们最好的答案。

2019年底，在李老师的牵线下，李总与上海有机所再次建立合作关系，共同开展国内新一代工业萃取剂P113的萃取分离工艺应用与开发工作。上海有机所在工业萃取剂合成与研发方面一直稳居国内领先地位，早在20世纪七八十年代起，该所就在袁承业院士及叶伟贞研究员的带领下，瞄准国家产业需求，陆续合成了P204、P507和N1923等系列工业萃取剂。P113是继叶伟贞研究员后、由其弟子肖吉昌研究员带领组内成员完成的又一个重要成果，其性能主要对标于国外萃取剂Cyanex 923。工业试验结果表明，P113不仅在稀土分离与提取方面具有明显优势，对于盐湖锂提取也展现了优良的工业前景，有望成为继P204、P507后影响力最大的第三代工业萃取剂。

继孙静之后，先生招收的学生是1992级硕士罗爱清和袁猛，但袁猛是后来才加入的稀土分离组，二人入学情况略有不同。罗爱清，1970年生于内蒙古。1992年，从四川大学无机化学专业毕业后，考入长春应化所，师从先生。硕士在读期间，工作内容主要集中于乳状液膜分离稀土领域。共发表研究论文6篇，其中包括3篇中文研究论文，2篇国际会议论文，以及1篇英文研究论文。毕业后，他先后就职于包头稀土研究院、华瑞（美国）科学仪器有限公司和法国罗迪亚（上海）有限公司。2003年后，与友人一起尝试创业，先后参加了许多国家高新技术的产品研发与工艺设计工作。

因为工作性质不同，罗爱清与稀土分离科研工作距离越来越远，后来也没有再从事相关职业，但先生与罗爱清之间的师生情谊却从未中断。每次先生到上海出差，罗爱清总会与先生见面，分享自己的生活和工作近况。而先生也仍旧一如既往地对他表示支持和理解，鼓励他勇于克服困难，但也要注意身体，不要太辛苦。

人生短短几十载，有人缘深，有人缘浅。无论深浅，都会在生命旅程中留下印迹。虽受教于先生门下短短三载时光，但先生平淡从容、不喜不悲的为人处世之道在一定程度上对罗爱清的性格与处事方式也有影响。商海沉浮二十载，罗爱清依然能够保存纯真的赤子之心，对父母、先生以及兄弟姐妹们心怀坦荡，不仅自己做到了"首孝悌，次谨信，泛爱众，而亲仁"的君子境界，也渐渐影响了周围的朋友亲人。他为人谦虚低调，甚至有些许内向，虽不善言辞，却情感真诚；虽然已年过五旬，言谈举止却丝毫未见商人惯见的油腻之感，儒雅的外表下包覆的依然是一颗朴素平和的进取之心。

毕业这么多年，也没有对李老师表达过感谢，这次有机会能为老师的传记贡献点力量，这是我应该做的，师妹不要放在心上。

罗爱清轻声细语地说道。

2023年11月13日晚，李总、孙静、罗爱清和乌东北四人相约在上海长宁来福士广场丰和日丽酒家小聚，共同回忆师承先生门下的旧日岁月。那些埋藏在心底的青葱岁月的往事，稍一提及，便顷刻间喷涌而出。怀念母校，憧憬未来，谈论当下，也言说古今。听闻罗爱清的创业计划有望取得资助，我们都倍感欣慰，真诚祝愿罗爱清能心想事成，早日成功。

张凤君，是毕业后仍与先生联系比较多的学生之一。他生于1957年8月，吉林省长春市人，是1996级博士生。博士在读期间，他主要开展中空纤维膜器萃取稀土、钍的萃取传质动力学及分离研究，以第

图6-15　2023年，左起：罗爱清、孙静、本书作者乌东北、李富强在上海丰和日丽餐馆合影

一作者身份发表英文研究论文 2 篇，英文会议论文 2 篇，中文研究论文 4 篇，中文会议论文 1 篇。曾就职于吉林大学环境与资源学院，担任教授，博士生导师，现已退休。

张凤君与先生结缘得益于工作上的便利。1992 年，张凤君是长春地质学院岩矿分析专业本科生在稀土分离组实习工作的负责人，因此认识了先生、王忠怀老师、孟淑兰老师以及多位本门师兄师姐。他深受先生高尚的人格魅力和深邃的科研思想影响，遂有了报考先生的博士生的意愿和想法。并且，在 1996 年，通过长春应化所博士生入学考试，如愿成为先生的博士研究生。

在李老师的帮助下，我的论文题目定为"中空纤维膜器中稀土 [RE（Ⅲ）]、钍 [Th（Ⅳ）] 的萃取动力学及分离研究"。李老师不仅帮我联系高分子组吴庸烈老师提供中空纤维膜材料，在论文写作过程中，也给了我许多指导。至今，李老师帮我修改小论文的情景还历历在目，经过李老师修改后的文章有了本质提升。不仅拓宽了我的思维，对我日后的科研活动以及科技论文写作思路也产生了深远影响。

毕业以后，我能够先后获得并顺利完成吉林省科技厅"中空纤维膜作生物膜载体无泡供氧处理污水"以及吉林省环境保护厅"高性能聚醚砜生物反应器的开发应用研究"等课题任务，都源于李老师的起步指导。李老师严谨的科研态度和精益求精的工作精神令我终生难忘！

张凤君如是说道。

毕业后，与李老师及师母的联系促进了两个家庭的来往，也有了更多机会品尝李老师及师母的厨艺。记得有一次，李老师和师母来家中做客，李老师自带排骨炖莲藕上门，使我在品尝美味的同时，又聆听了李老师关于七孔藕和九孔藕的区别及做法的介绍，记忆犹新。多年以来，无论科研与生活，深得李老师的教导与帮助，可谓"亦师亦父"。

如今，李老师和师母在美国安度晚年，在这里恭祝李老师及师母健康快乐！

张凤君对先生赴美定居表达了最真挚的祝愿和祝福。实际上，在受益于先生的同时，张凤君又何尝没有尽自己的力量来帮助先生呢。2022年新冠肺炎疫情期间，得知师母因病急需住院检查，张凤君夫妇

图 6-16　2009 年，张凤君、陈继（后排左起）与孟老师（前排左）先生（前排中）、师母（前排右）合影

没有任何推脱，在医疗资源极为紧缺的情况下，仍旧不惜花费力气，借用自己的人脉，为师母联系到医院和主任医生。不仅如此，住院期间也多有照顾，不辞辛苦。对这些付出，先生和师母都看在眼里、记在心里。常常与弟子们反复提及，也使得其他同门对张凤君师兄又多几许尊重与爱戴。不得不说，学生们友爱共处的师门里，不仅能相互之间学到知识，更重要的是获得一种积极向上、团结一心的力量，这或许就是师门的传承所在！

目前从事与稀土分离领域研究跨度最大的另一位同门是1995级博士、现任西南大学药学院药理教研室主任的陆军教授。他于1992年和1995年在四川大学化学系分别获得学士及硕士学位后，考入长春应化所攻读博士学位。博士在读期间，以第一作者身份发表中文研究论文4篇，英文研究论文6篇，授权2项国家发明专利。他主要从事稀土分离过程的平衡反应和动力学研究方向，并用高效液相色谱技术探究了PT-2、Cyanex 302 和 Cyanex 272 混合体系分离稀土的行为规律。开发了从四川氟碳铈矿中提取稀土的创新性绿色工艺，为后期该稀土矿实施高效、清洁的分离流程提供了研究基础。

1999年博士毕业，陆军先后就职于长春应化所、日本理化学研究所、瑞典卡罗林斯卡医学院医学生物化学与生物物理系，任助理研究员、研究员、助理教授、高级研究员等职务。2016年6月被聘为西南大学药学院教授，2016年12月入选重庆市"百名海外高层次人才集聚计划"，2022年入选全球顶尖前10万个科学家学者库。现为中国生物物理学会自由基生物学与自由基医学分会理事、生物微量元素分会理事，重庆市药理学会理事，*Antioxidants*、*Frontier in Physiology* 等多个国际刊物的编委。主要研究方向是以生物氧化还原系统为靶点的抗肿瘤、抗微生物药物药理、毒理作用机制，以及微生物来源药物生产菌种的改造和开发。承担本科生全英文"药理学""仪器分析"，硕博研究生"中外主文献研读"，以及留学研究生"分子药理学"等课程教学。在 *PNAS*、*EMBO Mol Med* 等刊物上发表 60 余篇 SCI 论文，被引用 7000 余次，H 指数 37。

虽然求学先生门下的日子已过去 20 余年，但回首过去，陆军仍记忆犹新。先生与师母、同门兄弟姐妹们的言行点滴依旧留存心底。在

图 6-17　1999 年，先生（左）带陆军（右）到西班牙巴塞罗那开国际溶剂萃取会议

写给先生的回忆录中,他用饱含深情的笔调叙述了在长春学习、工作的点点滴滴:

与王春师兄一起,第一次吃油炸蚕蛹,购买高效液相色谱配件;在先生的指导下,寻找开发氟碳铈矿的适宜萃取剂Cyanex 923;带领组内成员与四川方兴稀土公司技术人员完成铈分离小试实验;协助先生完成科学院重点实验室评估;赴四川方兴稀土公司完成Cyanex 923萃取分离铈与钍的中试实验;第一次坐飞机,参加国际会议……

桃李不言,下自成蹊。先生用他的博爱、宽容、尊重与信任赢得了众多弟子的爱戴。如今,这些得意门生们在自己的科研领域业已枝繁叶茂,绿树成荫,但回想受教于先生门下的日子,他们仍然是倍感温馨,情意绵长。爱是一种力量,它可以传递,可以延续。为师之道是一门哲学,也是一种艺术,每个人都有各自的演绎,但先生呈现给我们的,毫无疑问,是终身受用不尽的人生力量!

先生的拿手菜

先生并不是一个十分热衷应酬的人,即便是与最要好的单位同事,比如牛春吉、洪广言等研究员,彼此之间也无非是谈谈出差见闻,交流当下国内外形势以及研究所里最近发生的一些事情,聊天时间基本不会超过半小时。但对于组里的职工和学生,态度就很不一样。但凡先生弟子,极少有没去先生家里吃过饭的。尤其是2000年以前,学生人数少的时候，逢年过节，去先生家做客，品尝先生的拿手菜已成常态，以至于稀土分离组学生成员频频招来周围同学的羡慕和嫉妒。先生对待学生们的好，几乎是应化所一件人所共知的事。

先生的拿手菜有三个：土豆烧牛肉、排骨炖藕汤和东北凉拌菜。当年，蔬菜品种还不是很多，居民生活水平也不高。因此，先生并不怎么做凉拌菜，觉得用这个菜投食正在长身体的年轻人过于寡素。直至2000年后，研究所里的学生补贴上涨许多，物质生活水平明显提高，先生才把凉拌菜搬上餐桌，用以调剂过于大荤的菜品。不知道"土豆烧牛肉"属于何种菜系，总之，先生对于这个菜一直情有独钟，每次都是亲自主理。牛肉是很稀缺的食材，食堂餐厅里几乎不可见。因此，每次去先生家做客，学生们都非常渴望这菜上桌。据《本草纲目》记载：牛肉，性平、味甘，具有益气养胃、延缓衰老之功效。而土豆中富含蛋白质和维生素，有健脾养胃的作用，富含膳食纤维，可以给人体补充营养。因此，"牛肉炖土豆"不仅美味而且营养价值极高。

煮牛肉耗时很长，先生与师母常常是一大早就起来忙活。焯水去掉牛肉的血腥后，开始起油锅煸炒一会儿，依次放入葱、姜、老抽、冰糖、山楂等佐料，加水焖煮。待牛肉软烂时，浓浓的牛肉味扑鼻而来，勾起馋虫无数。随后，把切好的土豆块投入牛肉汤中，添加少量食盐，继续焖炖。临出锅时，再把备好的红绿彩椒和蒜瓣一股脑放入锅中，翻炒几下后，色香味俱全的土豆烧牛肉即大功告成。孙静说：

先生家的土豆烧牛肉入口绵软，唇舌留香，每次吃完，心和胃都得到了极大的满足!

至于"排骨藕片汤",应该是地道的洪湖做法。洪湖,典型的鱼米之乡,池塘内荷花无数,莲藕更是洪湖人的家常必备。莲藕,生熟药性不同。煮熟后的莲藕,味甘、性温,具有健脾止泻、开胃消食、养血补心、止渴生津之功效。自古就有男不离韭、女不离藕的说法,可见其营养价值之高。莲藕在北方并不多见,所以,只有在先生家才能吃到。进入口中,脆脆甜甜的;咬在牙齿上,咯吱咯吱的,别有一番滋味在心头。

除了这两道拿手菜,其他的菜肴就由师母准备,主要以高蛋白为主。煮鸡蛋、火腿、红烧鱼、炖鸡块……满满一大桌。不同的时令,菜品也各有季节特色,冬天的时候,会有热乎乎的猪肉炖酸菜;端午节时,师母会煮上一锅白米粽;而中秋节,餐桌上会摆上几块月饼。虽然说每逢佳节倍思亲,可在先生家里,却丝毫不会感到思乡的惆怅。中国人讲究无酒不欢,先生和师母亦会准备一点酒,与学生们一起小酌几杯,推杯换盏,其乐融融。

多年以后,每当学生们回想起长春读书的日子,就会想起先生与师母的恩情,想起先生的拿手菜。受人滴水之恩,必当涌泉相报。弟子们受先生的岂止滴水之恩,一饭之恩。生活上的关怀,精神上的鼓励,物质上的支持,以及学术上的指点,丝丝缕缕浸润在学生们的心田,化成前进的动力。高山仰止,景行行止,传承先生的人格魅力、学术品行不知不觉中已成为稀土分离组全体成员的自觉!

本章小结

科学的发展总是螺旋式上升，阶梯式递进。对科学研究越是深入，就会越发感觉科学之浩瀚无垠。随着对稀土分离化学基础研究与工艺开发的不断挖掘与拓展，先生越发体会到交流与学习的重要。先生在20世纪90时代似乎有无穷的精力，不断扩展自己在稀土分离领域中的认知深度与广度。他积极参加国外学术交流活动，自1980年参加在比利时列日举办的国际溶剂萃取会议之后，又相继参加了1990年在日本东京、1993年在英国约克、1996年在澳大利亚墨尔本、1999年在西班牙巴塞罗那、2002年在南非开普敦以及2008年在美国图森的国际溶剂萃取会议，足迹踏遍世界各地。追踪学科发展世界前沿，与国内外同行开展学术交流，意气风发，壮志踌躇。期间，还顺路参加了1996年在香港举办的国际华人无机化学会。1997年，他受邀远赴韩国科学技术研究院讲学3个月，加强了中韩学术交流的深度与广度。这些活动极大地开拓了先生的视野，坚定了先生热爱祖国、报效国家的信念和决心。通过这些学术交流，先生对于稀土分离化学与工艺流程的认识不断拓宽、加深，为其实现科技创新螺旋式上升的再一次飞跃奠定了坚实的基础。

世纪之交，先生早已做好准备，他要更上层楼，把稀土分离产业化工程水平推向更高！

注释

[1] 张秀英、薄其兵、陆军、李德谦、叶伟贞:《仲辛基苯氧基乙酸萃取稀土（Ⅲ）的机理》,载《应用化学》2000年第2期,第198—200页。

[2] 李德谦:《稀土湿法冶金工业中的化工问题》,载《化学进展》1995年第7卷第3期,第209—213页。

[3] 李德谦、孟淑兰、叶伟贞、王忠怀、金慕军、马根祥、陆军:《液-液萃取分离高纯钇工艺》（CN1153836C）

[4] 李德谦、王香兰、孟淑兰:《对羧酸类萃取剂的降解或酯化的处理方法》（CN1454693A）

[5] 李德谦、王香兰、孟淑兰、白彦:《溶剂萃取分离高纯钇工艺》（CN1563442A）

[6] Li W, Wang X L, Meng S L, Li D Q, Xiong Y. *Extraction and separation of yttrium from the rare earths with sec-octylphenoxy acetic acid in chloride media.* Sep. Purif. Technol., 2007, 54(2): 164.

[7] 张曼子:《基础研究是科技自立自强的"发动机"——科学家热议基础研究的使命及意义》,载新华网2022年4月27日。

[8] 徐光宪、袁承业等:《稀土的溶剂萃取》,北京:科学出版社1987年版,第392—502页。

[9] 澎湃新闻·澎湃号·政务·科技人物专栏:《徐光宪:中国稀土之父,打破西方垄断噩梦》,2022年8月11日。

[10] 乐善堂、马根祥、李德谦:《稀土萃取动力学研究进展》,载《稀土》2000年第21卷第2期,第52—60页。

[11] 郑重、李德谦:《层流型恒界面池》（CN2197119Y）

[12] Zheng Z, Lu J, Li D Q, Ma G X: *The kinetics study in liquid-liquid systems with constant interfacial area cell with Laminar flow.* Chem. Eng. Sci 2327-2333 (1998) 53 (13)

[13] 郑重、李德谦:《电解萃取分离稀土装置》（CN 2292806Y）

第 7 章
迈入新世纪：花果纷呈

2000～2009

伴随新世纪的到来，先生的科研事业越发蓬勃有力。电脑在国内科研院所的广泛普及，使得先生在年逾六旬又学习了一项新技能，不仅会在网上冲浪，对于一些文字编辑软件的使用，也渐渐熟稔，显示了旺盛的求知欲和极强的学习和实践能力。

针对四川氟碳铈矿构成体系复杂、氟和放射性元素钍未得到分离与利用的严重问题，先生率领众弟子们设计开发了"四川攀西氟碳铈矿铈、钍与稀土分离萃取流程"，并把这一流程应用于四川冕宁县方兴稀土公司工业实践之中，开创了"氟碳铈矿清洁冶金与分离制备一体化集成技术"国内研究先河。此后，又发展了"包头稀土硫磷混酸体系中萃取分离钍和提取稀土清洁流程"，从包头稀土矿硫磷混酸体系中分离出了钍，并提取了稀土。

迈向新世纪

"爆竹声中一岁除，春风送暖入屠苏"。当新世纪的钟声敲响，千禧年姗姗而来之时，长春应化所进入了快速发展时代。

2002年，冠名"稀土化学与物理国家重点实验室"的长春应化所无机分析楼正式竣工，五层的钢筋混凝土建筑拔地而起，很是气派，办公环境宽敞明亮。多轮评估后，在一派热热闹闹的气氛中，稀土分离组有幸落户新楼。考虑到先生的资历与贡献，实验室被安排在二楼最好的东南片区。先生与学生们各自分到一间办公室。另外，还有两间大实验室和两间小实验室,分别用来开展萃取平衡热力学基础研究、工艺小试试验、萃取动力学研究和分析测试。每个学生都分到了一张长×宽为150厘米×75厘米大的试验台,桌上面安有试剂架,桌下有抽屉和柜子,亚光黑的台面防酸碱又耐脏,很专业的样子。先生的办公室位于正南方,每天早上从窗口都能看到冉冉升起的朝阳。长春的天气,冬暖夏凉,无须空调,供暖设备是暖气片。因此,无论先生,还是学生,办公室的门一年四季都是敞开的,电脑只有在下班的时候才会关掉。学生可以随时看到先生是否在办公,先生也能随时召唤学生来商讨问题。彼此都不会弄出很大的声响,安安静静地各自忙碌,颇有些岁月静好的感觉。

先生办公室的阳台上有一盆君子兰,刚买来的时候,还是小小的一株,后来长势越来越好。橘黄色的花朵一簇簇地开在层层的叶片中间,像极了太阳公公的笑脸。温暖,又谦和,一如先生恂恂如也的样子。君子兰花期很长,一般能持续五十天,一年开花两到三次。因此,先生的君子兰一年中竟有半年的时间都是盛开的,为办公室平添许多春意。其实,先生是很少莳弄花草的,或许是办公室内的温度、湿度和阳光恰好适合君子兰的生长,还有可能是君子兰这种花的气质与先生的品格契合,一个是花中君子,一个是温文尔雅,二者气场频率互相投合之缘故,君子兰就这样在先生的办公室里不断开花、反复结果,芬芳馥郁,经久不衰,叫人时时都能感觉到暖意。

每天早上8点钟左右,无论春夏秋冬,只要先生身体无恙,没有出差，就一定会准时到岗。门窗打开，通风换气，是先生进入办公室做的第一件事。尤其是 2003 年"非典"疫情过后，先生更是坚持每天必须开窗至少三十分钟。坐下来之后，他打开电脑邮箱，查看是否有新邮件。与其说是先生的邮箱，不如说是组内成员的公共邮箱，每个人都可以查看。先生的电脑没有密码，邮件通过 Foxmail 代理服务器来接收。所以，只要登录电脑，就可以看到邮件主题。邮件内容要么是审稿，要么是投稿，要么就是参会信息。偶尔有发给先生的私人邮件，看到标题之后，学生们就不会再点开。因此，即使许多人都曾登录过邮箱，先生也不会觉得隐私受到了侵犯。甚至，在使用电脑之初，因为操作不熟练，若要查看附件信息，先生还会主动叫学生们帮助留意私人邮件。所以，在学生眼里，先生光明磊落，无事不可对人言。

先生对新鲜事物总是保持着强烈的好奇心，极有耐心和毅力接受挑战。电脑使用之初，对于如何开关机、打字、收发邮件等操作，先生都不了解，但他并不畏惧困难。渐渐地，从开关机、收发邮件，到撰写文章、粘贴附件等操作都没有过多地借别人之手。通过一点点的摸索与实践，在学生偶尔的指点下，很快就学会了一些基本软件的使用方法。Word、Excel 和 PPT 都能自己独立完成，不得不令人由衷敬佩。智能手机问世后，先生也是很快就用得得心应手，甚至比年轻人还熟悉一些小程序，实实在在地演绎了一把什么叫"活到老，学到老"。

迈入新世纪的先生，比以前更忙碌。一方面是组里研究生越来越多，论文指导工作日渐繁重；另一方面，包头稀土矿及四川攀西氟碳铈矿的两个国家示范工程要在此期间完成,任务艰巨。稍有空闲,先生还要参加国内外各类学术会议,交流访问,以及下厂技术指导等活动。所以,新世纪里,社会在高速运转,先生也是马不停蹄地奔波在科技进步的大路上。

设计开发"四川攀西氟碳铈矿铈、钍与稀土分离萃取流程"

四川攀西氟碳铈矿($Ce[CO_3]F$)是我国20世纪80年代末发现的第二大稀土资源。氟碳铈矿构成体系十分复杂,精矿中除稀土含量约占50%(以REO计)外,还分别含有0.2%~0.3%的放射性元素钍和8%~10%的氟。因其具有易采、易选、易冶炼等特点,引起国内关注。当时的冶金工艺普遍采用氧化焙烧——硫酸浸出——复盐沉淀法,虽然可以得到氯化稀土、碳酸稀土及铈产品,但存在工艺流程长、稀土收率低(CeO_2的收率接近60%,REO的收率约为70%)、铈产品纯度低(CeO_2纯度95%~99%)、氟和放射性元素钍未得到分离与利用,以及产生放射性废水和废渣等诸多问题[1]。

自1995年以来,以平均每年处理1万吨稀土氧化物计,共约有350吨氧化钍流失,对人类居住环境造成极大危害。因此,充分利用我国氟碳铈矿资源,研究如何从该矿中提取分离铈(Ⅳ)、钍与稀土的同时,维持其安全、洁净的生产环境是亟待解决的重大课题。开发环境友好的氟碳铈矿稀土分离工艺不仅对我国的稀土冶炼工业达到国际领先水平具有重大科学意义，对推动我国稀土资源的优化利用、环境保护以及国民经济发展亦有积极作用，受到中央和地方政府及全社会的共同关注。

为解决氟碳铈矿提取、分离流程中资源得不到有效利用及环境污染问题，国内学者开展了许多工作，主要集中在开发氟碳铈矿冶炼工艺方面。当时，国内学者普遍采用的是用 P507 或 P204 从硫酸浸出液中萃取分离铈（Ⅳ）的工艺流程，萃取过程是阳离子交换机制。实践中发现，由于氟的存在，萃取过程易出现乳化现象；同时，矿内夹杂少量的钍分布于两相之间，很难被矿物酸反萃取。因此，面对攀西矿这一复杂稀土体系，先生在设计分离流程方案中，首先排除了 P204 和 P507 萃取体系，又经过三年基础研究，排除了螯合萃取、阳离子交换及阴离子交换等萃取体系，证明唯一可选择的是溶剂化萃取体系[2]。

20 世纪 90 年代末，美国氰特公司开发了一种新型中性有机膦 Cyanex 923 萃取剂。它是一种直链烷基氧化膦混合物，不仅具有良好的物理指标，而且拥有高效的矿物酸及金属离子萃取能力，引起了先生的特别关注。1995 级博士生陆军与武汉大学交流硕士生魏正贵两人在先生的指导下，系统开展了硫酸体系中 Cyanex 923 对铈、钍的萃取热力学及传质动力学研究。他们发现 Cyanex 923 是一种良好的铈、钍萃取剂，控制萃取剂浓度和酸度可有效避免萃取第三相的产生；使用硝酸钠（$NaNO_3$）和硫酸（H_2SO_4）对萃取有机相进行洗涤时，Cyanex 923中的还原性杂质可以被有效除去[3-5]。陆军博士将相关研究成果发表在了 *Hydrometallurgy* 期刊上，文章标题为"Recovery of Ce（Ⅳ）and Th（Ⅳ）from rare earths（Ⅲ）with Cyanex 923"，它是四川攀西矿铈、钍及稀土分离萃取流程的理论基础，具有重要的实际意义。

在此工作基础上，先生于1998年11月申请了名为"一种从氟碳铈矿浸出液中萃取分离铈、钍的工艺"的国家专利。2003年1月，该专利获得国家专利授权[6]。在该工艺流程中，先生首次借用包头稀土矿中的伯胺分离钍工艺，在原复盐沉淀工艺基础上，减少了一套钍分离装置；采用萃取转型技术直接与下续单一稀土分离工艺衔接，不仅大幅度降低了酸、碱单耗，而且实现了

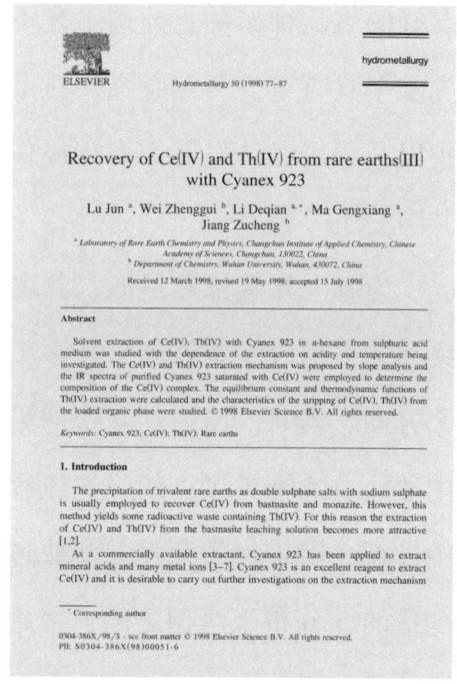

图7-1 1999年，陆军、魏正贵、李德谦等发表在 *Hydrometallurgy* 期刊上的文章首页

氟回收与萃取剂再生的连续化，获得了更好的技术经济指标和优化的工业设计参数。萃取过程中不产生放射性废渣、废水，被评价是一个高效、清洁的分离流程，在当时处于国内先进水平。

组建四川冕宁县方兴稀土公司

1996年，在一次学术会议上，先生认识了一个建筑包工头。他是四川人，名叫廖维凯。廖维凯在四川牦牛坪建有厂房，计划在此基础上扩建一个稀土冶炼厂，涉足稀土矿山行业。他听闻先生有当时先进的氟碳铈矿稀土冶炼技术，兴致很高，遂与先生畅谈。之后，二人定下合作意向。

创业之初，廖经理手头并不富裕。于是，先生在征得长春应化所领导同意、确定符合当时科研项目经费合理使用财务政策情况下，对廖经理提供了资金支持。他亲自联系北京有色设计院，请其负责工程设计。目标是在冕宁县复兴镇一个废弃的造纸厂基础上，组建四川冕宁县方兴稀土公司。它是稀土分离研究团队承担的第二个从平地开建的稀土分离冶炼厂，是科学研究产业化对接的第二家民营企业，先生对此十分重视。

有了明确的服务对象，先生随即展开氟碳铈矿稀土分离流程的小试与中试试验。小试在长春应化所执行，廖经理派了几名技术人员，包括廖阳光、廖丕勇等一起进组学习，以陆军为首的博士生对他们进行技术培训。中试在四川冕宁公司进行，取得四项令人满意的结果：获得纯度为99.99%的铈产品，总收率大于85%，铈产品中的氧化钍与氧化铈含量比例小于1×10^{-4}；富镧稀土产品中氧化钍与氧化稀土含量比例小于1×10^{-6}，稀土总收率大于90%，超过90%的钍得到回收，氧化钍纯度大于95%；50%的氟得到富集，有利于回收和利用；不产生放射性废渣和废水，是一个名副其实的高效、清洁分离流程[7]。

1998年，该厂投入生产，当年即取得显著经济效益。一年后，廖经理把借来的钱如数还给长春应化所。在资金转移过程中，先生丝毫没有动过把项目经费转移到个人账户的念头。先生认为，科研经费是公款，理应用于执行项目过程中。公私账目分明，这是科研人员必须坚守的职业操守。不仅先生如此，他们那些班辈高的科学家们都是如此。据说，中国科学院半导体研究所的王守觉院士甚至还会把未用完的科研经费主动上交，而自己的办公电脑却舍不得更换。在个人享受方面，老一辈科学家们能省就省，能免则免，令人钦佩之至。他们虽出生于民国时期，受教育在民国体制下，接受的却是新民主主义文化思潮，报效的是新中国。他们鞠躬尽瘁烛火燃，为中华民族的自强与独立贡献了自己毕生的心血和力量。以天下为己任的主人翁精神，在老一辈科学家身上毕现无余。

1999年，国家发改委批复文件明确了四川冕宁县方兴稀土公司攀西稀土矿铈、钍、稀土萃取分离工艺产业化项目的可行性。四川攀西稀土矿铈、钍、稀土萃取分离流程的发明，不仅解决了该矿稀土资源开发、综合利用与环境保护问题，也为日后 4 万吨包头绿色产业化工程提供了参考。首次利用 N1923 从攀西矿中生产纯度大于 99% 的草酸钍产品，有效实现了氟、钍、稀土的高效回收和稀土资源的清洁冶金及高值化，为后来钍核能发电提供物质保证。

图 7-2　1999 年，四川攀西矿拿到的国家发展计划委员会产业化示范工程批复文件

开创"氟碳铈矿清洁冶金与分离制备一体化集成技术"研究先河

将基础研究的成果向产业转化，从来都不是一帆风顺。四川冕宁方兴稀土公司的产研转化之路也同样充满了曲折与磨难。虽然 Cyanex

923被证明是一种良好的中性络合萃取剂，铈（Ce）、钍（Th）能同时萃取，但钍萃取会遭到铈萃取的抑制。因此，在流程第一步铈、钍分离过程中，铈与钍两条萃取线具有彼此关联、此消彼长的关系。只有清楚这种依赖关系，铈、钍产品中钍、铈含量才在允许范围内不超标。否则的话，一定会出现钍产品中铈超标、铈产品中钍超标的问题。由于缺乏理论指导，稀土冶炼厂运营几年后，即使按照先生制定的工艺参数进行操作时，工人师傅也总会发现一件事：要么铈产品中经常会有钍残留，要么钍产品中铈含量有超标，无论怎样调节都无济于事，大家很是苦恼，一度怀疑流程出了问题。

于是，又请到先生，请他来解惑。先生说：

因为 Cyanex 923 在氟碳铈矿硫酸料液中，各元素萃取顺序为铈（Ⅳ）＞钍（Ⅳ）＞＞稀土（Ⅲ）。依此可知，如果铈完全萃取后，再开始萃取钍，此时料液中钍含量将远高于铈。钍、铈同时萃取，势必导致铈产品中钍含量超标；为确保钍含量正常，应在铈萃取线中保留微量四价铈，使其与钍共存，抑制钍萃取；但是，如果铈萃取线中铈保留过多，由于铈、钍浓度比例问题，钍萃取线中铈亦被萃取，造成钍产品中铈含量超标问题。因此，在铈、钍萃取线运行过程中，铈萃取流量参数必须合理、适度才行。只有清楚其中的科学原理，才能保证工艺流程正常进行。

听了先生的讲解，工人师傅们如梦方醒，对先生崇拜之至，因为先生仅用寥寥数语，就解决了困扰他们多年的技术难题。在他们眼中，

图 7-3　先生（中）认真回答技术人员的问题

先生的形象愈发高大起来。眼前的这个老者，性格耿直、身材单薄，从不夸夸其谈，也不人云亦云；他不唯上、不唯书，永远都是从科学本身出发，站在科研生产第一线，不责备、不推卸，却切实为他们解决了实际问题。

经验可以依靠自己的年份积累，而知识确需持续学习得到点拨方能获得。经验易得，知识难求。这是工厂实践多年后得出的结论，也是经过先生点化，工人师傅们才明白的道理。

虽然，与复盐沉淀工艺法相比较，1998年发明的全萃取法从四川氟碳铈矿中提取稀土、分离铈与钍的工艺流程具有产品质量好、收率高、稳定性佳、适应性强等优点，但萃取槽在长期运营过程中，也表现出两个明显不足：一是采用硫酸（H_2SO_4）～双氧水（H_2O_2）反萃取Ce（Ⅳ）过程中，容易产生硫酸铈结晶，堵塞管道；二是以氟化钠（NaF）形式回收负载有机相中的氟，再从NaF稀溶液中回收产品存在困难。另外，用Cyanex 923作为有机相分离铈、钍及其他稀土元素时，料液中虽有90%的铈能被有效萃取得以分离，但剩下10%的铈会以三价的形式与钍及其它稀土离子一起存于料液中，基本不被萃取。并且，在萃取过程中，由于有机相及空气中一些还原性物质的存在，也会使一部分四价Ce（Ⅳ）还原成三价Ce（Ⅲ），从而降低铈收率[8]。这些问题都有赖于基础研究的深入探索，才能得以解决。

针对Cyanex 923萃取铈过程中出现的第三相问题，1997级硕博连读生廖伍平首次模拟合成了攀西氟碳铈矿料液，系统研究了Ce（Ⅳ）-F^--硼酸（H_3BO_3）-H_2SO_4复杂体系中Cyanex 923萃取铈、氟和硼的热力学与动力学行为模式。发现在硼的协助下，单一萃取剂体系中被萃取物质铈与氟之间存在热力学及动力学的协同萃取效应，揭示了Cyanex 923萃取硫酸或硫酸铈溶液过程中第三相出现的机理，并利用第三相制备了纳米级氧化铈粉末，从而对氟碳铈矿中铈、钍及稀土的分离流程参数进行了优化[9]。

在此基础上，1999级硕博连读生李红飞与2003级硕博连读生国富强一起，提出了"分离、制备一体化"概念。他们利用Cyanex 923萃取过程中形成的反胶团体系作为微反应器，通过H_2O_2还原反萃方式，从负载有机相中直接制备出 CeF_3 纳米微粒，实现了铈、氟的同步回收，提供了微乳液体系制备超微颗粒的先例。他们还观察到反胶团的形成会促进 CeF_3 产品的额外纯化，从热力学角度分析了反胶团的形成过程对萃取机理的影响规律，提出模型，并对这一现象进行了理论阐释。2004 年 1 月，2006 年 8 月和 2006 年 12 月，组内先后申请了"一种制备高纯三氟化铈微粉的方法""一种利用中性磷（膦）萃取体系制备三氟化铈微粉的方法"，以及"中性磷（膦）萃取体系制备稀土氟化物微粉调控粒径的方法"三项国家专利，并分别于 2006 年 4 月、2008 年 10 月和 2008 年 7 月获得国家发明专利授权[10-12]。后续工作中，国富强利用溶剂萃取体系，自组装制备出 CaF_2 纳米材料，发明了一种合成 CaF_2 空心球的新方法。2010 年，以 "A solvent extraction route for CaF_2 hollow spheres" 为标题，国富强把相关工作成果发表在英国皇家化学会（RSC）主办的杂志 *Chemical Communications* 上，课题组发表论文的影响因子再创新高[13]。

为提高铈回收率，同时也为后续稀土分离工艺提供一个少铈环境，2001 级硕博连读生张绘提出把强氧化剂高锰酸钾加入含铈的稀土浸出液中这一想法，阻止四价铈还原为三价铈化学反应的进行，提高了氟化铈的收率和产品纯度。他设计了铈的再氧化反应器，改进了普通萃取槽结构，并分别于 2006 年 9 月和 11 月，陆续申报了"一种高锰酸钾优先萃取条件下动态连续氧化萃取铈的方法""一种可以分离有机相和水相并单独对水相进行操作的萃取槽"和"一种纳米金属氧化物的制

图 7-4　先生（左）在指导张绘（右）开展课题研究

备方法"三项中国发明专利。2007 年 5 月、2008 年 5 月和 11 月，这三项发明均获国家专利授权[14-16]。

2002 级硕博连读生张志峰在张绘的工作基础上，系统开展了 Cyanex 923 萃取锰的热力学行为研究，以考察高锰酸钾在氧化过程中对铈萃取效率及其产品纯度等指标造成的潜在影响。为实现在线氧化，他设计了一个新的在线油水分离装置。考虑到 Cyanex 923 的成本问题，张志峰对原 Cyanex 923 单一萃取体系也进行了改进，确立了 Cyanex 923 与 P204/P507 协同萃取铈、氟的分离流程，并制备出三氟化铈超微粉体。2007 年 10 月，他申请了题为"一种采用于混合萃取体系分离铈回收氟及制备三氟化铈超微粉体的方法"的发明专利并获得国家授权[17]。

综合上述五位硕博连读生及孟淑兰老师、白彦两位老师近六年的工作成果，先生率领研究团队在原氟碳铈矿分离工艺流程基础上，设计开发了"氟碳铈矿清洁冶金与分离制备一体化集成技术"工艺。该工艺主要有两个步骤：第一步铈与钍、稀土分离，获得高纯氟化铈产品。具体操作是选择 Cyanex 923 为中性络合萃取剂，以氟碳铈矿硫酸浸出液为料液，在硼酸辅助下，利用 Cyanex 923 萃取过程中 Ce 与 F 的协同萃取效应，在萃取微乳液中获得 Cyanex 923-Ce 及 Cyanxe923-Ce-F 萃取络合物，残余液中留存钍、稀土混合硫酸溶液，实现铈与钍、稀土分离。再通过硫酸反萃取微乳液及萃取剂再生手段，即可获得高纯氟化铈固体产品（纯度＞99.99%）及高纯硫酸铈溶液（铈含量＞99.99%）。

第二步是钍与单一稀土分离。具体操作是采用 N1923 分离钍技术，在萃取有机相及残余液中分别获得 N1923-Th 萃取络合物及硫酸稀土溶液，利用草酸盐沉淀技术，于萃取有机相中获得钍含量超过 99% 的固体富集物草酸钍。再采用行业通用 P204 萃取转型及氨化 P507 萃取、分组分离工艺对硫酸稀土溶液进行萃取，即可获得单一稀土产品。

串级模拟试验证明，这一工艺流程十分有效，不仅有效实现了氟回收，而且实现了从氟碳铈矿中分离/制备高纯氟化铈（4～5N）纳米粉体之目的，被认定是一种新型的纳米粉体制备技术。

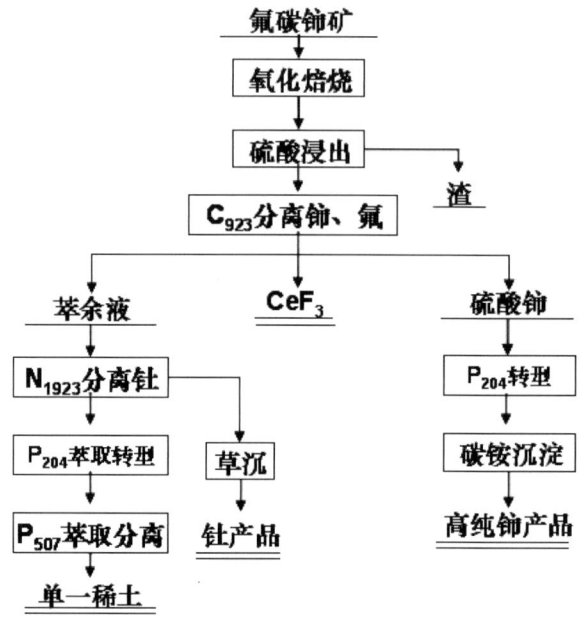

图 7-5 西部稀土资源的有效利用及高效、清洁分离流程示意图

2004年9月至2005年6月，除个别学生留在长春外，先生再次带领大部分弟子们分批次到四川冕宁方兴稀土新材料有限公司开展新分离流程小试及2.5升萃取槽中试试验。彼时，方兴稀土公司已更名为江铜集团四川冕宁方兴稀土新材料有限公司，新厂房已经建成。它坐落在京昆线国道路附近，公司大门正对国道。后面是木梳山，山上满是豆腐块状的农田。距离最近的镇上步行需要二十分钟，每逢休息日，先生与学生们会走路去镇上逛逛，换换脑子放放松。偶尔，也会乘车到西昌市区，体验当地风土人情。当时的道路，多为土路，坐在大巴车上，一路颠簸，一路摇晃，大家的热情却丝毫不减。下厂的日

子，工作与生活简单且有规律。每天早、中、晚饭时间分别是早上7点、中午12点和晚上6点。廖经理有心，准备的伙食很丰盛。除客家菜外，还会增添一些口味稍淡的菜品，以满足不同人的饮食需求。工作时，先生与孟老师把学生们分成两组，每人各带一组。连续下厂工作12小时后，可休息24小时，生活虽然艰苦，却非常充实。如今，经过几年的发展，这个地方已成为稀土工业园区，极大地带动了当地经济发展与建设。

中试期间，试验也并非一帆风顺。大大小小、前前后后又相继出现了许多问题，比如氟化铈纳米颗粒沉降速度慢、萃取段出现有机相结晶、有机相还原率不稳定以及Cyanex 923易损失等。这些问题都在试验放大时首次出现，无法提前预料。针对这种情况，先生沉下心来，带领项目团队成员，仔细观察试验现象，分析产生原因，反复尝试，最终逐个解决了工艺运行中的问题。通过此次实战经历，学生们也都受益匪浅，每每提及，充满朝气的脸上无不洋溢着满满的自豪与骄傲，成为每个人心中难忘的旧时记忆。

"攀西矿铈、钍、氟、稀土萃取分离清洁流程"中试试验结果表明：料液中99%的钍得到回收，铈以CeO_2及CeF_3形式存在，其中CeO_2产品纯度达到99.99%、CeF_3纯度达到99.999%，总稀土的回收率比原工艺提高10%。工艺流程简单，适应性强[包括各种富集物或废渣中的钍或铈（Ⅳ）的分离]，收率高，特别是钍得到回收，没有放射性废水和废渣，符合安全、洁净工艺流程要求。

图 7-6　2004 年，稀土分离组部分成员在四川冕宁厂合影

2005 年 6 月，在四川方兴稀土公司落地的国家产业化示范工程中，该流程完成了年处理 4 000 吨稀土矿的任务指标，获得 99.99% 氟化铈纳米粉体，而硫酸铈溶液中的氧化铈与氧化稀土含量比为 99.9%，即生产氟化铈过程中，铈得到了额外的纯化。应化所科研处处长那天海曾经亲临四川冕宁稀土公司慰问项目组成员。先生身着蓝色工装，头戴蓝色工帽，手指高纯氟化铈（纯度大于 99.99%），一脸兴奋，像极了天真无邪的孩童。

在此次国家产业化示范工程完成过程中，有三个人功不可没。他

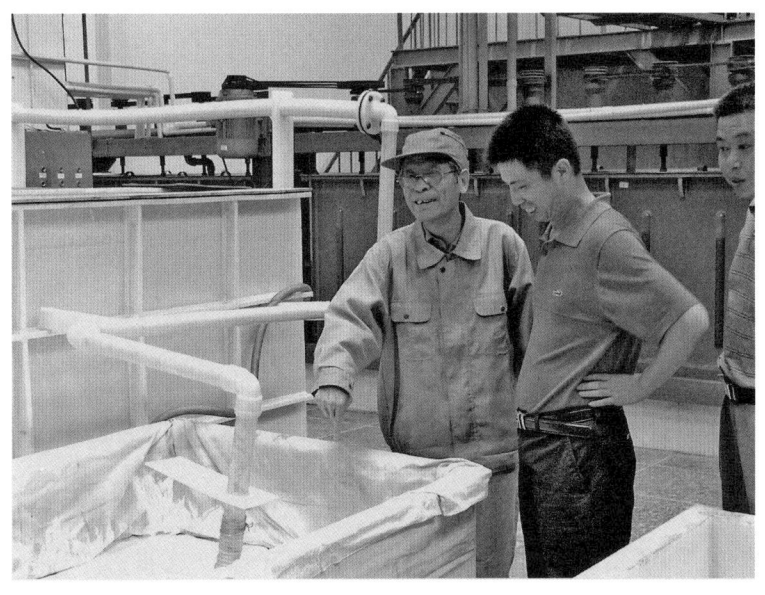

图 7-7　2005 年，先生（左一）在四川冕宁方兴稀土冶炼厂向那天海处长介绍高纯氟化铈产品

们分别是白彦老师以及刘建军、左勇两名博士。

白彦，1964 生 5 月生于内蒙古海拉尔地区，蒙古族，高级工程师，副研究员。2002 年，他从包头稀土院调入长春应化所稀土分离组工作。2003 年，通过国家研究生入学考试，成为在职博士研究生。毕业后，留所工作至今。白彦老师具有丰富的稀土冶炼及工艺开发实战经验，是全能型人才。小到搬家盖院，社交公关，大到完成重大课题，承担科研任务，无论大事小情，只要需要，都有白老师的身影，他为各项产业化示范工程的顺利实施及组内科研发展做了许多工作。默默无闻、不求回报、任劳任怨，是白老师的工作特点，他就是组内的活雷锋。白老师做好事不留名，许多贡献都不为人知，而他本人也不计较，甘为绿叶陪衬红花。其大公无私、以全局为重的大局观，深受组内老师与学生的尊敬与爱戴。

白老师发挥自身专业优势，利用LabVIEW（一种图形化的编程语言）开发了串级萃取虚拟仪器。利用该虚拟设备，可在计算机上进行实际萃取分离过程的模拟操作，并实时观察待分离组分在水相与有机相中的分布及槽体平衡的变化情况。串级萃取虚拟仪器能为稀土分离化学基础理论、分离工艺设计及实际分离过程控制提供可视化指导方案，是课题组实现科研项目产业化工作的有力武器。在此次产业化示范工程中，白老师对传统的萃取槽体进行了改进，使其能够适应Cyanex 923这一新萃取体系要求，为工程顺利完成提供了基础设施保障。

2023年9月，白老师59周岁半，即将退休。有一天，在白老师驱车回家的路上，他接到了先生相邀聚餐的电话。正逢这段时间，白老师因为控制血糖而刚换了一种新药，服用后副作用很大，整个人都正处于极度不适的状态，白老师婉拒了饭局，但电话那头，却还在为自己即将退休，手头工作没有合适的人接手而忧心不已。他说：

李老师，您看我还有半年就退休了，可目前我承担的工作也没有人可以交班，也不知道是否能有人顶上，我真是很担心！

先生听了，也没有太好的解决办法，毕竟自己早已不在工作第一线，对人事的安排也不能太过武断，只好安慰白老师一番，二人方止住了话头。

得知 11 月份李老师即将赴美定居的当天，白老师早早就驱车到先生家里，送先生和师母到机场。临别前，白老师戏称要跟着李老师一起去美国养老，他乡相聚。一时间，大家都在考虑退休之后的安排了。时光真是如白驹过隙，转眼间，分离就在眼前呀！

刘建军，2002 级硕博连读生。1968 年 10 月出生，汉族，内蒙古四子王旗人。正高级工程师，现为包头稀土研究院副院长、包头市人大代表。攻读博士之前，刘建军已在稀土行业工作十余年，具备丰富的稀土分离工艺研发经验。博士在读期间，他主要开展包头稀土资源

图 7-8　2023 年，廖伍平（左一）和白彦（右一）在长春龙嘉国际机场送别先生和师母

清洁冶金流程与四川攀西稀土矿中的铈、钍、氟及稀土萃取分离项目中相关基础理论与应用开发研究。以第一作者身份发表英文 SCI 研究论文 3 篇。2007 年博士毕业后,他继续坚守包头白云鄂博稀土矿中稀土资源合理开发与利用的生产第一线,为推动我国稀土事业的技术进步与发展作出了贡献。

在四川产业化示范工程中,刘建军负责设计了 Cyanex 923 萃取铈以及 N1923 萃取钍两项工艺流程。前处理工艺包括氟碳铈矿的氧化焙烧条件、稀硫酸浸出条件等。后处理工艺包括:铈线反萃液中和、钍线萃余水相中和、氟化铈碱转化,以及制备碳酸铈产品等。先生说:

刘建军很能干,在产业化示范工程进行过程中,他一个人扛了许

图 7-9　先生(左)与刘建军(右)讨论课题

多人的活。

左勇也是武汉人。他生于1978年，是2003级硕博连读生。与王香兰一样，左勇也是在2001年6月获得中国地质大学（武汉）学士学位后，以助理研究员被聘入长春应化所稀土分离组。博士在读期间，他主要开展包头稀土矿分离钍以及攀西矿分离铈工艺中1-辛基-3-甲基咪唑六氟磷酸盐离子液体（$[C_8mim]PF_6$）用于稀土分离工作初步探索研究，旨在为离子液体在稀土清洁分离流程中实现溶剂绿色化的目标提供范例。他以第一作者身份发表英文SCI论文4篇。2008年8月，到中国科学院过程工程研究所从事博士后工作；2010年，受聘于中国科学院上海应用物理研究所，任副研究员。目前，他的研究内容涉及高温熔盐及室温熔盐（离子液体）应用于稀土分离、冶金、核能等领域。

在产业化示范过程中，左勇承担了繁重的分析测试工作，编写了《攀西氟碳铈矿铈、钍、稀土分离新工艺化学分析法》一书。除了做总稀土、四价铈及总铈、钍、铁和锰、微量氟、硫酸根、氧化钙、氧化镁的测定外，还做了自由酸度、焙烧矿分解率、Cyanex 923饱和负载量、有机相浓度、有机相还原率测定等工作。

左勇做事有条不紊，思路清晰。当时，方兴公司尚未联网，查找资料很不方便，关于分析测试方面的书籍极少，可供参考的只有王忠怀老师留下的一本名为《稀土矿石及其冶金化学分析方法》的旧书。该书由包钢冶金研究所于1972年编写，历时较久，分析方法中稀土离子所处介质环境与四川矿中稀土丰度分布情况不同，许多条件参数的确定,均需要重新摸索。尽管科研环境如此简陋,左勇仍然高质量地完成了各项指标的分析与测试,堪称奇迹。

往事悠悠,欲说还休,岁月如歌,偶尔在不经意间,某个旋律在眼前浮现、在耳边响起。曾经的青春岁月里,这些年轻可爱的博士生们,师从先生门下,探索基础研究未知领地,研发前沿应用技术。他们把精力与热情投入产学研的发展进程之中,无怨无悔,与先生一道谱写了一曲曲壮丽的稀土分离之歌!

2006年,时年86岁的李东英院士莅临四川冕宁县方兴稀土公司萃取车间,认真考察分离高纯铈和纳米氟化铈的运行情况后,他非常满意。4月,该项国家产业化示范工程项目通过国家验收:"……该项产业化工程技术是依托中科院长春应化所多项专利技术优化集成并具有自主知识产权。在技术上具有独创性,达到国际领先水平,对氟碳铈矿的分离有示范作用和推广使用价值。"

2008年,由李德谦、陆军、魏正贵等发明的国家授权专利"一种从氟碳铈矿浸出液中萃取分离铈、钍的工艺",荣获第10届中国专利优秀奖。

先生从20世纪90年代末到新世纪第一个十年末,针对四川氟碳铈矿稀土元素分布特点,殚精竭虑,在高效、清洁分离流程的设计、开发到产业化实施进程中,率领弟子攻克了一个又一个的技术难关。以企业需求为导向,瞄准环保、经济考核指标,钻坚研微,实现了分离流程上的又一次重大技术创新。

转让技术给江苏丽港稀土公司

2013年4月，了解到长春应化所在氟碳铈矿冶炼技术方面的先进性，江苏丽港稀土公司主动上门，就"稀土冶炼过程中尾渣的综合治理"项目签订了技术转让（专利实施许可）合同。专利技术"一种从氟碳铈矿浸出液中萃取分离铈、钍的工艺"（CN1098361C）于1998年在长春诞生，已在四川完成了年处理稀土精矿（以含50%REO计）4000吨规模的国家产业化示范工程，现又在江苏开花结果，拟建设千吨级稀土清洁分离生产线，在连云港打造一个全国性的稀土固体废渣回收处理中心，实在是意外之喜。

项目启动仪式于4月2日在连云港市东海县举行。连云港市经济信息化委员会、市科技局，东海县经信局，连云港市丽港稀土实业有限公司，长春应化所有关负责人等出席了仪式。双方就四川稀土矿清洁分离新工艺设定了技术指标，对于铈的要求是收率大于95%，萃余液中铈含量低于1.35 g/L。铈产品纯度超过99.9%，钍含量占比铈产品低于0.01%；对于钍的指标要求是收率大于95%，钍产品纯度超过95%，钍含量占比氧化稀土产品低于0.01%。

面对丽港稀土实业有限公司对稀土纯度的更高要求，已退休卸任的先生没有退缩，勇敢接受生产指标提高后随之带来的技术挑战，带领张志峰、邓岳峰、王艳良、杨茂华等六个小伙子与师母一起再次亲

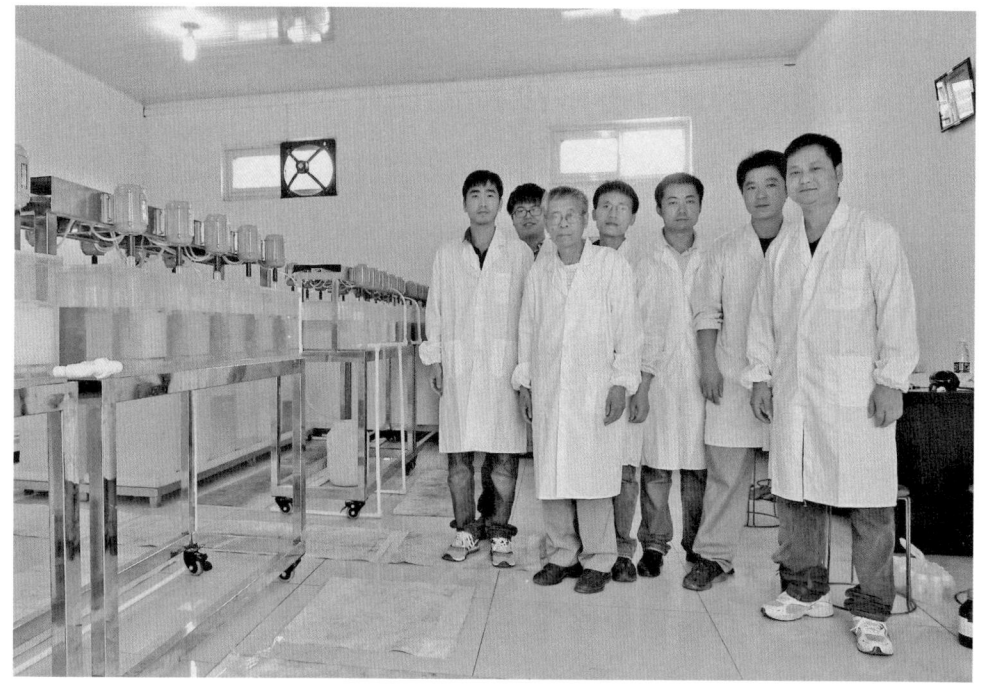

图 7-10　先生（左二）与弟子们在连云港车间

赴生产第一线。此次小试及中试试验，因为没有李红飞博士对项目运行的总体调度，在人员安排及协同分工上略显无序。尤其是缺少刘建军、左勇及国富强等一批有经验的博士生们的技术支持，在项目实施方面也面临着诸多困难。有限的六个人，还要分班工作、轮流值岗，其艰苦程度比四川冕宁项目有过之无不及。先生与众弟子们迎难而上，突破困境，经过近一年的艰苦攻关，终于顺利完成项目计划，实现了铈回收率达标的任务，体现了先生老当益壮、老而弥坚的科学韧性与坚强品格。

发展"伯胺从包头矿中萃取分离钍和稀土"清洁流程

粗犷豪放的内蒙古人常用"扬眉吐气"来表达自己家乡的好,原来,这个成语的谐音是指内蒙古有四宝:羊绒、煤炭、稀土和天然气。其中,稀土主产地就在包头市。包头是内蒙古最大的工业城市,是国家重要的基础工业基地,是美丽的"草原钢城"。包头位于内蒙古自治区西部,北部与蒙古国接壤,南临黄河,东距内蒙古自治区首府呼和浩特178公里。

对于先生来说,早已因为"稀土"与包头白云鄂博稀土矿结下了一生情缘。早在20世纪60年代,在苏锵研究员指导下,先生就开展过包头稀土矿中分离钍及提取稀土的相关工作。70年代,又针对包头稀土矿中钍元素的伴生特点,开发出了被誉为"五朵金花"之一的N1923分离稀土及钍工艺流程,获得了广泛的影响力。

20世纪80年代以来,包头矿前处理工艺主要采用浓硫酸高温(800℃)焙烧法,该流程虽然为我国稀土产业发展作出了重要贡献,但该工艺也有它的致命问题:钍与矿中磷酸根在高温下反应会生成焦磷酸钍,超过90%的钍通过形成焦磷酸钍的形式进入浸渣。据估计,浸渣中钍含量在3 000～4 000 ppm,为放射性废渣,长期以来一直在包头地区进行集中堆放。焦磷酸钍难以分解,只有在1250℃以上成为β型才稳定,因此,废渣中的钍日后难以回收。不仅导致严重的资源浪费，也造成不可逆转的环境污染。40年来，以平均每年处理包头精矿10万吨计，产生的放射性废渣达200万吨以上，共有5 000～6 000吨钍被"烧死"在渣中，不能回收。近年在包头及甘肃等地均发现有钍流出，说明钍污染问题已十分严峻。

进入20世纪后，随着国家、社会及人民群众对生存环境的日益重视，我国迫切需要开发包头稀土资源的清洁冶金生产工艺流程。先生认为：根治环境污染的办法就是回到低温焙烧，使钍进入溶液。为此，先生一直锲而不舍地积极探索。在组内王忠怀、白彦老师的指导下，新进职工左勇采用伯胺萃取剂添加混合醇的办法，直接对硫磷混酸中稀土料液进行分馏萃取钍，以实现钍的分离。

经过近一年的反复试验，结果表明，分离后稀土溶液中氧化钍与氧化稀土含量比小于5×10^{-6}，有机相中钍用硝酸逆流反萃取后得到硝酸钍产品纯度为99%，钍回收率达99%。反萃取稀土溶液中的铁与磷元素可通过氧化镁沉淀方式去除，滤液中的稀土用氨化P507-煤油萃入有机相，再通过盐酸逆流反萃方式，可获得混合氯化稀土，其回收率为99%，有机相亦可回收循环使用。该工艺直接萃取分离钍，极大地缩短了有害物质氧化钍的放射性污染，萃取钍有机相中降低的混合醇比例减少了对环境的负面影响，是一个无公害的绿色分离流程[18]。

2002年7月，结合"一种从硫磷混酸体系中萃取分离钍和提取氯化稀土的工艺"这一成果，先生申请了国家发明专利。同年，国家发展计划委员会就关于包头矿的清洁生产项目印发了批复文件，认为包

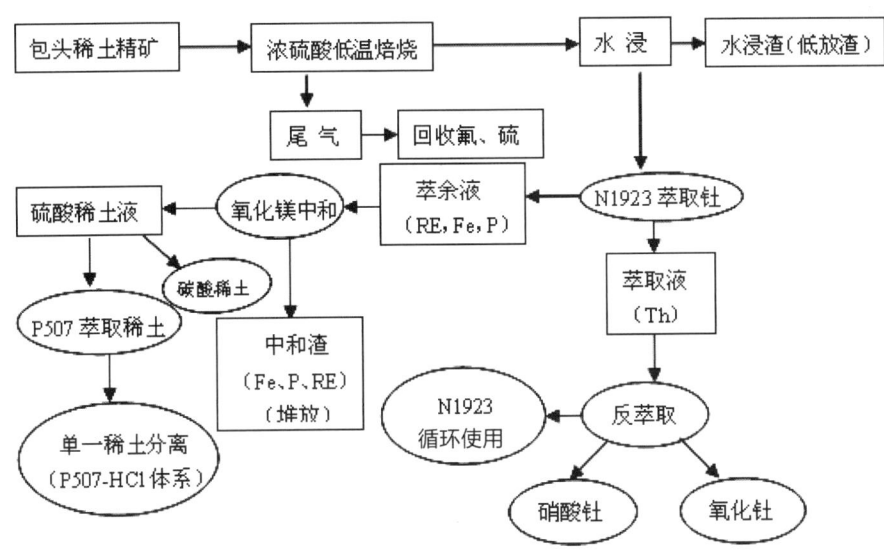

图 7-11 包头稀土矿清洁冶金工业试验流程

国家发展计划委员会文件

计产业[2002]235号

国家计委关于包头稀土精矿湿法冶炼清洁生产项目可行性研究报告的批复

内蒙古自治区计委：

你委《关于上报包头稀土精矿湿法冶炼清洁生产项目建议书的请示》(内计工字[2001]1136号)、《关于包头稀土精矿湿法冶炼清洁生产项目可行性研究报告的请示》(内计工字[2001]1599号)及有关材料收悉，经研究，现批复如下：

一、为调整包头地区的稀土工业结构，改善环境，提高钍的回收率和综合利用，原则同意包头稀土高科技股份有限公司建设该项目。

图 7-12 2002 年，包头矿国家产业化示范工程批文

头稀土精矿湿法冶炼清洁生产项目具有可行性。2003年，联合兄弟单位的发明专利"酸法分解包头稀土矿新工艺"，先生与包钢稀土高科股份公司合作完成了"年处理2 400吨包头稀土矿清洁流程"的国家产业化示范工程，为解决我国稀土工业面临的资源综合利用和环境污染问题提供了行之有效的清洁生产技术。

为保证该项目顺利实施，2002级硕博连读生刘建军与张志峰在先生的带领下，亲赴包头矿生产车间。工业试验证明，在适宜的低温条件下，用浓硫酸焙烧包头矿可以保证钍和稀土的高分解率，为低温焙烧用于稀土精矿预处理过程提供了参考。在硫、磷混酸复杂体系中伯胺N1923能有效分离放射性元素钍和稀土，使钍得到综合利用。如果采用低温焙烧工艺，尾气温度将明显降低，尾气中二氧化硫（SO_2）排放量可降低到高温焙烧工艺的1/20，且能够有效回收氟化物废气，大幅度降低了回收处理及运行成本。

工业试验结果表明，稀土总收率大于92%，氧化钍收率大于93%；水浸干渣中氧化钍占总干渣比例小于0.03%，总比活度小于2×10^4 Bq/kg；原工艺中钍排放到渣中，总比活度大于1×10^4 Bq/kg；硫雾气152.89 mg/m³，远远低于原工艺的3 000 mg/m³，基本解决了放射性钍及氟的回收利用与环境污染问题，为世界上最大的稀土矿包头矿的清洁冶金生产线提供了可靠的设计参数。

2004年，该流程通过了中科院组织的专家鉴定：具有国际领先水平。"863"项目成果鉴定指出："包头稀土资源清洁冶金流程走向合

图 7-13　2004 年，刘建军（左）与先生（中）、张志峰（右）在车间

图 7-14　包头矿国家产业化示范工程鉴定报告

理，达到较高的技术指标。该流程属先进技术的综合，并拥有自主知识产权。该流程提供了大型工业生产的可行的主要工艺参数。该流程工业化生产后，将使包头稀土工业出现一个新的面貌，极大地减少环境污染，产生显著的社会效益和经济效益。"不仅如此，伯胺分离钍流程有望用于各类稀土矿冶炼过程中的含钍放射废渣的处理。

同年8月，发明专利"一种从硫磷混酸体系中萃取分离钍和提取氯化稀土的工艺"获得国家授权（见集中彩插之获奖证书）[19]。2006年，该专利通过了由中科院主持的专家鉴定，获得国家专利优秀奖。

基于十余年对包头复合稀土矿及四川攀西氟碳铈矿中稀土分离工艺的研究基础，先生利用铈（Ce）的变价和络合效应原理，解决了Ce在复杂体系中的氧化及对氟（F）和磷（P）等元素的络合与固定问题，进而发明了两步分解—溶剂萃取法处理包头矿的集成工艺流程，解决了铈（Ⅳ）与钍和稀土的分离问题。制备出多元铈产品，提升了铈产品的高值化利用，回收了氟、磷、钍资源，从源头上实现了包头矿资源的综合利用，解决了环境污染问题。

朝气蓬勃的稀土分离人

进入新世纪，稀土分离组发生了许多变化。表现最明显的是"三多"，即博士多、研究方向多以及文章种类多。20世纪90年代初期，出国留学的风气比较浓厚，尤其是对于具备物理、化学、生物方向知识背景的学生来讲,这种情况更为普遍。许多优秀学子,诸如清华、北大、南大及中科大的学生纷纷选择本科毕业后即申请出国攻读博士学位。行动稍微慢一点的,也会在攻读硕士学位期间,准备雅思、托福和美国研究生入学考试(GRE)等,争取毕业后能获得出国留学机会,获得更高的科研报酬并提升自身学术能力。因此,早期稀土分离组内学生培养模式要么是硕士,要么是博士,硕博连读的极少。

直到 2000 年以后,随着国家对科学研究的重视,科研投入有了大幅度增加之后,学生流失的情况才有所改观。以长春应化所为例,所内不仅购买了各类大型分析测试仪器,而且大力引进优秀科研人才回国。这些"海归派"科学家们,眼界开阔、锐意进取、论文撰写水平极高,渐渐成为研究所里的科研主力。同时,研究生的科研补贴也大幅上调,工作、生活、住宿等条件日渐优越,科研及生活环境明显改善,这对于留住学生具有很大的吸引力。虽然,所里仍然会有硕士生出国读博的状况,但对于稀土分离组来说,却几乎没有硕士生中途流失的情况发生,这主要归功于先生的人格魅力以及组内越来越好的发展态势。

先生之人格魅力,譬如北辰,居其所,而众星拱之。虽是导师,但对学生并不严苛,更像是慈父,一个和蔼的长辈。先生话不多,但每一句都很实在,有定海神针一般的力量,能叫人心服口服。先生对待学生,从来没有呵斥,但自有一种威严。虽然,有时也会跟学生说笑,但从来都是适可而止,不会泛滥。"君子不重则不威,学则不固。主忠信,无友不如己者。过则勿惮改。"是对先生日常行为方式比较贴切的描述。先生之为人，善良宽容、低调谦逊、含蓄内敛。虽然从来都没有要求学生该怎样努力工作，但学生们都会自觉进入工作状态，并充分发挥自身驱动力，根本不需要督促。在稀土分离组内，每个人都会自发处于从心所欲不逾矩的研究状态，和谐且有度。

另一方面，随着先生在稀土分离业内名气越来越响亮，组内研究工作被更多企事业单位认可，课题组也因此获得了更多的研究经费，科研环境越来越好。不仅实验室宽敞明亮，而且分析测试设备齐全。科研上只要有好的想法，都会得到先生的肯定与支持。尤其是先生善待学生的口碑已是四海皆知，许多优秀学子纷纷投入门下，组内呈现一片欣欣向荣的热闹景象，这种现象在2002年前后达到顶峰，学生与组内职工人数史上最多。当时，元老级职工王忠怀老师依然健在、孟淑兰老师正当壮年，2001年来所就职的左勇和王香兰两名学士青春年少，2003年从包钢稀土院转来的白彦高级工程师活力迸发，还有新考入的三名硕博连读生王玮玮、张志峰、刘建军以及熊英、孙晓波两名博士风华正茂，即将由硕士转而攻读博士的乌东北与赵君梅也是意气风发、斗志昂扬。包括在读的张绘、李薇两名硕士以及李红飞、贾琼、王弋戈、尚庆坤四名博士和即将赴德国深造的廖伍平博士，组内共有20人。一时间群英荟萃。此后，2003级博士孙晓琦及博士后刘巨涛、2004级博士何文伟与职工王艳良（学士）及李艳玲（硕士）也相继加入稀土分离大家庭。众多俊男靓女齐聚一堂，成为研究所内一道靓丽的风景。

学生多，研究方向自然多，虽不能说百花齐放，但至少也是桃李争妍。按萃取剂类型分类：王弋戈开展新型羧酸类萃取剂仲壬基苯氧基取代乙酸（CA-100）萃取稀土及二价金属的热力学及动力学研究；乌东北聚焦于考察酸性膦酸类萃取剂 Cyanxe 302 萃取轻、中、重稀土热力学、动力学及界面性质；赵君梅探索了中性萃取剂有机磷酸酯 2-乙基己基膦酸二（2-乙基己基）酯萃取稀土热力学、动力学及界面性质；王玮玮、童辉开展了中性膦类萃取剂 Cyanex 923 界面性质、稀土

图 7-15 2002 年，稀土分离组员在长春应化所本馆楼前合影
前排左起：王弋戈、尚庆坤、孟淑兰、先生、王忠怀、贾琼、李红飞、李薇
后排左起：王香兰、王玮玮、熊英、赵君梅、乌东北、张绘、左勇、张志峰、刘建军

萃取热力学及动力学研究。

按萃取体系分类，孙晓波重点开发协同萃取体系，考察其对稀土萃取的热力学及动力学行为模式；熊英聚焦于酸性膦类萃取剂 Cyanex 272 与 P507 构成的 HDP 双溶剂体系萃取稀土的热力学及动力学性质；李红飞、张绘及国富强三人主要探索反萃取微乳液环境中稀土分离与纳米材料制备一体化工作；白彦、刘建军与张志峰瞄准包头稀土矿、江西离子吸附型矿及四川氟碳铈矿，设计开发清洁冶金流程并研究相关基础理论。

在稀土分离新方法方面，尚庆坤与李薇二人尝试以高效液相色谱仪双水相体系分离氨基酸为模型，探索其在稀土分离方面潜在的应用可能性；孙晓琦、左勇与王香兰系统研究了离子液体萃取分离稀土的热力学行为，为离子液体用于湿法冶金提供范例；贾琼在协同萃取、萃取第三相及萃淋树脂吸附典型二价金属离子方面进行了有益的尝试与探索；何文伟则自主合成杯芳烃羧酸类萃取剂，考察其在稀土分离中的应用潜能。

20 名学生，20 项工作内容，每人的研究方向都彼此不同，却又有机关联。在先生的指导下，他们瞄准 17 种稀土及相关过渡金属元素的分离空白领域，辛勤耕耘。洒下滴滴汗水，摘取累累硕果；留下道道印记，填平条条沟壑。在稀土分离基础研究及工艺流程开发领域，开垦出一片片错落有致，又井然有序的沃土良田。一言蔽之，国内外关于分离新方法、新工艺的研究方向，组内都有同学涉及，内容之广、

范围之大,为往年所不及。此时,先生对于研究生的指导方式,也有了变化。不再具体安排学生做什么,而是引导博士生自己找方向,深入开拓,充分发挥学生的主动性和创造力。

最具有代表性的事例是对硕博连读生张绘的培养。张绘,本科毕业于武汉大学,与先生既是师生,也是校友。先生对他的指导完全是无条件信任式,对于他开展的研究方向,采用的分析测试手段,先生并不过多干涉,仅在科研中遇到困难时,才会指点迷津。以至于博士毕业论文答辩时,张绘才发现虽然身处稀土分离组,但所发文章貌似跟稀土分离、湿法冶金的基础研究关联不大。自己在硕士阶段完成的三件工艺流程开发授权专利是对稀土分离工作的全部贡献。对此,先生却不以为然,他信任张绘的科研能力,尊重他的意愿,并充分利用所内资源,协助他在材料合成方面略有小成,也因此养成了张绘博士在科研上独树一帜、不拘一格的研究风格。

2007年7月,张绘博士毕业后,转入南开大学从事博士后工作,研究方向为纳米催化材料。顺利出站后,2009年7月,他就职于北京有色金属研究总院开展高纯金属纯化技术研究。2011年7月,受聘于中国科学院过程工程所湿法冶金清洁生产国家工程实验室,9年后,又受聘于中国科学院赣江创新研究院稀土资源与生态环境研究所,任所长助理职务。目前,他主要从事资源绿色利用与高纯材料制备技术工作。不仅开发了分子设计法亚氧化钛导电材料制备技术、铷铯提取技术以及基于铈变价的清洁提银技术等,并且,把这些技术建成了示范

图 7-16　张绘（左六）及其科研团队合影

生产线，取得较好的经济和社会效益。他开发的钛、银、铟、钴、镍等系列高纯金属电解精炼装备，部分产品已经实现产业化。目前，张绘主持在研/完成国家重点研发计划课题、国家科技支撑计划子课题、中科院项目及企业合作项目十余项。授权专利 20 余件（国际专利 2 项），发表 SCI 论文 30 余篇，累计培养硕博研究生 8 名。已成为业内资深研究专家，不愧为先生座下爱徒。

博士生数量多，研究方向多，论文种类也随之变多。随着国家对英文 SCI 研究论文的日益重视，组里的学生已经很少投稿中文期刊了，先生的眼光也不再局限于单一萃取体系，渐渐倾向于更加复杂的混合体系。他更加重视课题的新颖性、系统性与逻辑严密性，要求学生尽量把工作做细、做深、做全。实验结果力求完美，英文撰写务必流畅，在组内渐渐形成导向。投稿期刊种类也从刚开始的一两种增加到后来的十多种。期刊类别也从单纯的萃取分离、湿法冶金领域扩大到材料制备、流体以及胶体与界面方向，文章的影响力逐步扩大。

对于投稿，先生一直很重视信誉。组里学生多，难免会有聚集性投稿事件发生。但是，先生总是按部就班，有条不紊地来，他会按照文章质量的高低顺序、学生作者对论文发表时效要求的松紧程度逐一投递出去，看似慢实则高效。投稿之前，他会就文章内容和数据分析两方面与学生反复讨论，对论文逐字逐句修改，避免平淡无奇，力争一投即中。一份稿件确定被杂志社送审后，再投出另外一份。先生认为，要少而精，避免多而杂，尤其是要避免因为组内文章投稿过于集中而导致杂志社拒稿。在同一种期刊上连续发表文章，后面的文章一定要比前面的质量好，不能因为编辑的信任就随意降低投稿质量，组内决不允许有灌水类文章投出。正是由于先生的严格把关，才使得组内研究论文中稿率很高，较少有退稿事件发生。

投稿中先生格外看重的一件事是署名。重视知识产权，尊重学生劳动，不抢占学生成果，是先生大公无私的具体表现。在博士生郑重的发明专利申请一事上就能够体现先生的这一品质，在论文署名问题上，先生亦是如此。科研工作量最多的学生，无疑是第一作者；对该工作确实有过支持的同门，或是课题非常相关的工作人员，比如孟老师和王老师等，先生会把她们列为第二作者；先生常年居于第三作者位置，然后，很少会有其他人出现在列表里。不轻易挂名字、不徇私，是先生秉公办事的写照。

正是有了稀土实验室里的"三多"，稀土分离组才呈现出蒸蒸日上的景象。有人的地方，就会有生机；年轻人多的地方，更显一番生命活力。当时的感觉，怎么说呢？组里的每个人仿佛都是一台由电脑自动控制的小马达，学习、休息和工作起来强健有力、高速且有序。每天早上，睁开双眼，简单做个当日计划；然后，迎着朝阳，跑到对面的南湖公园，做做拉伸，动动手脚，呼吸一下清新的空气，感受一番生命的美好。新的一天，从拥有好心情开始。

吃罢早餐，来到实验室，穿上工作服，按照既定的方案做试验，条理清晰、不紧不慢。常常是一组试验结束，玻璃仪器清洗完毕之后，就到了中午。同门们会三五成群地组团来餐厅，花二三元钱，美美地吃上一顿荤素搭配的中饭。午休小憩一会儿，就到了下午上班时分。下午的工作，可以继续开展试验、也可以用公用电脑处理数据，也可以去图书馆查阅资料文献。各种安排，全看自己意愿。夕阳西下，倦鸟归林，同门们会结束一天的工作。

吃罢晚饭，同门们开始各自的放松方式。大部分的学生，会选择去南湖转转。夏季的南湖公园，片片荷叶迎风招展，朵朵莲花出淤泥而不染；冬日的南湖，则是皑皑白雪覆满冰面，空气格外的清冽寒冷。遛转公园四五十分钟后，再返回实验室，夜晚的时光便完全属于你自己。可以设计明日的试验方案，也可以在电脑边与人聊天，或者给家

图 7-17 夏日南湖傍晚，自右至左：本书作者乌东北与赵君梅、熊英、孙晓波和柴玉俊合影

人写信，或者可以重复白日未完成的试验。总之，时间都是自己的，无人打扰。

对于科研人员来说，最有成就感的事莫过于两件：一件是研究成果的产业化，另一件是日渐提升的学术影响力。产业化的成功，先生已在包头稀土矿、江西离子吸附型矿以及四川氟碳铈矿的国家产业示范化工程中证明了自己，那么，余下的成就来自高质量研究论文的发表。

早在 1988 年，先生就曾以第一作者兼通讯员身份先后在 *Acta Chimica Sinica* 上用英文发表过文章。后来，随着研究生的加入，文章撰写工作渐渐过渡成学生为主、先生为辅的模式。国际上最早报道关于溶剂萃取研究方向的专业期刊是 Solvent Extraction and Ion Exchange。王春于 1994 年开启了组内投稿先河，此后，几乎每年先生都会向该刊供稿，彼此之间保持了良好的信誉。另一本收录稀土分离工作文章的专业期刊是 Hydrometallurgy，也是由王春开创的先例，时间是 1998 年。2000 年后，国内发行了英文版的 Journal of Rare Earths，先生也曾经指导学生积极供稿。

除关注溶剂萃取、湿法冶金的专业期刊外，先生对分析化学类期刊亦情有独钟。2002 年，廖伍平连续在 Talanta 上陆续发表了两篇关于 Cyanex 923 萃取铈动力学及三相萃取的研究论文；2003 年，贾琼使用 1-苯基-3-甲基-4-苯甲酰基-5-吡唑啉酮与三异丁基硫磷为萃取剂，考察了从盐酸体系中分离稀土镧的协同萃取行为，被 Analytica Chimica Acta 杂志录用。收到接收消息当天，先生表现得尤其兴奋，表扬的话一直赞不绝口。不一会儿工夫，组里上上下下的人就都知道了这个消息，大家聚在一起讨论，仿佛过年一般。兴奋的情绪是很容易传染的，积极向上的心态更容易扩散，学生们就在先生的引导下，一点点地爱上科研，爱上了稀土分离。

2003 年，贾琼博士毕业。在读期间，她以第一作者身份共发表英文研究论文 6 篇。2003 年至 2005 年，在日本北九州大学开展博士后研究工作。2010 年起被聘为吉林大学化学学院教授。研究方向渐渐向分子识别与分离分析领域转移。截至目前，总计发表 SCI 收录论文 170 余篇，授权发明专利 7 项。除正常教学外，她还兼任吉林省土壤污染物检测工程研究中心主任、吉林省分析测试技术学会秘书长、吉林省分析测试技术学会色谱质谱专业委员会主任、*Chinese Chemical Letters* 期刊编委等职务。她指导的博士、硕士研究生先后获得国家奖学金、和合奖学金、吉林大学研究生学术业绩奖学金、吉林大学优秀毕业论文等奖项。

再后来，组内学生做的工作更加优秀，文章影响力越来越大，所投期刊种类也越来越多，先生仍然一如既往地支持。每一篇稿件，都凝聚着先生和学生的心血，都值得被珍爱、被赞誉，这是科研人员自己的"小欢喜"。正是这种积极的正向反馈，稀土分离组成员写论文、发文章的热情一再高涨。到博士毕业时，每个人基本上都有三四篇文章在专业期刊上发表，基础理论研究深入一些的同学，文章数量甚至更多。做工艺流程开发的学生，每人除研究论文外，也会有一到两件专利获得国家授权，这样的科研成就在新世纪第一个十年里很具有竞争力，可以说是成就斐然、卓尔不群。

得益于博士阶段的科研训练，赵君梅近年来在论文撰写及科学研究方面表现卓异。赵君梅，2000级硕博连读生，内蒙古包头市人，现为中国科学院过程工程研究所研究员，博导。2005年博士毕业后，她先后在德国美因茨（Mainz）大学和美国气相反应技术公司从事博士后研发工作，2009年，她进入中国科学院过程工程研究所工作至今。目前，赵君梅主要从事资源先进利用技术、先进电池材料及器件开发研究，目标聚焦于钠离子电池正极材料、纳微复合电极结构设计、性能强化及资源利用技术等方向，同时，关注研发相应的钠电池器件。她先后主持及完成了多项国家级和省部级各类基金项目、国家重点研发计划课题、中科院以及地方企业合作项目，培养硕士生、博士生多名，申请及授权发明专利40余件，以第一作者和通讯员身份在 *Nat. Commun.*，*Joule*，*ACS Energy Lett.*，*Angew. Chem. Int. Ed.*，*Adv. Energy. Mater.*，*Small Methods* 等期刊发表SCI论文60余篇，是先生众多女弟子中的佼佼者。

在先生的指导下，稀土分离组的学生们在攻读博士学位期间，不仅能发表高质量研究论文，发明实用性授权专利，出色地完成科研任务外，更重要的是，养成了严谨治学的科研习惯，继承了导师的优秀品质。凭借这两件法宝，离校弟子们在新的工作岗位上，根据各自工作环境，能

图7-18 2005年，先生与赵君梅博士（站立者）毕业合影

迅速调整研究方向，短时间内，就会崭露头角。知识会更新换代，智慧却能永恒，命运早已把先生的名字印刻在每位学生的生命履历中。基础研究中的"小欢喜"，在一代又一代科研工作者中传承。

"尺有所短，寸有所长"。对于老师来讲，只有正视并充分利用学生之间的差别性，才可以成为一名伯乐，成为一名好的指挥者和领路人，先生无疑做到了这一点。先生自1981年协助指导第一名硕士生于丁羽开始，到2008年协助指导最后一名硕博连读生王艳良为止，累计27年时间，共指导（包括协助指导）学生45人，其中硕士生17人，博士生29人（有1人曾是1986级硕士），其中包括硕博连读16人。这些弟子中在高校就职21人，在中国科学院系统里就职的8人，在企业工作的11人，去国外定居的5人。国内人员遍布长春、沈阳、包头、天津、北京、青岛、上海、武汉、赣州、重庆和厦门等地，从东北长春出发，一路南下，一路都有学生。

学生之中，有人天资聪颖，也有人心思迟缓；有人生龙活虎，也有人病体怏怏；有人善于公关，也有人不善交际。秉承有教无类观点，先生充分发挥因材施教模式，总是根据个人实际情况安排工作，指导课题。个性化、针对性即是如此。对于研究基础较好的学生，先生会充分发挥其主观能动性，安排难度稍大的课题，在试验中给予充分信任与支持；对于研究基础薄弱的学生，先生会手把手地指点，交流次数会相对频繁，或者，安排高年级的博士生协助指导，直到入门为止。对于身体状况不佳的学生，先生则宽慰其放平心态，戒掉烦躁；而对于那些因工作繁忙而无暇分身做课题的在职博士生们，先生亦能给予充分体谅，不催不撵，尽可能提供方便。在先生心里，每个学生都一样，都是需要被包容与帮助的对象；在学生心中，每个人的感受却不一样：只有自己才是先生心目中的那个特例、那个唯一吧。

2023年11月，阔别母校少则二三十年，多则五十年后，稀土分离组部分成员又相聚在长春应化所，他们围绕在先生和师母周围，面对

图7-19　2023年，稀土分离组部分成员在长春应化所稀土大厦楼下合影
前排左起：李薇、乐少明妻子、于丁羽、乐少明、先生、师母、廖伍平、赵君梅和陈继；
第二排左起：贾琼、王香兰、白彦、张绘、陆军、熊英、李富强、邹丹；
第三排左起：邓岳峰、王艳良、张志峰、孙晓琦、刘建军、王玮玮、尚庆坤、于桂红、韩树民。

镜头，嘴角含笑。容颜上，他（她）们虽已不再青春年少，但赤诚之心却一如既往；虽远在他乡，但尊师重道的情意却留在了曾经工作学习过的北国大地上。

2000级博士研究生，现河北工业大学教授王弋戈是先生比较信赖的学生之一。她硕士毕业于辽宁大学稀散实验室，与熊英是同门，经导师推荐至稀土分离课题组。因此，还未入学时，先生就对她已经了解，并寄予厚望。先生为她安排的研究课题是新型有机羧酸类萃取剂仲壬基苯氧基乙酸CA-100对稀土及二价金属离子的萃取动力学、热力学、界面性质及钪（Sc）的分离工艺开发工作，知识体系跨度大，具有挑战性。王弋戈这样描述自己当时的工作状态：

初时是科研上的小白也是意志上的弱者，为一道难题而踟蹰不前，为一次拒稿而焦灼难耐！承蒙老师毫无保留的教导、事无巨细的关心以及师兄弟姐妹的关照，始能踏入稀土分离的大门，做实验、写文章、做人，千锤百炼，顺利毕业。

实际上，先生对她的能力极为认可，而她也从未辜负先生的信任。随着组内对稀土元素萃取动力学研究的越发深入，先生越发意识到萃取剂界面活性对离子传质行为影响极大，急需购买一台界面张力仪。先生把这个任务交给了王弋戈。经过反复调研，比较不同型号仪器性能，与厂家多次协商，最后才敲定下来，价格大约是16万元，比较昂贵。因此，自仪器运来之日，王弋戈就多了一份额外的工作。不仅要培训师弟、师妹们如何使用界面张力仪，还要负责日常维护，使用过程中，发生了故障，她也要与厂家沟通联系。渐渐地，界面张力仪与层流恒界面池的地位变得一样，亦成为组内特色科研工具，王弋戈也为此付出了较多的时间与精力，这种提携后进、无怨无悔分担公众事务的精神委实难得。

2003年6月，王弋戈博士顺利毕业，她以第一作者身份发表英文研究论文6篇，中文研究论文1篇，申请专利2件。2006年8月，王弋戈应聘到河北工业大学化工学院，从事教学与科研工作，主讲"物理化学"及"物理化学实验"两门课程。研究领域涉及稀土发光材料及稀土分离基础研究方向。她先后获得了国家自然科学、河北省自然科学、河北省高等学校科学技术研究等多项基金资助，在化工、材料等领域专业期刊上发表SCI论文多篇。

毕业近20年，仍能不时感受到老师的照拂。遇到工作瓶颈，老师给我寄样品找研究方向；疫情来临老师叮嘱要健康平安……以前接到老师的电话很忐忑，怕自己做得不够好让老师失望，现在释然了。尽管只是在平凡的岗位上做着琐碎的工作，虽非学高为师，但至少须身正为范。将老师勤勉、严谨的治学精神和温良、宽厚的处世之道传承下去！

王弋戈如此说道，言辞中充满了自信与坚定。

先生众多弟子中另外一个比较特别的是王进平。说他特别，一是因为他的导师并非先生，他所从事的研究方向也并非稀土分离；二是因为先生之于他更像是忘年交，与学生们不能提及的话题，与王进平却能够坦诚相告。因为王进平是 2002 级博士孙晓波的爱人，算是稀土分离组女婿。有了这层关系，先生与王进平保持亦师亦友的情谊，确实和别的学生不一样。

王进平，2001 级博士研究生，现任青岛农业大学教授，博士生导师。博士在读期间，导师为长春应化所牛春吉研究员，研究方向为生物无机化学。2004 年，他博士毕业后应聘来到青岛农业大学化学院。目前，主要从事碳基荧光纳米材料合成、生物成像、荧光探针、荧光分析等领域基础研究。先后主持完成国家重点研发计划、国家自然科学基金以及省部级科研项目 10 余项，发表学术论文 80 余篇，授权国家发明专利 10 余件。被评为山东省优秀研究生指导教师和山东省优秀硕士论文指导教师。

孙晓波，2002 级博士研究生，现青岛农业大学副教授，王进平之妻。博士在读期间，她主要开展 CA-100 与 Cyanex 272 协同萃取分离重稀土钇（Y）和镱（Yb）热力学、动力学及界面性质研究，发表英文研究论文 5 篇。目前，主要从事稀土冶炼过程中草酸母液的综合利用及碳基荧光纳米材料合成等方面工作。主持和参与完成国家自然科学面上项目以及省部级科研项目 10 余项，发表学术论文 50 余篇，授权国家发明专利 10 余件。

提及王进平夫妇，先生总念念不忘他俩曾带给他的纯手工山东大馒头。白白嫩嫩的，又绵绵软软，大馒头质地比面包紧致，比糌粑松软；口味比蛋糕甘甜，较烧卖清淡，自古以来就是北方人的最爱。先生虽是武汉人,但久居长春,胃口早已发生变化,比起米饭的简单易制,胖嘟嘟的馒头更显情意满满。说起先生,夫妻二人对科研起步之初,先生给与的支持,分外感激。如今,二人的科研事业小有所成,也先后培养了硕士/博士生达40余人,这些学生们亦是分布祖国各地,在各自的工作岗位上辛勤地耕耘着。

先生虽然没有学过读心术,也不了解攻心计,但是对于什么成长背景的学生,该安排什么样的工作,赋予什么样的责任,都恰如其分,量材而用。毕业之后,聊天的话题也不一样。对于有些人,他关心其

图7-20 王进平(前排左五)、孙晓波(前排左四)夫妇及其所在科研团队合影

科研状况，能提供帮助的，会尽力扶持；对于有些人，他更关心其身体健康，吩咐不要压力太大，凡事慢慢来；而对于有些学生，他会关注其家庭情况，嘱托切不可忽视亲情……，林林总总，不一而足。先生从来不以长者自居，不会把自己的想法强行施与别人。本着体谅、包容的心态，先生把识人、用人的智慧运用得相当纯熟，所谓"责己重以周，待人轻以约"大抵如是吧。

中秋团圆宴

对于先生和组里学生来说，9月是一年中最热闹的时节。因为，在这段日子里，先有新生加盟稀土分离组，带来活力与希望；后有9月8日先生阳历寿诞；然后9月10日是教师节；最后庆祝中秋和国庆双节欢欢喜喜收场。一个月中，总有节日值得庆贺，也总有欣喜值得期待。先生通常会选在生日或者中秋那天，与组里成员聚餐，迎新、庆生和过节一起，满满的仪式感。

早期，因为组里学生不多，加上长春餐饮业尚不活跃，先生会邀请学生到家里来。满桌大菜，几瓶小酒，师生共饮，心满意足。后来，学生人数渐多，家里容纳不下，他便带着弟子们转战孟淑兰老师家。再后来，研究所周围餐馆林立，各色美食层出不穷，聚餐渐渐开启饭店模式，别有一番热闹。总之，无论何时何地，只要是先生买单，就一定会酒足饭饱、肚满腰圆。

说起孟老师,绝对是组里元老级人物。自20世纪70年代先生建组伊始,她就跟随先生一直从事串级萃取工艺流程开发工作,直至退休、返聘为止。她协助先生完成课题、管理实验室,组织各类活动,负责报销财务票据等事务,是切切实实的组内管家。孟老师很漂亮,身材高挑,大约有1米7的样子,堪称组里第一美女。她性格开朗、心胸开阔、凡事不喜计较,无论安排什么,大事小情,都不觉厌烦,总是尽善尽美地完成,深得先生信任。对待学生,她有求必应,内心善良,从不摆老师的谱,在力所能及处,尽量给学生以方便,深受学生尊敬与喜爱。

如果用"一生顺遂"来形容孟老师,应该极为恰当。她生于20世纪50年代,后来,组织上以推荐方式选派她到北京大学化学系读书、深造。随后,女继父志,就职应化所后,加入稀土分离组,从始至终,工作上未经波澜。二十几岁,与长春应化所邻居单位长春光机所职工张继伟喜结连理,琴瑟和鸣。夫君对她极尽疼爱,几乎独揽煮饭、带娃之类家务事,用"十指不沾阳春水"形容孟老师的家庭生活似乎并不为过。二人育有一女,教养极好,顺利考取中国药科大学制药专业,毕业后入职上海一家医药公司,可谓母慈女孝。如今,孟老师早已升级为外婆,在上海帮女儿带娃,尽享天伦之乐。孟老师平凡、朴实的一生,几乎是组内女孩子们的共同心愿,去她们家做客,所有人无不喜笑颜开。

孟老师不善厨艺,近20人的饭菜,几乎都是张老师一人完成。鸡

图 7-21　2009 年，先生（前排中）73 岁生日时，与学生们合影

鸭鱼肉必不可少，冷菜会提前备好，没有过多厨具，烧制菜肴甚是辛苦，但孟老师夫妇极为热情，丝毫不表现出厌烦模样，不给我们增添心理负担。张老师最拿手的一道菜是拔丝地瓜，据说是因为女儿爱吃，他反复操练 20 余次后才练就的手艺：先把地瓜去皮、切块，油温预热后，炸出金黄色捞出；再用油把白糖化开，控制火候，熬制出焦糖浆；最后，把红薯块儿一股脑儿扔到糖浆中快速复炸一遍，捞出即可。熬制糖浆极讲究火候，油温过低红薯不能上色；油温过高红薯就会烤焦，十分考验厨艺，一般人不敢尝试。吃的时候，餐盘旁备有一碗清水，

用以化开黏连的红薯块儿。夹一块儿挂满糖浆的红薯放入口中,甜甜的。有些黏牙,有些丝滑;地瓜软烂,既糯又甜。甜在嘴里,更甜在心间。

2001年以前,聚餐的事情通常都是孟老师一个人张罗,学生们什么也不管。随着尚庆坤与贾琼两位在职博士生的加入,分享生日蛋糕才正式列入聚餐流程,庆生的气氛渐渐热烈起来。

尚庆坤,1963年5月出生,吉林省长春市人。2000级博士研究生,现任东北师范大学化学学院教授、博士生导师、分析化学专业负责人兼分析测试中心副主任。博士在读期间,她主要开展利用高效离心分配色谱分离稀土元素的研究。2011年12月,赴英国牛津大学化学系沃弗森(Wolfson)催化中心公派留学一年。目前,研究领域集中于二氧化钛基纳米光催化材料与碳纳米荧光材料的设计合成、性能优化及应用研究。主持国家自然科学基金面上项目3项、吉林省科技厅、省人社厅、省环保厅等项目8项、发表SCI论文70余篇,获批国家发明专利4项。2015年,尚庆坤被授予"吉林省第五批拔尖创新人才"荣誉称号,2020年,获得吉林省自然科学奖二等奖1项。主讲"分析化学""仪器分析""现代色谱分析"等课程近三十年,主编并出版《分析化学》《仪器分析实验》《仪器分析》教材3部。兼任中国化学会高级会员及吉林省化学会第十一届理事等职务。

求学期间,尚博士已是一名研究生导师,年龄不到四十岁,正是干事业的黄金期。她擅长组织管理,社会活动能力非常强,她在工作单位也是业务骨干。贾琼年纪尚轻,刚入吉林大学任教不久,做事风风火火,雷厉风行。二人经历相似,兴趣相投,很快成为知心好友,亲密搭档。在二人求学期间,几乎每年生日宴上都能吃到蛋糕,奶油味,原味,低糖的,花色复杂的,不一而足。买蛋糕的钱,估计是两个人出的,从没有叫师弟师妹们分担过。在两位师姐的庇护下,似乎师弟、师妹们唯一要做的事情,就是吃喝玩乐,陪着先生与师母一起开心。回忆往昔,在先生门下,在稀土分离组读书、做研究的日子几乎是人生中最快乐的一段时光。彼此没有血缘牵连,却如兄友弟恭、姐妹情深的关系很是奇妙。

东北人以淳朴、热情著称,东北菜也以菜码大、价格实惠而闻名。应化所附近的大小餐馆很多,饺子王、碗碗香、川王府等都是这一时期比较有名的餐馆。包间内不仅环境敞亮,而且有当时流行的卡拉OK,人气很旺。学生众多,一般会分坐两桌。先生、师母与组里的其他老师们,以及高年级的学生一桌,低年级的学生则另拼一桌。如果聚餐时,谁的位置从远离先生渐渐挪到先生身侧,那就表明他或者她已经荣升为课题组的大师兄或者大师姐,无论学业或者研究经验上已经可以出山了。

先生与师母吃得很少,但各色菜式、品种和主食花样却点了很多,啤酒、饮料尽情畅饮。考虑到李薇是回族人,孟老师每次会特意叫几个特色小菜,给她开小灶。20岁左右的年轻人,胃口正好,聚在一起,荤素不忌。每个人都是大快朵颐,肚子明明已经很饱,可嘴巴还是不停地吃东西。先生和师母两个人说话不多,就静静地看着学生们吃,目光从每个人脸上划过,眼里虽然朦朦胧胧,心里却是清清楚楚,看着学生,就像是看着自己的孩子。爱子小茂不在身边,学生们就是先生与师母的记挂所在:即将毕业的学生论文进度走到哪里,工作找得如何,未毕业的学生是否单身,男女朋友怎样,先生都清清楚楚。不过他从不发表言论,只是遇上跟自己投缘的人,会多聊几句。

饭后,如果时间还早,先生和师母也不着急离开,他们会留下来听学生们唱歌。先生自己不会唱歌,也很少见他听歌,但先生却很有耐心地留下来认真听学生唱歌,听学生们讲各种事情,偶尔,也会发表自己的看法。虽然先生话不多,却擅长察觉别人倾诉话语里的情绪。所以,在先生的脑袋里,不仅装着学生们的信息,还装着组里成员的家庭信息,这些人也都是先生关心的对象。甚至于,谈起某个学生的小"八卦"来,先生竟也头头是道,或许这就是所说的"厚德载物,有容乃大"。只有把自己摆在与对方平等的位置上,才会接收到真心实意的对话。

庆生宴也好,团圆餐也罢,在先生门下聚餐的日子,所吃不过是平常酒菜,所饮并非美酒佳酿,但在心中沉淀不去的,是一种幸福的味道。这种味道,夹杂着亲情、友情与师生舐犊之情,已成为一世情感纠缠。这种情感绵长、悠远、暖人心田,能指引人勇于跨越万水千山,不断向前,它亦是先生赋予稀土分离组全体成员保存善良本真、跨越前途险滩的动力源泉!

本章小结

作为科研工作者，先生严谨求实、学而不厌；为人之师，先生因材施教、诲人不倦；作为团队领路人，先生身先士卒、事必躬亲。无论做什么角色，先生都恪尽职守，严格要求。先生总是在追求完美的路上不辞辛苦，奋勇当先。

新世纪第一个十年里，先生把清洁、高效的研究理念融入溶剂萃取分离工艺流程之中，为稀土冶金与材料制备一体化技术迈向新征程提供了模板；聚焦稀土化学理论与工艺研究，广招天下英才，不断探究稀土分离新技术与新方法，不拘泥古法、不墨守陈规，在科学的路上，创新与传统并蓄兼收。这一时期的先生，仍然奔忙于世界各地。2000年，先生东渡日本，赴佐贺大学访问；2002年，赴美国和南非开普敦分别参加第23届稀土研究会议（23rd RERC）与2002年国际溶剂萃取（ISEC'2002）会议，作名为"Kinetics of Rare Earth Extraction with Sec-octyl Phenol Acetic Acid"的学术报告，顺访新加坡；2003年，赴挪威奥斯陆、瑞士日内瓦参加钪（Scandium）2003和第5届国际柔性电子技术（ICFE'5）会议，顺访洛桑国际奥委会总部；2004年，赴日本奈良参加稀土（REs'04）会议后，应邀赴加拿大访问氰特（Cytec）公司；2006年，赴意大利、奥地利考察萃取设备；2007年赴德国访问，顺访荷兰；2008年，赴希腊佩特雷与美国图森分别参加废弃物工程和高值化利用国际（Waste Eng）与2008年国际溶剂萃取（ISEC'2008）会议，作名为"Extraction and Separation of Thorium（Ⅳ）from Lanthanides（Ⅲ）with Room-Temperature Ionic Liquids Containing Primary Amine N1923"的报告。先生在稀土分离的事业中，不仅留心国内生产企业，更关注国际信息。

先生从风华正茂走向壮士暮年。也曾夕惕若厉，终日乾乾；也曾壮怀激烈，龙飞九天。即将走向退休岗位的先生，人生又将开启新的篇章，准备再续稀土情缘十余年。

注释

[1] 杨启山、马长顺、郝福、吴峰：《硫酸钠复盐法分离Ce（Ⅳ）和RE（Ⅲ）过程中影响分离效果的因素的研究》，载《稀土》1996年第17卷第6期，第66—69页。

[2] 李德谦：《西部稀土资源的综合利用及清洁冶金分离技术》，2004年，内部资料。

[3] Lu J, Wei Z G, Li D Q, Ma G X, Jiang Z C, *Recovery of Ce（Ⅳ）and Th（Ⅳ）from rare earths（Ⅲ）with Cyanex 923*. Hydrometallgy, 1998, 50, 77–87.

[4] Li D Q, Zuo Y, Meng S L, *Separation of thorium（Ⅳ）and extracting rare earths from sulfuric and phosphoric acid solutions by solvent extraction method*, J. Alloy. Comp., 2004, 374 (1–2), 431–433.

[5] Liu J J, Wang Y L, Li D Q, *Extraction kinetics of thorium（Ⅳ）with primary amine N1923 in sulfate media using a constant interfacial cell with laminar flow*, Sep. Sci. Technol., 2008, 43, 431–445.

[6] 李德谦、陆军、魏正贵、王忠怀等：《一种从氟碳铈矿浸出液中萃取分离铈、钍的工艺》（CN 1098361C）

[7] Li D Q, Wang X T, Bai Y, Liu J J, Li D, Liu S Z, *A novel Clean metallurgical process for Baotou ore: The industrial test data, COM 2014-Conference of Metallurgists Proceedings*, ISBN: 978-1-926872-24-7, Published by the Canadian Institute of Mining, Metallurgy and Petroleum 2014, 8369.

[8] 张志峰:《氟碳铈矿分离过程中的氧化问题及工艺改进》,长春应化所博士论文,2008年1月。

[9] Liao W P, Wang J K, Li D Q: *Three-phase extraction study of Cyanex 923-n-heptane/Ce4+-H2SO4 system.* Solvent Extr. Ion Exch., 2002, 20(2): 251-262.

[10] 李德谦、李红飞、国富强等:《一种制备高纯三氟化铈微粉的方法》(CN1253374C)

[11] 李德谦、国富强、李红飞等:《一种利用中性磷(膦)萃取体系制备三氟化铈微粉的方法》,(CN100424016C)。

[12] 李德谦、国富强、李红飞等:《中性磷(膦)萃取体系制备稀土氟化物微粉调控粒径的方法》(CN100406590C)。

[13] Guo F Q, Zhang Z F, Li H F, Meng S L, Li D Q: *A solvent extraction route for CaF2 hollow spheres.* Chem. Commun., 2010, 46(43): 8237-8239.

[14] 李德谦、张绘、李红飞等:《一种高锰酸钾优先萃取条件下动态连续氧化萃取铈的方法》,(CN200942305Y)。

[15] 李德谦、张绘、李红飞等:《一种可以分离有机相和水相并单独对水相进行操作的萃取槽》,(CN100386452C)。

[16] 李德谦、张绘、孟淑兰等:《一种纳米金属氧化物的制备方法》,(CN100431969C)。

[17] 李德谦、张志峰、李红飞等:《一种采用于混合萃取体系分离铈回收氟及制备三氟化铈超微粉体的方法》,(CN101164890A)。

[18] Liao W P, Yu G H, Li D Q, *Solvent extraction of Cerium (Ⅳ) and Fluorine (Ⅰ) from sulphuric acid leaching of Bastnasite by Cyanex 923.* Solvent Extr. Ion Exch., 2001, 19(2), 243-259.

[19] 李德谦、左勇、白彦、王忠怀:《一种从硫磷混酸体系中萃取分离钍和提取氯化稀土的工艺》,(CN1162558C)。

第 8 章
宝刀不言老：砥砺新锋

2010～2019

先生以豁达的心态，从容地看待退休生活。他积极推广技术，开坛讲学，使更多从事稀土分离技术的专业人员从中受益；他延续应化所早期科研工作，开展核纯钍研究，为廖伍平获得中科院"未来先进核裂变能"战略性先导专项基金与基金委"先进核裂变能的燃料增殖与嬗变"重大研究计划培育项目支持奠定了基础，使得钍提纯工作开始在国家级项目支持下顺利进行；他不遗余力提携后辈，与陈继研究员一起值守长春应化所稀土分离事业科研基地，设计与开发的P507—仲辛醇（ROH）分离重稀土新体系和工艺，具有国内自主知识产权和创新性，达到国际领先水平；他跟随孙晓琦科研脚步，且学且游，先后拜访了美国橡树岭国家实验室、美国劳伦斯伯克利国家实验室，以及加拿大塞萨卡通温省科学院，用求真务实的工作态度把中国科学院长春应化所稀土分离的旗帜牢牢地树在了湿法冶金科研领域。

忙碌的返聘生活

退休之后的先生并没有闲居家中，而是接受长春应化所返聘，继续开展稀土分离化学与工艺流程开发工作。办公地点仍然是原来的办公室，接触最多的人也依旧是学生。唯一不同的是肩上的担子变轻了，受到的尊重更多了。以往，与先生对门而坐的是徒弟，如今，他们是徒弟的徒弟，辈分升一级，地位随之晋升一级。不必再过多地为完成项目而东奔西走，也不必再为修改论文而费尽心思，先生把主要精力花在了培养长春应化所稀土分离组接班人身上，同时也辅助指导几名研究生，开展研究课题。

进入新世纪的中国，科技竞争日益激烈。为申请研究经费，科学工作者们往往要身兼数职。不仅科研要做好，活动能力也要加强。不仅要把握科技前沿，高产研究论文，而且，科学研究更要贴近地气，能获得显著经济效益。既要追求新颖性，又要确保可行性。对于经费使用，亦控制得十分严苛，不得随意支配、任性调度。经费预算增一分则多，减一分则不足，在这增减之间，科研人员不仅要眼观六路，更要耳听八方，十八般武艺最好门门精通，大有"运筹帷幄之中，方能决胜千里之外"之势，科研底蕴、团队力量尤显重要。

于是，为守住现有科研阵地，稀土分离组既要保持与包头矿、江西矿和攀西矿稀土冶炼相关单位的现有合作关系，又要开拓新领域。常言道：打仗亲兄弟，上阵父子兵。先生对门下弟子们的帮助不遗余力。陈继，是先生指导的1994级硕博连读学生，也是最早接受先生邀请、学成归来的弟子之一。他早期的研究方向集中于双水相萃取的基础性研究，对于分离流程工艺实践的了解略有不足。尽管如此，自受教于先生门下，耳濡目染业已廿余载，在许多事情的处理方面与先生早已形成信任与共识。先生提携后辈，不遗余力；陈继尊师重道，依托长春应化所科研平台，凭借数十载稀土分离组研究底蕴，励精图治十余载，也渐有所成。长春应化所稀土分离研究团队并没有因为先生的退隐而销声匿迹，而是随着陈继的成长迈向更广阔的天地。

每次出差，公事办完，先生都会联系出差所在地的学生们一起小聚。有时候，只有学生本人还不够，家属们也要同行。于是乎，老中青幼济济一堂，聚餐时满屋子都是热闹。先生和师母并不觉得孙辈小孩子们吵闹，如果恰好携带礼物，就会给孩子们分享。先生与师母与孩子们交流不多，但看向孩子们的目光一如当年投在学生们身上的一样，慈祥、友爱、温柔如水。

正是因为有了先生的号召，稀土分离组中相隔几届的同门们才得以相识。甚至，有时候，遇到旨趣相投的，彼此还能成为至交好友。先生，仿佛是一株参天大树，根植于长春应化所稀土分离组这片沃土；而学生们，则是从树干上分开的枝杈，他们各自努力，有着自己的使命，朝向天空伸展。平常时彼此几乎没有讯息。但是，一旦先生来临，就像大风拂过，他们就会如同枝杈一般，随风摇曳，彼此呼应，无论路途多远，都能齐聚先生身旁。

推广技术，开坛讲学

《论语·述而》中有孔子自我评价的一句话："其为人也，发愤忘食，乐以忘忧，不知老之将至云尔。"这句话用来形容退休后的先生亦非常贴切。

虽说先生是以返聘身份回所就职，但根本不需要上班打卡，甚至不去上班也无人计较，但先生依旧每日早上8点钟左右来到办公室，打开电脑,伏案学习。科研创新的事业交给学生们做,先生把更多时间用于总结过去,展望未来。他希望把稀土分离技术中的成熟体系与最优化的工艺推广出去,把结缘稀土60余载所积累的成熟经验分享给每一位有志于从事稀土分离事业的后来人。

2015年1月,正是一年中最冷的季节。受江西赣州稀土集团邀请,先生从长春赶来,参加技术研讨会,深入生产一线为技术人员传道解惑。会上,他作了题为"稀土分离与清洁冶金的新进展"的报告,重点对"氨皂化""西部稀土资源的有效利用与清洁冶金"及困扰稀土行业多年的"环烷酸分离钇"工艺等问题做了明确回答。

针对稀土行业中将氨皂列为落后产能的怪现象,先生据理力争。基于P507萃取稀土离子机理,他首先阐明P507萃取剂皂化的必要性及实际意义。然后,列举出可用于皂化反应的试剂并进行比较,指出各方法的优缺点及可行性。剥茧抽丝般地讲解后,他指出:

写历史,要有历史观,特别是科技方面的历史一定要重原创性,要有证明,不能随性而定。证明包括授权发明专利,公开发表的论文,报道等。

氨皂和氨氮废水在其他行业规模比稀土行业大得多,只要回收并循环使用,对环境是友好的。钠皂虽然不产生氨氮,但钠皂成本高,且生成的高盐废水比氨氮废水更难处理。其他的皂化方法比如钙皂和镁皂会引入金属杂质,是很难推广的方法。

对于西部稀土资源有效利用与清洁利用问题,先生强调:

图 8-1　赣州研讨会上，先生在会议前（上图），与在会上作报告（下图）

长春应化所已开发出稀土矿中放射性钍富集并回收的清洁工艺流程，完全能够做到变废为宝，制备出高纯，甚至核纯级钍产品，这些工作为未来钍核能发电能够提供技术基础。

对于困扰行业多年的环烷酸分离钇的工艺问题，先生则直接抛出了自己的观点：

环烷酸萃取钇工艺问题，本质上是由环烷酸自身缺陷造成的，无法避免并排除，最直接、经济的办法是更换如CA-12一类的全新萃取剂，否则无法解决！

先生之所以对环烷酸早晚被取替的问题态度坚决，主要是基于以下两方面考虑：一方面，在产业链上游，由于石油化学工业加工过程

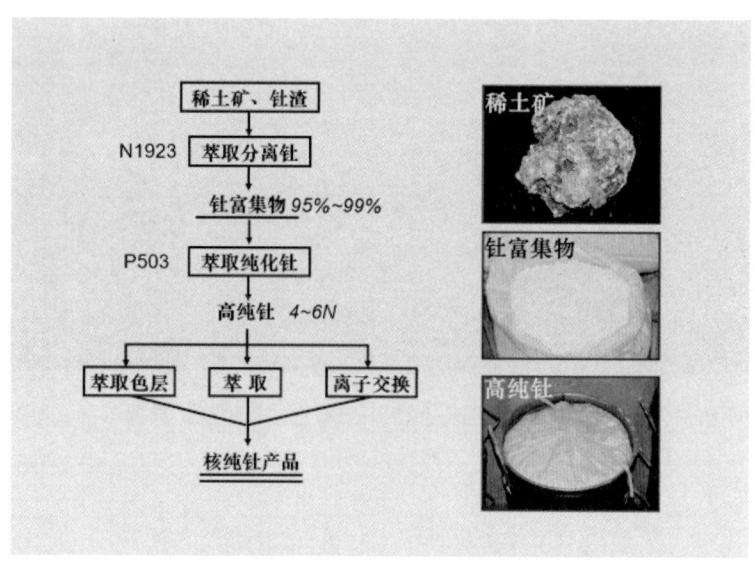

图 8-2　核纯钍制备流程及产品展示

已经改变，环烷酸不再生产，能够适用于萃取的合格环烷酸产品越来越少，价格会不断攀升，现如今环烷酸已经从 3.1 万元 / 吨上涨到 4.2 万元 / 吨。随着稀土分离厂环保标准的日渐提高，因环烷酸存在浓烈臭味而引发的环保问题不容忽视。另一方面，在产业链下游，近几年氧化钇产品市场需求强劲。氧化钇是风电叶片用玻璃纤维、固体氧化物燃料电池（SOFC）、固体氧化物电解池（SOEC）越来越重要的原材料。2021 年以来，氧化钇产品价格大幅上涨，从 2.1 万元 / 吨涨到 7 万元 / 吨，最高时候上涨到超过 10 万元 / 吨。因此，环烷酸这一工业萃取剂迟早会退出历史舞台，这个结局因环烷酸自身具有环保不友好性而早已注定。

听到先生对上述三个问题斩钉截铁、铿锵有力的回答，技术人员们心定了，他们仿佛遇到知音一般。先生提出了他们想提却又一直不敢提的疑问，也解开了困扰他们多年的心结。先生的回答，道出了一线工人师傅的心声。终于，在先生等一批稀土行业中有良知的科学家们的呼吁下，稀土行业陆续恢复了氨皂化工艺，对于一度争议较大的氨氮废水问题，也有了合理的解决办法。目前，国内稀土冶炼企业主要通过回收氨水和氯化铵晶体两种路线对氨氮废水进行预处理。不仅节约了 80% 的生产用水，回收的氨水及氯化铵也取得了经济效益。针对环烷酸缺陷而开发的双溶剂萃取体系也被稀土冶炼厂慢慢接受，渐露头角。坚持真理不屈服，走遍天下在于理，先生的坚持与执着终见成效。

先生从事稀土分离60余年，终生围绕稀土分离产业和企业存在的关键技术问题，开展基础研究—应用研究—产业化技术攻关课题。为提升稀土分离企业的原始创新能力，实现稀土资源高效清洁冶金生产目的，年逾八旬的他经常不远万里前往南昌、龙南、定南、长汀、衡阳、冕宁、包头、达茂等地的稀土分离企业，讲授稀土分离研究进展，解决企业技术难题。先生说：

稀土分离研究工作得到了企业的大力支持，我要将毕生的研究成果和经验回馈给企业。

为此，2018年10月12—14日，在先生的策划和组织下，由中国稀土行业协会、中国稀土学会、中国科学院长春应用化学研究所、鸿达兴业集团主办的"稀土溶剂萃取与分离技术发展历程研讨会"在广州召开。120余位稀土行业专家、学者和企业代表参会，85%以上参会人员是稀土分离企业的工程技术人员。会议由中国稀土行业协会常务副秘书长王晓铁主持。中国稀土行业协会秘书长杨文浩、中国稀土学会秘书长牛京考、中科院长春应化所科研三处副处长杜创嘉宾分别致辞。先生作为研讨会的主讲人，开展了为期2天的集中授课与交流讨论。这是先生第一次以开班授课的方式，传授稀土分离研究经验，得到了相关企事业的高度认可，受到了科技工作者的普遍好评[1]。

研讨会上，先生一反平素深色着装，身穿米白色西服，脖系蓝色领带，更显温文尔雅。他分别围绕"酸性磷（膦）萃取剂分离稀土""钇的溶剂萃取与分离工艺""钍与放射性渣"三个主题作了报告，介

图 8-3　2019 年，先生在广州稀土溶剂萃取与分离技术发展历程研讨会上作报告

绍了氨化 P507 萃取、分组分离单一稀土工艺、伯胺 N1923 分离钍工艺及 P507-异辛醇分离重稀土新工艺的基础研究-新工艺开拓-产业化道路的研发历程；报告了包头矿和四川矿稀土清洁冶金国家产业化示范工程的实施情况，据此引出钍和放射性渣这个主题。报告内容翔实、论据充分、条理清晰，体现了先生多年以来在稀土分离领域的丰硕成果及对技术创新的深刻思考，获得了参会代表的高度认可。与会代表围绕稀土分离行业发展趋势、关键性技术问题等进行讨论，先生对企业实际生产过程中遇到的问题提出中肯建议，为企业的技术攻关提供了新思路，参会代表们踊跃发言，会场氛围非常热烈。

此次研讨会意义重大，影响深远，不仅加强稀土行业内的技术交

图 8-4　2018 年，在广州召开的业务研讨会上，参会人员合影
前排左起：王进平，先生、师母、俞正明、陈继、白彦；
后排左起：王艳良、孙晓波、罗芳、赵君梅、熊英、孙晓琦

流，也为稀土溶剂萃取与分离技术发展带来新的思路，为我国稀土行业的发展提供了新方法、新工艺、新机遇[1]。

开展核纯钍研究

钍（Th）是锕系元素的一种，其拉丁文名称来自北欧神话中的战神索尔（Thor）。原子序数为 90，相对原子质量是 232。天然钍几乎全由 Th-232 组成，带有一定放射性，半衰期约为 140 亿年。钍在地壳中

的丰度为 9.6 ppm，储量约是铀的 3 倍，主要分在巴西、土耳其、加拿大和美国，我国钍储量与印度钍储量相当，约 28 万～30 万吨。

在自然界中，钍主要以三种形式存在：第一种是钍独立矿物形态，主要包括钍石和方钍石两种；第二种是含钍矿物，主要包括独居石、钛铀矿、铀钍石、铀方钍石、方铈石、含钍沥青铀矿等；第三种是与其他元素共生，主要是与铀或稀土元素共生。就目前来看，我国钍资源广泛分布在全国 23 个省份，主要包括内蒙古、广东、海南、湖南、四川、河北、云南、安徽等。其中，包头白云鄂博矿是钍资源的巨大宝库，达 22 万余吨，占我国钍储量的 77%。四川冕宁和山东微山的氟碳铈矿中钍储量约各占 5%。

目前，合金是钍行业主要应用市场。钍为银白色金属，熔点高，可与铝、铍、铋等制成合金，使其强度、耐腐蚀性及耐高温性能明显提升，是空间技术工业中不可或缺的原料。观研报告网发布的《中国钍行业发展趋势研究与未来投资分析报告（2022—2029 年）》数据显示，近年来，钍应用在空间技术领域，我国航空航天事业中的应用飞速发展。其中，神舟载人飞船、"嫦娥探月""天问一号""天宫"空间站等一系列重大成就的背后均有钍合金的身影。2021 年，钍行业在我国合金应用领域市场规模达 9.21 亿元。

钍是核能研究和发展中的重要元素之一。它本身不易裂变，但是吸收中子后转变成易裂变的铀 U-233，即可作为新型核反应堆的原料用来发电。相对于铀（U）来说，钍（Th）更适合作为核燃料，主要原因有三点：一是自然界中钍储量远比铀多；二是钍能源具有高效、清洁特点，燃烧时不会产生剧毒化学物质；三是钍核反应堆可建在偏远沙漠地区，而铀核反应堆不行，需要大量水进行冷却。一般来说，1吨钍相当于200吨铀、350万吨煤提供的能量，可提供10亿千瓦时的电力，是未来核电发展的新方向，将更安全、环保、高效及可持续。

钍作为核能原料的技术研究，世界各国从未停止过。目前钍在核能发电应用中的关键技术已经取得突破，在未来社会的能源供给中必将发挥重要的作用。我国核电装机容量稳定提升，且已掌握第四代核电技术，成功建设了全球首座商业化的四代核电站——山东石岛湾核电站。同时，我国政策对于航空航天与核电行业的政策支持力度不断加强，2021年政府工作报告中更是近十年来首次提出要积极发展核电行业。

近年来，随着我国经济的持续稳定发展，以核电行业为代表钍资源下游行业逐步得到国家重视，推动我国钍资源行业市场规模由2017年的5.37亿元增长至2021年的10.41亿元，2017—2021年均复合增长率达到18.02%，展示出我国钍资源行业较快的发展速度。钍资源市场供给不断扩大，截至2021年，我国钍资源行业供给规模为2.9万吨。

尽管我国钍资源储量丰富，但开采量远不能满足国内市场需求，导致市场对国外进口依赖性较大，近年来进口依赖程度逐年提升。2021年我国钍需求量已经达到8.01万吨，同比增长29%。其中，我国钍的需求结构中，进口量逐年增加，2021年已经达到5.11万吨，同比增长49%。进口占比逐年增高，从2017年的20.34%升高至2021年的

63.78%。我国钍产量虽然有所增长，但是仍然无法满足国内快速增长的需求，因此近年来一直加大对国外钍矿砂及精矿的进口，国内市场供不应求，进口依存度不断提升。

长春应化所是国内最早研究稀土分离和钍回收提纯的单位之一。早在1950年12月，东北科学研究所（长春应化所前身）就成立了稀有元素利用研究小组，由吉村恂（日）和赵贵文负责开展褐廉石矿分离钍、铈及稀土的基础研究[2]。为解决辽宁锦州石油六厂对钍催化剂的需要，1953年1月，长春应化所又开展了从独居石中提取钍的研究，并于1954年在锦州建立了我国第一个由独居石生产石油催化剂用氧化钍的工厂[3]。

1976年，长春应化所联合包钢有色三厂、长沙有色冶金设计院、包钢冶金研究所、兰州大学和中科院上海有机所完成了伯胺N1923萃取分离钍和提取氯化稀土工艺，为获得核纯钍奠定工作基础。先生承接了此次稀土大会战中从稀土矿回收放射性钍的研究工作，并申请了相关专利。

2003年到2005年，先生分别在包头和四川实施了两个稀土清洁流程，从稀土矿中回收了成吨规模的钍富集物。期间，在完成用P507中间体P503萃取铈的工作后，先生提出用P503提纯钍的分离方案。2005年12月，廖伍平学成回国。为帮助其科研起步，先生把实验室、在读学生及前期钍提纯研究成果一并交付廖伍平。

2009年，先生在香山科学会议第357次学术讨论会上，就"国家战略需求中的化学问题",提出钍资源利用的关键建议。他与徐光宪等专家同声呼吁,保护白云鄂博主东矿的稀土和钍资源,要大力开展核燃料级钍的制备研究[4]。此后,2008级硕博连读生王艳良在先生与廖伍平的联合指导下,系统开展了2-乙基己基膦酸二(2-乙基己基)酯(DEHEHP)萃取钍的热力学及动力学研究工作,推测出了萃取机理,探索了以钍富集物为原料纯化钍的技术。

在王艳良工作基础上,稀土分离组发明了优于磷酸三丁酯(TBP)的DEHEHP萃取分离和制备高纯钍技术,分别于2011年和2012年申请了中国发明专利2项,澳大利亚专利及美国专利各1项,并先后获得中国、澳大利亚和美国的专利授权[5-7]。先生提出,耦合上述专利技术可直接从稀土精矿(包头矿、氟碳铈矿、独居石等)中制备出核纯级高纯钍。

2011年1月,在先生引荐与协助下,廖伍平获得中科院"未来先进核裂变能"战略性先导专项与基金委"先进核裂变能的燃料增殖与嬗变"重大研究计划培育项目支持,钍提纯工作开始在国家级项目支持下顺利进行。2013年,张志峰等在核纯钍连续批量制备方面取得系列创新性成果,获得纯度大于99.999%(5N)、收率98%的氧化钍样品,开发出全新核纯钍溶剂萃取体系,实现了钍和杂质元素的高效分离。长春应化所向中国科学院上海应用物理研究所提供了千克级高纯氧化钍,为中科院钍基熔盐堆核能系统研发提供了坚实的钍燃料生产技术保障。

2017年,研究成果"稀土资源中伴生钍资源的回收与核纯化"获

"中国稀土科学技术奖"技术发明类一等奖,长春应化所廖伍平稀土分离团队成为国内唯一掌握核纯钆连续批量制备技术的研发队伍。

钆分离提纯技术在国内的兴起、发展与成熟商用,不仅是先生、徐光宪、倪嘉缵等老一辈科学家呼吁的结果,也是我国政府在核电事业、航空航天事业发展中对钆资源利用认知过程从觉醒到深化的具体体现。廖伍平博士顺应时代发展潮流,在先生的提携与帮助下,顺利实现了钆纯化事业的传承与发展。国家级战略项目的出色完成不仅成功地见证了年轻一代科学家在科研能力上的迅速提升,也完美地证实了廖伍平博士在科研水平上的成长与成熟,为其日后实现科研上的更大突破奠定了研究基础。

研发"P507-ROH分离重稀土新体系和工艺"

离子型稀土矿富含功能材料所需的铽、镝、铒、镥、钇等中、重稀土元素,是我国特有的战略资源,在关键核心材料领域有着不可替代的作用,对我国的高新技术和国防军工具有重要意义。例如硅酸镥/硅酸钇镥(LSO/LYSO)是一种综合性能优异的新型闪烁晶体,因高密度、高光输出和快衰减而在高能物理、核物理、核医学等领域具有广阔的应用前景,LYSO需求量随着正电子发射断层成像(Positron Emission Tomography,简称PET)等新型仪器设备的广泛应用而逐渐增加。LYSO闪烁晶体占PET成本的30%～50%,氧化镥占LYSO晶体质量的 70% 左右，因此，氧化镥已成为 PET 产业发展的关键基础原料。氧化镥主要产地在江西龙南稀土矿，不仅供应全球 PET 市场需求，对 PET 制造品质亦具有举足轻重的作用。

长期以来，由于氧化镥分离提纯较为困难，镥资源稀少，配分含量低（0.3%～0.5%）等原因，高纯氧化镥的供应量相对短缺，极大地限制了 LYSO 晶体发展。随着氧化镥需求日益增加，亟需开发重稀土分离新体系以高纯氧化镥。然而，长期工业实践表明，P507 流程存在重稀土反萃酸浓度高，特别是铥、镱、镥反萃不完全，难以获得高纯重稀土产品的缺点。尤其是在盐酸和硫酸介质中，重稀土离子的萃取速率较慢，萃取平衡所需时间较长，影响生产效率。另外，含镥重稀土混合物通常以富集物形式堆存，严重制约其应用[8]。

针对镥分离与高纯化技术难题，20 世纪 90 年代中期，在开发由两种酸性磷（膦）萃取剂组成的双萃取剂萃取体系（HDP）基础上，先生提出用 P507/C272（浓度配比 1∶1）体系分离重稀土。C272，化学名是二（2,4,4-三甲基戊基）次膦酸，商品名为 Cyanex 272，由美国科学家 A. J. Roberston 于 1983 年合成它是一种新型酸性膦类化合物。目前为美国氰胺公司（American Cyanamid Company）产品。两年后，P507/C272 分离工艺首先在广州珠江冶炼厂实现了产业化，并广泛应用于我国稀土冶金工业。目前，C272 没有实现国产化，价格昂贵。长期运转过程中两种萃取剂的浓度变化也难以判定，限制了其推广和应用。

早在 20 世纪 90 代后期，王香兰负责解决 HA 双溶剂萃取过程中

CA-12 的酯化问题时，曾试图通过在双溶剂萃取体系中添加异辛醇 ROH 的方法来解决 CA-12 酯化或浓度降低问题，效果并不理想。然而，不经意间，她在 P507 萃取体系中添加 ROH 时，却发现 ROH 能与 P507 形成氢键这一现象，其结果导致重稀土反萃取酸度大幅降低。并且，随着 ROH 的加入，重稀土铥/铒、镱/铥之间分离系数明显增加，镥/镱分离系数改变不大，这些规律性充分表明 P507-ROH 萃取体系在重稀土平均分离系数和反萃酸度等方面均优于 P507，为提取高纯镥提供了可能性[9]。为此，先生于 2005 年 4 月，申请了名为"一种添加改良剂的萃取体系分离重稀土元素的工艺"的中国发明专利，并把它命名为"P507-ROH 分离重稀土新体系和工艺"。两年后，该专利获得国家授权。

表 8-1　异辛醇含量对相邻重稀土元素间分离系数的影响

有机相组成	$\beta_{RE2/RE1}$	$\beta_{Tm/Er}$	$\beta_{Yb/Tm}$	$\beta_{Lu/Yb}$
P507		3.64	2.50	1.81
P507+10% 异辛醇		4.31	3.55	1.78
P507+20% 异辛醇		5.49	3.18	1.67
P507+30% 异辛醇		—	2.9	1.74

此时，恰逢 LSO 晶体被发现不久，因其性能优异，渐有取代锗酸铋（BGO）晶体应用于制造 PET 设备之趋势。满足国内外市场对氧化镥为尽快实现高纯氧化镥分离工艺产业化，日益增加的需求，先生带

领陈继稀土分离团队,在科技部"973"和"863"计划、工信部稀土产业升级专项、中科院创新重点项目和重点部署等项目资助下,系统开展新体系萃取重稀土热力学、界面动力学及镱、镥交换、平衡酸度等工艺参数研究。经过艰苦努力和大量实验,逐步攻克了重稀土分离过程中非平衡态萃取级数补偿方法、平衡酸度控制及萃取体系循环使用中ROH含量现场快速分析方法等系列重大技术难题,为产业化奠定了基础。并且,在理论研究与工艺参数制定基础上,开展了P507-ROH从铥(Tm),镱(Yb),镥(Lu)富集物(镥含量约为6%~8%)中分离镥的理论计算和工艺设计等相关工作。

2011年3月,"P507-ROH分离重稀土新体系和工艺"率先在江西金世纪新材料股份有限公司建立P507-ROH镥分离示范线,先生与陈继带领研究团队深入企业生产一线,与技术人员一道开展工程示范试验,耗时一年,取得预期实验结果,且与预先设计工艺高度吻合。镥分离示范线运行稳定,P507-ROH具有循环使用价值,适宜工业应用。随后,龙南有色公司搭建了高纯镥分离车间及重稀土分离生产线,获得大于5N的高纯镥以及3~4N的铥、镱产品,不仅节省了大量酸碱单耗,而且在工业上实现了重稀土分离,取得了显著的经济效益和社会效益。

2012年前后,福建省长汀金龙稀土有限公司、江西省赣州稀土(龙南)有色金属有限公司、龙南县和利稀土冶炼有限公司、赣州稀土龙南冶炼分离有限公司等重稀土分离龙头企业纷纷采用长春应化所专利技术,建成了南方离子型矿重稀土高效分离生产线。生产实践证明

图 8-5　2011 年，稀土分离工艺示范试验团队合影

新体系反萃酸度小于 5 摩尔/升，重稀土可以完全反萃，萃取体系稳定，无乳化等界面现象。能够生产超过 5N 的氧化镥，3～4N 的氧化铥和氧化镱产品。并且，工业实践表明，经该生产线制备出的氧化镥产品一致性好，质量稳定，由该产品制备的 LSO 闪烁晶体性能指标满足 PET 要求，为氧化镥应用于制备 PET 闪烁晶体等高端产业奠定了物质基础。2016 年，福建省长汀金龙稀土公司采用了长春应化所 P507-ROH 重稀土分离工艺，氧化铥、氧化镱和氧化镥产品的生产能力分别达到 2 吨/月、17.5 吨/月和 2.5 吨/月，稀土产品纯度稳定在 99.999%。

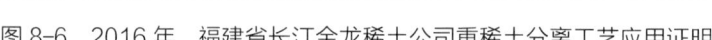

图 8-6 2016 年，福建省长汀金龙稀土公司重稀土分离工艺应用证明

国外缺乏重稀土，特别是镥资源，没有与之相应的萃取分离工业流程，用于生产 LSO 闪烁晶体的氧化镥基本来自我国。因此，中国重稀土分离工艺技术即代表世界水准。2015 年 4 月，先生与师母率领以陈继为首的一众弟子再次来到江西金世纪新材料股份有限公司，为产业化项目顺利实施做最后准备。

到了那里，先安排宿舍，我自己住一间，收拾完毕后，简单归置了行李，就开始了那一段难忘的、为期 3 个月的出差生活。工作内容，就是分析测试：滴定，刷移液管、锥形瓶、烧杯，打扫破烂的实验室，清洗脏兮兮的烘箱……大夏天的，穿着工作服满头大汗，外面蝉鸣蛙噪。每天李老师和陈老师都会去工作车间看看槽子的情况，根据实际情况调整参数，遇到溢槽或者其他情况，还会掏槽重新填槽。打扫车间，整个过程陈老师都跟着学生们一起干……有一次工作时，料液还不小心溅到了陈老师眼睛里，差点造成眼部烧伤。李老师每天都做好工作记录，非常严谨。陈老师也会和李老师一起讨论项目方案，制定计划，定期和金世纪公司负责人沟通讨论。

同行的邹丹博士回忆起当时场景，仿佛历历在目。她说：

李老师，师母和陈老师还有大伙一日三餐都在金世纪食堂吃饭。每次吃饭时，老师们都让我们小辈多吃菜。特别逗的是，李老师喊我们的一个小师弟（刘川楹）"小重庆"，有点当年"红小鬼"的感觉。

图 8-7　2015 年，稀土分离组下厂人员在江西金世纪新材料股份有限公司食堂就餐

2015年7月23日，项目即将结束，以安立佳所长为首的长春应化所领导莅临重稀土分离示范平台慰问一线科研人员。7月27日，倪嘉缵院士和马荣璋秘书长考察、指导示范平台项目。自"P507-ROH分离重稀土新体系和工艺"在上述四家企业推广以来，仅氧化镥一项产品，就为各企业新增销售额超6亿元，利润超1.78亿元，成为支撑重稀土分离企业可持续发展的关键产品。该技术不仅促进了江西赣南、福建闽西等原中央苏区稀土产业结构调整和技术转型升级，而且推动了我国重稀土材料及其应用领域战略新兴产业发展，为我国在高性能医疗

图8-8　2015年，安利佳所长（中）慰问镥生产示范线一线科研人员合影

图 8-9　2015 年,倪嘉缵院士(左二)和马荣璋秘书长(左一)考察镥分离示范线

器械领域 PET 实现"中国制造"作出重要贡献。

2016 年 10 月,中国稀土行业协会组织中国工程院余永富院士等有关专家在江西省赣州市对"重稀土分离新工艺及工业应用"成果进行了技术评价。专家组先后考察了福建省长汀金龙稀土有限公司和赣州稀土(龙南)有色金属有限公司,认真听取了先生的总结报告,并审阅了相关技术资料后,专家们一致认为:项目组成功开发出 P507-ROH 萃取新工艺体系,解决了萃取剂 P507 流程存在重稀土元素反萃取酸浓度高的难题,适宜在多个稀土企业推广应用。专家组称:"该技术具有自主知识产权和创新性,处于国际领先水平。"

2017年11月,"重稀土分离新工艺制备高纯氧化镥"荣获中国稀土学会和中国稀土行业协会联合设立"中国稀土科学技术奖"技术发明类二等奖(见集中彩插之获奖证书)。

先生的一生,淡泊名利,挂怀者唯有奉献两个字。为实现钍资源综合利用及战略储备目的,他与徐光宪等老一辈科学家们未雨绸缪、奔走呼吁,且身先士卒,指导廖伍平预先展开基础研究,为承接战略性国家任务积累经验、丰富数据。为促进我国重稀土材料及其应用领域战略新兴产业发展,他老而弥坚,亲赴生产第一线,带领陈继团队攻克技术难关,凭借六十载稀土分离经验,依靠理论计算与工艺设计两大利器,推动P507-ROH分离新体系新工艺在示范工程中一战成名,赢得众多稀土企业青睐,再创科技辉煌。

先生的事业,发轫于稀土分离。毕生坚守稀土分离第一线,对先生而言,是莫大的幸福。保持国内稀土分离技术长居国际领先地位,传承并发扬光大,是先生毕生的心愿。此次获奖,对先生而言,无疑是另外一种形式的褒奖与肯定。

跟随弟子,且学且游

2011年12月,一个碧空如洗的日子里,美国田纳西州诺克斯维尔以西30公里处的橡树岭里来了两位年逾七旬的老人,他们身着同款棕色中长款上衣,步伐稳健,身体轻盈,举手投足间自有一种儒雅风范。陪同他们的,是一个身材高大的年轻人,皮肤黝黑,双眼含笑。红白相间的纸质访问牌挂在胸前,正随着阔步前行而上下摆动,三人正边说边聊地往橡树岭国家实验室走去。这三人,正是到访的先生夫妇和先生的爱徒孙晓琦博士。

早在2010年10月,孙晓琦博士毕业三年后,即受聘到美国橡树岭国家实验室戴胜教授课题组开展博士后工作。鉴于先生在稀土分离领域的研究成就,为推动中美科技合作,戴胜教授特邀先生赴美交流。作为先生的爱徒、戴教授组内新进组员,在双方联系与沟通方面,孙晓琦责无旁贷。橡树岭国家实验室,原称克林顿实验室,是美国能源部下属的一个大型国家实验室。它成立于1943年,最初是美国曼哈顿计划的一部分,以生产和分离铀和钚为主要目的。2000年4月以后,橡树岭国家实验室交由田纳西大学和Battelle纪念研究所共同管理。

交流会上,先生向美方教授进行了工作介绍。他首先由复杂稀土溶液体系入手,从萃取热力学和动力学角度系统说明了伯胺N1923、P507、HAB双溶剂等萃取体系的研究进展,阐明了稀土分离过程的反应机理、界面性质及动力学传质模式,提供了发展新型分离流程所需的理论依据和基本参数,随后,他详细讲解了长春应化所研发工艺在我国包头矿、四川矿、南方离子型矿等稀土分离领域的工业示范和产业化进程案例。尤其对伯胺萃取分离钍和稀土工艺、氨皂P507萃取分离单一稀土流程、攀西矿铈、钍、稀土萃取分离流程、环烷酸分离钇

图 8-10　2011 年,先生和师母在美国橡树岭实验室参观访问

工艺等科研成果进行了重点介绍。先生的报告对于美国同行了解中国稀土分离技术的发展历程,彰显我国在本领域的科研实力起到了很好的宣传作用,受到美方专家好评。

2012 年 2 月,孙晓琦博士转入美国劳伦斯伯克利国家实验室继续博士后工作。通过他的接洽,先生在距上次离美半年后再一次踏上美国土地,这一次是应美国劳伦斯伯克利国家实验室饶林峰研究员之邀进行访问,开展学术交流。

劳伦斯伯克利国家实验室美国最出色的国家实验室之一,位于旧金山湾区东北部、美国著名学府加利福尼亚大学伯克利分校后山(Berkeley Hills)。伯克利实验室隶属美国能源部,具体运行由加州大学负责;实验室前身是"加州大学辐射实验室",而后为了纪念伯克利分校的著名实验物理学家欧内斯特·劳伦斯(Ernest O. Lawrence,1939年物理诺贝尔奖得主)而更名为劳伦斯伯克利国家实验室。

此次出国访问,不同于以往的学术交流,时间紧、任务重。这一次赴美,先生既无必须要完成的工作,也无紧迫的返程归期。在孙晓琦博士的全程陪同下,先生与饶教授不仅交流了稀土分离的研究成果,受邀参加了自助烧烤活动,还游览了旧金山的都市风貌。7月的旧金山,鲜花盛开;九曲花街上,游人如织;金门大桥下,车辆穿梭;蔚蓝的天空,澄清如洗。先生与师母徜徉其中,心情格外舒畅。

先生向美方学者报告的关于我国稀土分离技术发展流程的学术内容,是先生从事稀土分离事业数十年的经验总结,具有相当高的学术价值,受到西博格中心(Seaborg Center)等美国同行的高度评价,对于加强中美双方政府间机构合作关系起到了促进作用。

2013年10月23日,先生应邀赴加拿大塞萨卡通温省科学院进行学术访问。随行者除师母外,还有陈继。此时,国富强正在这里开展博士后工作。师徒二人,多年离别,今日相见,甚是欢喜。在国富强带领下,先生参观了实验室,并了解他所在课题组的研究进展,先生一如既往地作了稀土分离清洁冶金研究报告,宾主双方各有收获。

11月2日,2013届材料科学与技术大会(Materials Science & Technology 2013 Conference)在加拿大蒙特利尔隆重召开,先生踊跃报名。会议结束后,他与正在麦吉尔大学开展博士后工作的孙晓琦取得

图 8-11　2013 年,左起:孙晓琦、先生、陈继、国富强和邓岳峰,在蒙特利尔合影

联系,顺访了麦吉尔大学,领略了校园风光。

　　不知不觉中,先生的足迹已遍布全世界。除美国和加拿大外,本世纪第一个十年后的先生,陆续去过马来西亚关丹(2011 年)、葡萄牙波尔图(2012 年)、德国维尔茨堡(2014)、法国拉罗谢尔(2014 年)以及新加坡莱纳稀土公司(2019 年),访问目的或是参加国际会议,或是学术访问,也有评审稀土项目和讲学。每到一处,必先参观实验室,了解对方科研动态,然后介绍中国稀土分离发展进程与取得成就,兼带领略自然风光。先生似有无穷动力,竭尽所能向世界推广稀土分离新体系、新工艺。先生的学术交流活动不仅传递着中国科学家的方法和理念，也把中国科学家勤勉敬业的治学精神烙刻在了新朋旧友的脑海之中。

本章小结

数十载的稀土分离研究，使得先生在业内拥有一批志同道合的朋友。有的只是一面之缘，有的则是一辈子的友情。他们之中，有学者，也有工人；有政府官员，也有企业领导。但是，无论是哪种，只要提及先生，内心都会充满敬意。先生的人格，一如他的名字，德高品谦；一如那个时代的科学家，言必及义，对于科学话题，则滔滔不绝。不喜欢谈家长里短，极少悲观抱怨。他们用最积极、最乐观的心态向周围的人传递着正能量。

2019年10月，在"中科院长春应化所与江西稀土合作50周年暨稀土冶炼分离技术交流研讨会"上，先生回顾了双方的合作历程。记忆，犹如潮水一般，破堤倾泻而出。经历过的事，结交过的人，慢慢浮上心头，萦绕在脑海。往事支离破碎却又交错相连。苏锵、李有谟、杨郁良、戴桢容、张珏、陈毓龄、洪广言、金日镇、陈连祥、李杰、蔡啟缙、任玉芳、唐谟堂、彭安、曾天元、王忠怀、卢林寿、黄桂文、钟胜华、余永富这些名字在先生的报告中出现，这些容貌，也都一一浮现在先生的眼前。

在一次稀土会议上，年近八旬的稀土合金分会首席专家孟庆江高

图 8-12　20 世纪 60 年代，长春应化所同事合影。
前排左一任玉芳，右二张钰

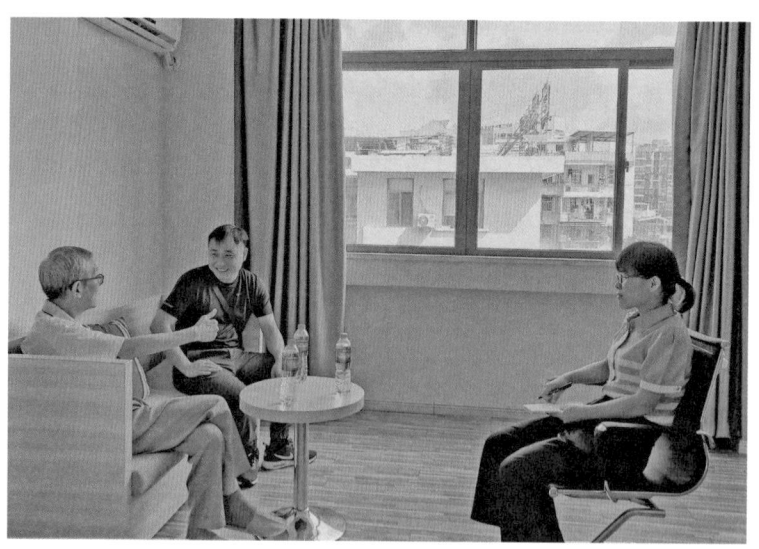

图 8-13　2019 年，先生（左）作为赣江稀土院和长春应化所的代表接受专访

工遇见了先生，彼此寒暄过后，孟工拍着先生的肩膀诙谐地说道：

中国稀土冶金行业，到现在这个年龄还在奔波的，就剩下我们两个啦！

人在旅途，年轻的时候，同行者众多，但走着走着，就散了，不知去向何方？有些人改换了方向，有些则是永远留在了原地，能够六十载坚定不移坚守一个事业的人，除了强大的定力外，就是对所从事的事业充满了深情。

对于有的人来说，回忆似乎充满苦涩，因为旅途中总是经历些伤感与错过。但是，对于先生来讲，回忆却是充实与收获，正如《钢铁是怎样炼成的》里的名句："当他回首往事的时候，他不会因虚度年华而悔恨，也不会因碌碌无为而羞愧，这样在临死的时候，他才能够说我的生命和全部的经历，都献给世界上最壮丽的事业——为人类的解放而斗争。"当然，先生不是一名革命战士，生活的年代也不是战争年代，但先生同样是把毕生的精力都献给了科学家们最钟情的事业——攀登科技高峰、造福社会、服务人民而耕耘一生。

注释

[1] 宏达兴业股份有限公司：《稀土溶解萃取与分离技术发展历程研讨会在广州圆大厦隆重召开》，载搜狐网 2018 年 10 月 13 日，sohu.com/a/259327476_756919

[2] 行业新闻：《我国著名稀土化学家赵贵文研究纪实》，载《中国电子元件行业协会磁性材料与器件分会与浙江省磁性材料行业协会官网》，2020年9月28日发布，网址：zcxmhw.com/index.php?id=4686

［3］刘培、张志辉：《没有勋章的功臣：杨承宗传》，科学技术出版社2020年版。

［4］《香山科学会议第357次学术讨论会圆满结束》，载《化学试剂》2009年第12期。

［5］李德谦、王艳良、廖伍平：《一种钍的纯化方法》（专利号：CN102417992A）。

［6］Li D Q, Wang Y L, Liao W P. *A process of separating and purifying thorium*, AU 2013201027.

［7］Li D Q, Wang Y L, Liao W P. *A process for the separation and purification of thorium*, US 13777315.

［8］邓岳锋、王香兰、白彦、李海连、陈厉、韩亚星、陈继、李德谦：《P507-ROH体系分离制备高纯氧化镥工艺研究进展》，载《中国稀土学报》2022年第8期，第1—9页。

［9］Wang X L, Li W, Wang W W, Meng S L, Li D Q. *Influence of isooctanol on the interfacial activity and mass transfer of ytterbium (III) using 2-ethylhexylphosphonic acid mono-2-ethylhexyl ester as an acidic extractant.* Journal of Chemical Technology and Biotechnology, 2009, 84(2): 269−274.

第 9 章
莫道桑榆晚：犹有新篇

2020～

先生数十载如一日地工作与生活，不以物喜，不以己悲，似乎很少有事情能拨动心弦。即使是在疫情肆虐的三年时光里，也没有太多慌张，依旧坚持学习、坚持运动，合理饮食，从容度时光，活成了科学家最美的模样。

"新冠"来袭

2020年公历新年伊始，恰逢先生与夫人准备在武汉过农历新年，面对因为新冠肺炎疫情突然而至的封城，先生老俩口不得不滞留在老家洪湖的妹妹家里。所幸的是，先生与师母生活习惯一直很健康，坚持每日深居简出，做好安全防范，时刻关注疫情动态。终于，三个月后，全国疫情渐趋平稳，二人才得以返回长春。闲居无事，又不能出差的日子，先生遂把重心转移到了回顾与总结科研历程的写作生活之中。

报刊约稿

看平生呕心沥血，六十载鞠躬尽瘁。先生把稀土分离的旗帜牢牢地树在北国长春这片科研沃土之上。除了培训生产一线技术人员，先生的另一项工作是总结研究成果，整理成文，以供科研人员参考。

应中国稀土学报编辑部邀请，先生以耄耋之躯、每隔两年一篇的频率，分别于2017年，2019年和2021年相继用英文在 *Journal of*

A review on yttrium solvent extraction chemistry and separation process

LI Deqian (李德谦)

(State Key Lab of Rare Earth Resource Utilization, Changchun Institute of Applied Chemistry, CAS, Changchun 130022, China)

Received 4 May 2016; revised 2 December 2016

Abstract: This paper reviewed various systems such as neutral phosphorus and acid phosphorus, carboxylic acid and amine extractant for solvent extraction chemistry of yttrium, including thermodynamics, kinetics and yttrium extracting separation process containing the development course and new separation process.

Keywords: yttrium; rare earths; extraction chemistry; separation process

Rare earth element yttrium was the first to be isolated in 1794, which is an important element and in great demand nowadays. There is a wide variety of rare earth, including yttrium minerals known, the mined minerals of xenotime (YPO_4), monazite (Ce, La, Y, Th)PO_4, but the ion adsorption type rare earths notably have been found in the south China in the late 1960s, and Y content was more than sixty percent of them.

Yttrium is widely used in astronavigation, luminescence, ceramics, nuclear energy and metallurgical industries and the purity of Y is strictly required, for example, the fluorescent grade Y_2O_3 requires a content of relevant RE impurities which should be lowered to 1×10^{-4} level or even lower. However, the separation and purification of Y from RE impurities is known to be difficult because of their similar chemical and physical properties. To separate Y from rare-earths, solvent extraction is the most effective at present[1–5]. Solvent extraction processes for separation of rare earths were reviewed[6–8]. However, there are few comments about the separation and purification of yttrium[9]. This article systematically reviewed yttrium extraction chemistry and separation process in different extractant systems.

1 Yttrium extraction chemistry

Sue[5] thought that using yttrium position changes in lanthanides to separate yttrium, as a result that yttrium in the position of lanthanide was not fixed, with the change of the system and condition with five different positions. Due to the nature of lanthanide shift change, the yttrium in lanthanide occupies several places at the same time. Study of yttrium extraction chemistry in different extraction system is very meaningful, because under the different systems, locations of yttrium in rare earth extraction are different. This is the basis to exploit the new process of yttrium extraction separation.

1.1 Neutral phosphorus extraction systems

In many neutral phosphorus extractants, TBP is the earliest applied in rare earth extraction separation. Warf[10] demonstrated the value of liquid-liquid extraction in separating cerium (IV) from the trivalent rare earths by TBP from a concentrated aqueous HNO_3. The TBP versus concentrated HNO_3 system appeared promising and was first reported in 1953 by Peppard et al.[11]. This investigation showed that the distribution ratio K increased with increasing atomic number using 15.6 F HNO_3 and undiluted TBP. This initial report suggested, on basis of incomplete tracer studies and an arbitrary assignment of a pseudo-atomic number to yttrium as a pseudo-rare earth, that for this system a plot of lg K versus Z, the atomic number, is a straight line of positive slope approximately 1.9. Extensive study showed that when rare earths with high concentrations were extracted with TBP, positions of yttrium were between Gd and Dy or between Er and Yb. With the decrease of concentrations of rare earths, the positions of yttrium moved to the part of light rare earths, witch was conducive to the separation of yttrium. Based on these features, Thorium Ltd. of Widnes in the United Kingdom with Versatic 911-ShellsolA (yttrium in Gd-Y-DY) firstly extracted rich yttrium heavy rare earths, after that with the TBP-ShellsolA extracting low concentration of rare earth nitrate containing yttrium (1–1.2 mol/L), at the moment yttrium from heavier lanthanide parts removed light lanthanide, use of the two-step total reflux extraction, 99.99% purity Y_2O_3 product from yttrium containing 32% of the raw material[12] could be obtained. Studies[2] that showed extraction of rare earths by di-(1-methyl-

---

Foundation item: Project supported by the National Basic Research Program (973 Program) (2006CB403302)
* Corresponding author: LI Deqian (E-mail: ldq@ciac.ac.cn; Tel.: +86-431-85262036)
DOI: 10.1016/S1002-0721(17)60888-3

Journal of Rare Earths 37 (2019) 468–486

Contents lists available at ScienceDirect

Journal of Rare Earths

journal homepage: http://www.journals.elsevier.com/journal-of-rare-earths

Development course of separating rare earths with acid phosphorus extractants: A critical review*

Deqian Li

State Key Laboratory of Rare Earth Resources, Changchun Institute of Applied Chemistry, Chinese Academy of Sciences, Changchun 130022, China

ARTICLE INFO

Article history:
Received 25 May 2018
Received in revised form 16 July 2018
Accepted 16 July 2018
Available online 23 November 2018

Keywords:
Rare earths
Acid phosphorus extractants
Extraction chemistry
Separation process
Loss/Degradation of extractants

ABSTRACT

This paper reviews the development course of separating rare earths with acid phosphorus extractants, including extraction chemistry (thermodynamics and kinetics), separation process and industrial application, the loss/degradation of extractants, etc.
© 2019 Published by Elsevier B.V. on behalf of Chinese Society of Rare Earths.

1. Introduction

The rare earths (REs) are becoming increasingly important in the transition to a green economy, due to their essential role in nuclear energy, permanent magnets, high temperature superconductor, lamp phosphors, catalysts, rechargeable batteries, etc.[1–5] The high value of these elements depends on their effective separation into high-purity compounds. The separation of the natural RE mixtures into the individual elements is very difficult to achieve, because they have similar physicochemical properties.[6–8] As technology has progressed, many kinds of separation methods have been explored and proposed for their high-purity separation, such as solvent extraction, fractional precipitation, fractional crystallization, and ion exchange.[9,10] In particular, solvent extraction has been widely used in industry because of its advantages such as continuous operation, high capacity, and efficient separation performance.[7,8,10–12]

Acidic organophosphorus extractants of 2-ethylhexyl phosphonic acid mono-2-ethylhexyl ester (HEHEHP, EHEHPA, P507, PC88A, Ionquest 801) and di (2-ethylhexyl) phosphoric acid (HDEHP, D2EHPA, P204) have been chosen as extractants in industrial solvent extraction processes.[4,7,8,11–13] Although the RE extraction efficiency of D2EHPA is high, the difficulty in stripping of loaded extractant has limited its utilization especially for extraction of heavy RE. Recently, considerable attention has been drawn to EHEHPA in separation of REE as an alternative to D2EHPA, because of its high selectivity for rare earth ions. In addition, RE can be stripped at lower acidities in EHEHPA systems compared with D2EHPA systems.[14–19] P507 has been systematically investigated for separation of rare earths, especially heavy rare earths in China, which began in early 1970s.[7,11,20,21] At present, the RE separation processes developed using P507, P507-ROH and naphthenic acid (NA) have been widely applied in China. These processes have led to industrial production of all of the individual RE with up to 99.99% or higher purity.[7,11,12,20–22]

Solvent extraction processes for separation of rare earths have been reviewed.[8,11,12,23] However, there are few comments about the development course of the separation and purification of REs.[24,25] This article systematically reviewed the development course of separating rare earths with acidic phosphorus extractants.

2. Extraction equilibrium and separation performance

The extraction thermodynamics is the study of the equilibrium rule and mechanism of matter extracted in two phases at equilibrium state.

2.1. P204(HDEHP) system

As early as in 1957, Peppard et al.[26,27] indicated the possibility of using di-(2-ethylhexyl)phosphoric acid (HDEHP) as an extractant

---

* Foundation item: Project supported by the National Basic Research Program of China (973 Program, 2006CB403302).
E-mail address: ldq@ciac.ac.cn.

https://doi.org/10.1016/j.jre.2018.07.016
1002-0721/© 2019 Published by Elsevier B.V. on behalf of Chinese Society of Rare Earths.

图 9-2 2019 年，先生在 *Journal of Rare Earths* 期刊发表综述性文章[2]

图9-3 2022年，先生在 *Journal of Rare Earths* 期刊发表综述性文章[3]

Rare Earth 期刊发表综述性文章三篇。其中在题为 *A Review on Yttrium Solvent Extraction Chemistry and Separation Process* 的文章中，先生对稀土钇溶剂萃取化学中的各种体系，如中性磷（膦）和酸性磷（膦）、羧酸和胺萃取剂，包括热力学、动力学和钇萃取分离过程中的发展历程和新的分离流程进行了详细概述，为钇的分离与提取基础研究与工艺开发提供了借鉴与参考[1]；在题为 *Development Course of Separating Rare Earths with Acid Phosphorus Extractants: A Critical Review* 的文章中，先生分别从萃取热力学、动力学、分离过程、工业应用及萃取剂降解损失的几个方面综述了酸性磷（膦）类萃取剂分离稀土的发展历程[2]；在题为 *A review on Solvent Extraction of Scandium* 的文章中，先生分别从中性磷（膦）萃取剂、酸性磷（膦）萃取剂、羧酸萃取剂、胺萃取剂、螯合萃取剂及协同萃取剂几个方面对钪溶剂萃取发展历程进行了阐述，这对于从赤泥、二氧化钛和其他资源中提取钪具有重要的参考意义[3]。

科技发展，时代进步，先生的记忆力随着年龄的增长有所衰退。许多经历过的往事，已渐渐模糊，但对于研究过的课题，总结出的结论，却印象深刻。每每遇到稀土分离中的学术及工艺问题，咨询先生，他都能迅速作出反应，并且，从层层叠叠的知识体系中提取出最正确、最合理的答案给予解答。废寝忘食，乐以忘忧，以求知为乐趣，以探索为动力，追寻科学真理的脚步，服务社会，奉献智慧于人民，是先生一生不倦无悔的追求。

撰写《结缘稀土60年》科研总结

从事稀土分离化学与工艺开发60余载,先生已经形成了自己的研究体系,积累了成熟的科研经验。2021年,他把自己毕生的研究经历和成果总结在《结缘稀土60年》一文中,发送给了微信群里的众弟子。在这本手稿中,先生对自己的毕生工作做了简单概述,并且对于科学探究与工艺开发过程中,如何认知"创新与自信",做到"在实践中凝练目标"以及"面对工作中出现的问题怎样处理"等一系列令人较为困惑的问题提出了独到见解。

关于"创新与自信",先生认为:"创新的源泉来自企业的需求,

图9-4　2021年,李德谦《结缘稀土60年》文稿封面及内容页

其衡量标准是新技术是否给企业带来好的经济效益和社会效益，这就是'新'。对于科技工作者，创新要有'自信'，不是自傲。我们的自信理念是不做重复别人的工作，欢迎同行挑战我们的工作并进行学术交流。这就是'底气或自信'，只有这样，才会有创新动力。"稀土分离组自建组以来，里程碑式创新工作有三项：开发氨化 P507 萃取分离流程、设计层流恒界面池并考察萃取剂界面性质和发明双溶剂萃取体系分离钇。

关于"在实践中凝炼目标"，先生认为创新是科学研究的动力，而实践是开拓创新的源泉。科学研究必须在实践中凝炼目标。通过 60 载科研实践，从 20 世纪 60 年代初参与包头稀土矿综合利用的"415 任务"、70 年代初率先开展的伯胺萃取分离钍工艺以及氨化 P507 萃取分离流程、80 年代组建定南稀土冶炼厂、90 年代发明 HAB 双溶剂萃取体系、2000 年后开发四川攀西清洁分离流程，到 2010 年后设计 P507-ROH 重稀土新工艺，先生不断在实践中凝聚科研目标。逐步明确稀土分离化学研究之目的是开拓新的分离技术与工艺，其宗旨是为企业的产业化服务。

在国家攀登计划及"973""863"计划，中科院、国家自然科学面上基金及国家自然科学稀土重大基金等项目资助下，先生不仅完成了 3 项国家产业化示范工程，平地组建 2 个稀土分离厂，而且开展了稀土及相关金属离子的溶剂萃取与分离化学基础研究，为发展新分离方法与工艺提供了理论依据和数据参数，阐明了分离过程的反应机理，界面性质及动力学传质模式。通过对复杂体系的萃取热力学及动力学行为模式研究，发现在协同萃取剂体系中，被萃物质间不仅存在热力学协同效应，而且具有动力学协同效应，这与传统的协同效应概念截然不同。

长期工业实践中，稀土分离组已形成"应用需求驱动工艺开拓，驱动产业化工程；反过来，产业化工程又会刺激工艺开拓，实现其应用需求"这一研究思路。先生希望能不断强化创新，在发展新型、高效、清洁的稀土流程方法与技术、产业化工程方面，为我国稀土工业发展作出贡献。

对工作中出现的问题，先生认为，一定要吸取教训，特别是对于产业化工程中出现的问题，要坚持真理、科学分析、认真改进。从事产业化工程以来，先生经历的挫折大大小小数不胜数，印象极为深刻的有两次：

一次是1979年先生负责的第一个产业化工程实施项目，即包头稀土矿分离钍及稀土的冶金部攻关会战项目。当时，有11个兄弟单位参加。萃取槽在运行过程中突然一夜之间出现了"橡胶式"聚集体，使得萃取槽无法继续运转。对于这一突发事件，众人一时不知所措，一筹莫展。后来，经多方调查才被告知，原来是厂方为了配合"献礼"的需要，成倍地增加了处理量，未澄清的颗粒在槽体内大量聚集，压力太大，导致了事故发生。

第二次比较棘手的情形出现在新千年前后几年，持续时间较长，是 HAB 双溶剂萃取体系在产业化工程中出现"降解或酯化"的问题。面对困难，先生与课题组成员没有回避，迎难而上，经过三年的改进研究，反复试验，通过添加异辛醇或 TBP 的方式解决了这一难题。又经过将近六年的反复探索，证明在 CA-12-TBP 双溶剂萃取体系中添加辅助萃取剂 Cyanex272 可提高重稀土元素与钇的分离系数的结论，最终为 HAB 代替环烷酸分离高纯钇工业应用奠定了研究基础。

在坚持真理方面，先生无疑是个中典范。

稀土行业不大，冶金行业圈子更小。但有时也出现一些怪论，如一段时期内曾经盛行的"非皂化分离稀土理论"。更有甚者，在工信部的稀土工业污染物排放标准（GB26451-2011）中竟公然出现"P507氨皂化分离技术是落后工艺"这一论调。

且不管这一论调的提出者是出于什么目的，在稀土行业界一度引起混乱，给企业带来众多麻烦并造成经济损失。

面对这种怪现象，先生认为，必须用科学态度去面对质疑，既要耐心说服，也要义正辞严予以反驳。仿佛一名斗士，先生在维护真理的阵地上寸土必争，寸步不让。

在先生等有识之士的热切呼吁下，《稀土行业规范条件（2016）》中也取消了氨皂工艺的禁令，要求"采用氨皂化稀土冶炼分离工艺的项目须建有完备的氨综合回收利用设施并正常运行，且各项排放指标达到《稀土工业污染物排放标准》（GB 26451-2011）"；《产业结构调整指导目录（2019）》中已将"氨皂化稀土萃取分离工艺项目"条目从淘汰类中删除。因此，越来越多的企业又重新选择氨皂工艺，并配套先进、成熟、低成本的氨氮废水处理设施，氨氮得到资源化利用，实现了工艺、环保、成本"三赢"。

真理越辩越明，氨化 P507 分离流程沉冤得雪，只是谁来承担企业的损失，提出这些怪象的人目的何在？

先生一直困惑不解。

研究经验告诉先生：稀土分离中选择萃取剂依据首先是基于分离对象，稀土包括钪（Sc）、钇（Y）和镧系。若用酸性磷（膦）萃取剂（如 P204，P507）分离稀土，应该说对 4f 元素（La～Lu）很有效，因为萃取次序存在元素原子序数增加而萃取效率增大的规律性。但对 Sc，Y 来说，上述萃取剂并不适合，因为这两元素不属于 4f 元素，分离它们可分别用胺类（如伯胺），羧酸类（环烷酸，CA12）和酸性膦（H［DEHP］，Cyanex 272）萃取剂予以实现。

筚路蓝缕六十余载的科研历程中，先生认为自己这辈子做的最有意义的事莫过于三件：一是在苏锵院士的指导下，到中间工厂与工人（主要是转业复员的军人）同工作，同劳动。完成了用过硫酸铵氧化分离少量铈及铈（ⅠⅤ）的还原问题；二是在实验室完成了用乙醚萃取法从硝酸铀酰中萃取分离钍（^{234}Th），建立了放射性测试实验装置；三是率先开展了 P507 萃取分离稀土化学与工业应用研究，由长春应化所开拓的 P507（包括 P507-ROH）分离稀土的工艺流程已广泛应用于我国的稀土冶金工业。

这些应归功于稀土分离组的全体职工及历届研究生们的辛劳！先生总是把成绩和荣誉的取得归功于集体。

享受快乐人生

懂得生活，才能把工作做好。先生虽然每日都在辛勤工作，但对待生活，亦是认真。闲暇时间，先生最重视两方面：一个是心情要愉悦，另一个是身体要健康。

若想保持心情愉悦，首先要做到无欲无求。即使做不到"本来无一物，何处惹尘埃"的境界，但也要努力顺应自然。秉承"成事不说，遂事不谏，既往不咎"的处世态度，先生对学生极少发脾气、对不平事也少有抱怨，无论遭遇何事，总是以积极热忱的态度去对待，极少关注个人得失。先生虽希望凡事尽力做好，但并不强求完美无瑕；对待朋友，亦是保持中正平和，从不刻意趋奉，先生信奉"君子之交淡如水，小人之交甘若醴"；对待感情与生活，先生极少让消极情绪过多停留。都说相由心生、境由心造，先生的容颜自中年起，就一直变化不大，或许得益于此。

稀土分离组有一个微信群，不记得谁是群主，先生是群里最活跃的人。每每看到正能量的消息，先生总会第一时间发到群里与大家分享，有时候，还能单独收到一份"小灶"。先生感兴趣的信息大致有三类：排在第一位的当属时事新闻类，尤其是关于国家、故乡及母校发展又取得成就的事件。比如卫星升空、航母下水、母校庆典、洪湖繁荣等，对于此类消息，先生反应迅速，转发永远不辞辛劳；位列第二的莫过于养生小常识。什么季节吃什么菜，什么病看什么科，什么药膳补什么器官……，对于身体保养，延年益寿，先生乐此不疲，从不懈怠；第三类多是"红色"系列。比如伟大领袖生日诞辰、20世纪三四十年代老照片以及革命领袖诗词歌赋、节日庆典等等，先生也会关注。年轻人对手机着迷，先生对浏览微信公众号是情有独钟。偶尔看到先生发的动画"萌萌哒"的样子，弟子们就知道先生此时心情甚好。

身体是革命的本钱，身体健康是数字1，功名利禄都是0，只有身体健康，后面的0才有意义，否则，任它身后有多少个0，它也永远只是0。不知道先生是否听过这个说法，但他们老俩口却是实实在在地坚定践行着这样的理念、爱护着他们各自的1。

早在先生少年时，就曾遭受过肠病的折磨。幸得一名华姓军医诊治，才得以康复。对此，先生一直念念不忘。如今，华军医早已仙逝，但他所表现出来的高尚医德，精湛医术，依然驻留先生心头。他所展现的中医技艺，早已超越技艺本身，升华为深邃哲学。中医它源于自然，根植于自然，顺应的是天道，是中华民族独有的瑰宝。为此，先生对中医一直情有独钟，对中医养生，也深信不疑。

平素，家中常备枸杞、山药、莲子、银耳等药食同源食物，或煮粥，或泡水，随季节变化而交替服用，滋养身体。因此，虽然先生曾深受肠胃病痛困扰，但病愈后却没有再受折磨。为充分保证蛋白质、碳水化合物及维生素的摄入，先生早饭虽简，营养却很全面：鸡蛋、牛奶、面包、麦片、黄瓜和枸杞几乎是固定搭配。午餐和晚餐通常都是七、八分饱，从不暴饮暴食。偶尔在聚会时会小酌一点红酒，却永远不会过量。饮食自律是先生与师母保持健康的第一秘诀。

先生很少感冒，每次流感来袭，先生和师母总是提早做好预防。换季时节亦格外注意早晚温度变化。自出生起，先生的头发就很浓密，直到年近六旬时，才渐渐生出些许白发。按中医理论讲，发质乌黑说明肾气和肺气比较充足，睡眠状况好，白日里因为工作劳累而耗损的阳气在睡眠中得到及时补充。

除了注意饮食，他还坚持适度运动。早在中年的时候，先生与师母就养成了每日饭后散步走的好习惯。应化所旁边的南湖公园，始建于1933年伪满时期，又称黄龙皇家公园。公园总面积222万平方米，湖水清澈见底，岸边杨柳垂青，曲水亭榭，四季分明，不收门票，是散步休闲的好去处。只要能出门，先生与师母都会风雨无阻地健步走。先生的步速很快，身体很轻。走起路来，两条胳膊交替用力向后甩，总会带起一阵风。只一会的工夫，就走出很远。南湖岸边，留下了先生和师母的一串串脚印。这脚印深深浅浅的，走过盛夏，走过隆冬，也走过先生与稀土结缘六十载的荏苒光阴，葱茏岁月。

心思单纯的人，往往会更快乐，先生亦是如此。没有对功名利禄的费心追逐，也没有对人情世故的刻意琢磨，先生与师母除了偶尔思念一下远在美国的儿孙，其他的心思都花在了学生与工作之中。上班时钻研科学，下班时琢磨米面粮油，节假日考虑返乡祭祖，闲暇时拜访至交好友。年年如此，岁岁如是。

无畏疫情

2021年，稀土生产和稀有金属放射性防护专家、原有色冶金设计研究总院副院长、教授级高工王国珍突然辞世，享年86岁。

明明年前还通过电话，短短数月，怎么就如此了呢？……

听到消息，先生无比震惊，久久不能相信。缓过神来，才正视斯人已逝，从此阴阳相隔的事实。虽早知生命脆弱、世事无常的命理，但先生还是难免感怀、唏嘘。遂特意请长春应化所宣传部以单位名义发函吊唁，以追思王国珍总工对中国稀土冶金所作贡献。

王国珍的主要贡献有两项：一项是开拓中国稀土稀有金属放射性防护技术，另一项是修订国家放射性防护标准和有关规定。他主持完成了多项稀土及其应用的工程设计，参与制订中国稀土产业政策，主持修订中国放射性防护国家标准的有关条款，致力于解决生产中的放射性污染问题，为发展中国稀有金属工业和保障从业人员的身体健康作出了重要贡献。他的逝世，无疑是我国稀土行业的重大损失。

闲居日久，不能经常出去运动，先生和老伴的身体状况开始每况愈下。尤其是师母，自2022年春节伊始，腹部就隐隐作痛，胸口闷闷的，没有胃口。此时，正值新冠肺炎流行末期，各大中小城市实行全面封控，长春更甚，市民们足不出户几乎长达三个月之久。作为吉林省知名医院，吉大中日友好医院平时虽人满为患，但此时医生和护士却寥寥无几，根本无法承担复杂的诊疗活动。亲人不在身边，上了年纪后先生的视力也越发不好，师母骤然倒下，赶上封控，先生的焦灼与恐慌之心可想而知。即便如此，先生也不抱怨，甚至都没有过多透露病情。

终于，在学生张凤君的帮助下，师母住进了医院。可先生是不能随时去探望的，病情进展只能靠里面的医生向外传递。为了能早点知道病情，先生住进了医院附近的宾馆，似乎只有这样，才能减轻内心的焦虑。那段时期，电话的那端，虽然语调依然平稳，但从与先生的对话中，仍然能感到他难见的惶恐不安。幸好，吉大医院的外科医疗水平是高超的，也不知医生切除了哪个部位，师母感觉好受了许多。于是，第一时间，师母托人把先生带进病房，录了康复视频，分享到课题组的微信群里。看到师母积极乐观的状态，弟子们悬着的心放了下来。这一关，先生和师母终于挺过来了。

如今，企业复工，学校复课，医院也全面放开，一切都恢复从前，可似乎又有点不一样。先生是不管这些的，他和师母仍然深居简出，平淡地生活，却再无往日风风火火的精神状态了。后来，复查过程中，师母的肠道内又发现了肿瘤，这一次，两位老人明显镇静了许多。

小乌，真要感谢你啊，你费心了。

这次住院，都是陈继带着学生张罗的，我们啥都没操心。

……

哪有应该，这都是你们的好，我跟李老师应该表示感谢。

我今年都86了，趁着年轻，把肿瘤切除就康复了，你们不要担心！

师母的嗓音清晰且洪亮，善良的老人从来也没有把别人的帮助当作理所应当，不管这帮助，理应来自该提供的地方。是啊，有这样二位如此体贴的老人一直为你着想，对着你表达着真挚的感激之情，作为当事人，即使是付出了一些劳动，又何尝不是心甘情愿呢？一如张凤君、陈继、邓岳峰、邹丹……当然也包括远在上海的笔者。

离别在即

疫情三年，无疑还是在先生的心底留下了无法弥合的伤痛——在此期间，长春应化所的许多老同志先后辞世，这些为应化所乃至整个国家作出重要贡献的第一代应化人，在完成了自己的使命之后，化作繁星，点缀在科学的天空。先生，感受到了前所未有的无奈与孤独。

2023年6月，远在美国的儿子小茂回国。此次回来，一是看望父母，把房产过户到自己名下；另外也是想接先生和师母去美国，以尽孝侍奉。虽然这件事情，几年前就曾提过，但先生并未答应。而这一次，先生同意了，答应10月份后，动身赴美。

我这一去，估计以后再也回不来了。

我舍不得，舍不得长春，舍不得应化所。

许多老同志都离开，都不在了。

……

先生的语调低沉，难掩感伤。

此一别，或是永远。

2023年8月21日晚，在先生的号召下，陈继夫妇、尚庆坤、罗芳、贾琼、乌东北、熊英和李薇母子再一次围坐先生和师母身旁，共叙离别。聚餐前，大家并不知道先生已经决意赴美，并且已经定好了离去的机票。就餐时，骤然听说先生10月份就要离开，似乎以后再无返期之时，气氛一下子变得凝重，弟子们一时竟不知如何应对。还是师母嗔道："你看你，一上来就说这个，就不能说点高兴的。"于是，

图9-5　2023年8月底，先生和师母在长春住所楼下散步归来

先生又切换到别的话题。

看得出来，先生做这个决定时踌躇良久。或许师母生病这段时间内，赴美这件事就一直萦绕在他心头，他每天所思所想都是这件事，这才会一下子脱口而出。此时的先生，因新冠后遗症的影响，听力、视觉和其他方面的生理功能明显衰退，许多话都需要师母转述才行。虽不至于步履蹒跚，却也是大不如前了，唉！先生终究是上了年纪啊！

花开花落，云卷云舒，反复更迭，生生不息。生命的历程也如这花和云一般，有开有落，有聚有散。孩童的天真无邪，青年的意气风发；中年的厚重沧桑；老年的无助与彷徨，人生经历莫不如此。伴随着一片片秋叶的飘落，必然伴随着一簇簇嫩芽的萌生，这世界，终归在进步中获得永恒。先生这一生，努力过，拼搏过；享受过，也拥有过。自23岁来到长春，直到88岁离开故土，他把大半生的喜怒哀乐都留在了这块地方。心不舍，身难留。唯愿天长地久，明月照西楼，常伴先生和师母左右！

―― **本章小结** ――

先生出生于20世纪30年代的旧中国，成年于新中国成立之初，既经历过多灾多难旧中国战火的洗礼，又目睹了新中国蒸蒸日上的崛起。先生这一代人，对新中国的情感厚重绵长，一颗红心永远朝向党和政府指引的方向。新中国成立之初，面对国家迫切需要开发稀土资源的局面，先生义无反顾，投身于稀土分离事业。他率领团队，攻克难题，与一群稀土分离人一起奋斗，推动我国的稀土分离技术世界领先；在改革开放、国家经济建设全面启动之时，先生积极组建工厂，迅速打开产学研一体化通道，为社会主义经济建设贡献力量；面对疫情，面对封控，先生从容面对，乐观坚强，即使在最艰难的时候，也不见抱怨哀伤。对待师长，先生从不敢忘恩；对待同事，亦是如手足情谊悠长。先生用他的七窍玲珑心为自己搭建了一张情感的网，先生在这网中用心经营，不骄矜，不狂傲，低调做人，谨慎做事，从从容容，宽和善良。

注释

[1] Li D Q: *A review on yttrium solvent extraction chemistry and separation process*. Journal of Rare Earths, 2017, 35(2): 107−119.

[2] Li D Q: *Development course of separating rare earths with acid phosphorus extractants: A critical review.* Journal of Rare Earths. 2019, 37(5): 468−486.

[3] Zou D, Deng Y F, Chen J, Li D Q: *A review on solvent extraction of scandium. Journal of Rare Earths*, 2022(40): 1499−1508.

第 10 章
弟子三千人：贤者七二

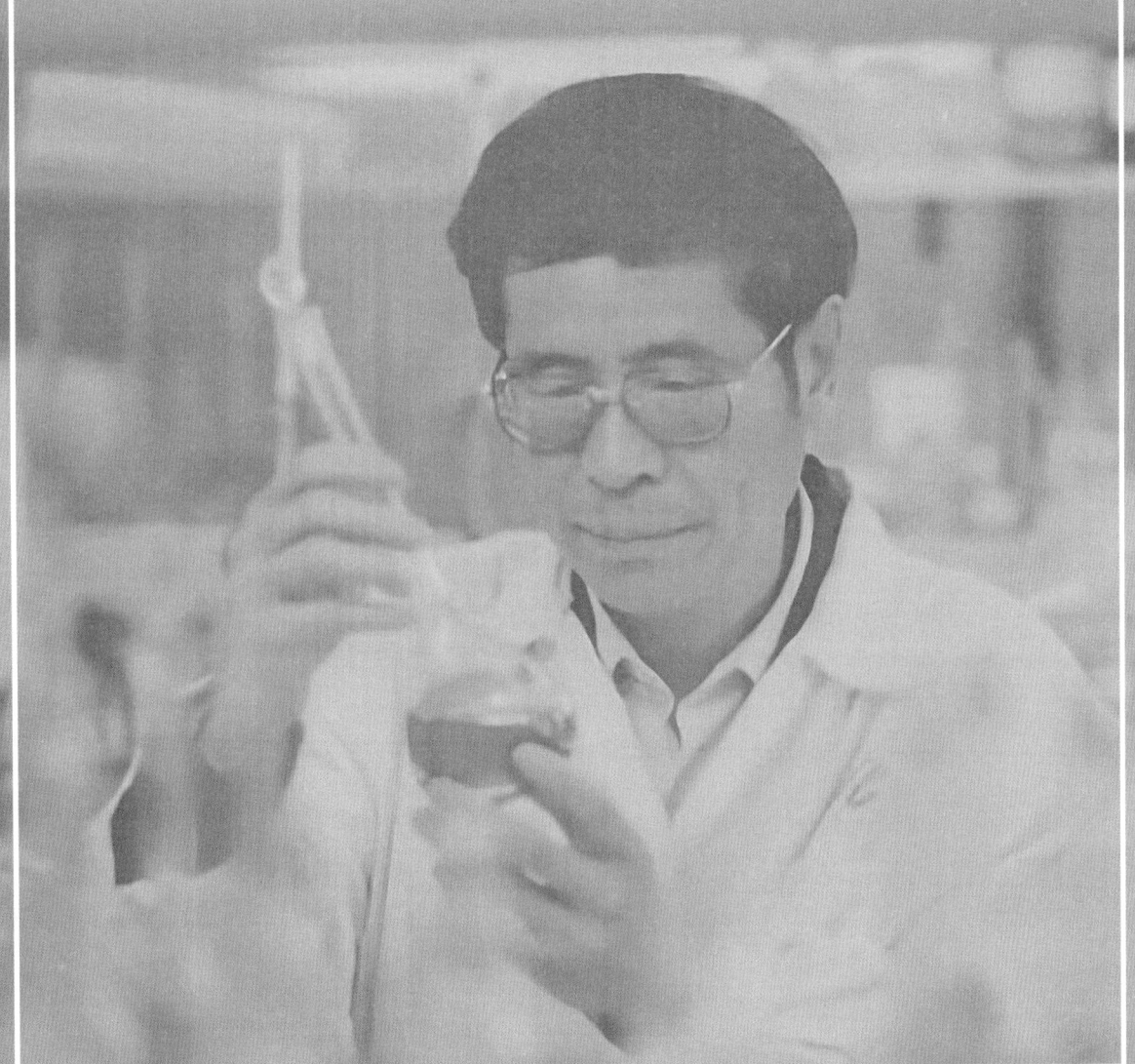

桃李满天下，春晖遍四方。

结缘稀土六十载，先生不仅在稀土分离化学与工艺研究领域取得了不可替代的历史地位，而且在人才培养方面也极有成就。弟子们或企业精英，或科研专家，或高校教师，遍布华夏各地，成为国家栋梁。先生在，师门自有来处；若先生去，师门则无归途。

在45名弟子当中，毕业后选择科研院所工作，仍然坚持稀土分离研究方向，并在本研究领域取得相当成就的学生有1994级硕博连读生陈继、1997级硕博连读生廖伍平以及2003级博士生孙晓琦三位；投身于稀土冶金企业第一线，已成为资深高层管理者、技术领军人物，甚至董事会成员的，以2002级硕博连读生王玮玮以及2008级硕博连读生王艳良二人为代表；另外，坚持稀散金属分离与富集研究方向，集科研、教学和领导于一身的优秀弟子有2002级博士熊英。他们自攻读博士学位起，就一直坚守在稀土及相关金属的元素化学及分离工程工艺研究，在无机化学、萃取化学及湿法冶金等研究领域颇具影响力，为我国的科技进步作出了贡献。

长春应化所稀土分离组新任掌门陈继

陈继，1994级硕博连读生，现为长春应化所二级研究员。主要方向为稀土绿色分离与清洁冶金。他1971年生于吉林省吉林市，本科毕业于天津大学应用化学系。1994年9月，通过全国硕士研究生入学考试，进入长春应化所稀土分离组，师从先生，开启硕博连读生涯。1999年7月，博士毕业后，先后在中国科学院过程研究所、日本金泽大学和美国阿拉巴马大学开展博士后工作。2004年，获得中国科学院百人计划择优项目资助，受聘于长春应化所，独立建组，开启稀土绿色分离化学与工艺研究。自2006年起，陈继先后入选江西科学院"赣鄱英才555工程"内蒙古"草原英才""吉林省第四批拔尖创新人才"等荣誉称号，主持并完成"吉林省杰出青年计划""科技部863计划""工信部稀土产业升级项目""中科院重点部署项目""包头中科发展重大项目""中科院STS计划"以及"国家973重大科学目标导向性项目"，先后获得"吉林省自然科学学术成果奖一等奖"一项、"吉林省自然科学奖二等奖"一项、"中国稀土科学技术奖二等奖"一项，以及"中国有色金属科技论文奖一等奖"一项。围绕稀土及相关金属资源化学分离开展应用基础、清洁工艺和产业化研究，取得一系列创新成果。

自2004年伊始，受先生之邀返回长春应化所开展绿色分离化学与工艺研究以来，陈继在科研方面一直得到先生的鼓励与支持。在长达18年的时间里，二人共同发表学术论文31篇，申请国家发明专利19项，获得省部级奖3项。在申请国家自然科学基金、科技部"973"计划重大科学目标导向以及中科院重点部署等项目过程中，都得到了先生的鼎力帮助与支持。

目前，陈继课题组主要以化学（无机化学、物理化学等）、化工、

图 10-1　21 世纪的稀土分离组人员合影

冶金、材料和环境等相关学科为基础,聚焦资源、环境和能源中的稀土、稀有等战略金属元素,以及对环境有毒、有害的重金属元素,开展针对复杂体系下金属离子的分离、提取和回收利用的新分离材料的制备、分离过程界面过程机理及新清洁分离工艺技术的研制工作,以促进我国特色矿物资源、二次资源及重金属污染的分离和高值化利用,解决资源高效利用和环境保护问题。

针对我国北方矿和南方离子型矿稀土分离生产实践中普遍存在的资源利用率低和环境污染严重问题,陈继课题组继续遵循基础研究—新工艺开拓—产业化道路的研究思路,开展关键科学问题研究。通过考察新型萃取剂对复杂体系中稀土离子等萃取热力学和界面动力学机制研究,开拓具有自主知识产权的稀土清洁冶金分离新工艺技术,实现新分离工艺技术的应用和推广。期望从源头解决稀土冶炼中的环境污染问题,并提高有价伴生资源的综合回收效率,促进重稀土资源的高值化利用,保持我国稀土分离工艺技术处于国际领先水平。

针对电镀等高污染化工冶金行业的含重金属废水,以及新能源产业中战略能源金属元素的如何循环利用问题,陈继课题组开展有价金属分离回收,以及相关资源无害化处理的新方法和新技术研究。课题组以源头控制为主,末端治理为辅,发展新分离材料和新分离方法,进行新工艺技术和高效设备的集成,开展有价金属元素全生命周期价值链的综合评价,为能源和环境产业发展中有价金属元素的回收利用提供新技术标准和示范。

在培养学生过程中,先生对每一个弟子都倾注了心血寄予期望,但收获却不尽相同。有的弟子远在异国,即使心有所想,也是无力尽忠尽孝。唯有陈继,常伴先生身侧。小到出差随行,大到生病住院,陈继竭尽所能、不辞辛劳。他给先生的,除了爱戴与敬重,还有照顾与亲情。"投我以木桃,报之以琼瑶。"先生言之谆谆,教导陈继避开前进路上的泥泞与坎坷,而陈继则用累累硕果、呵护与关怀回报先生的期许与真情。陈继,堪称君子。

中国科学院赣江创新研究院副院长廖伍平

廖伍平，1997级硕博连读生，现任中国科学院赣江创新研究院研究员和副院长、长春应化所研究员。1997年9月，考入长春应化所稀土分离组，师从先生，开启硕博连读生涯。2002年10月，博士毕业后，赴德国亚琛工业大学开展博士后工作，历时三年。2005年12月，返回长春应化所稀土分离课题组。先后获国家基金委优秀青年基金项目支持和长春市第六批有突出贡献专家、科技部中青年科技创新领军人才、国家重大人才工程科技创新领军人才、江西省"千人计划"创新领军人才等称号。2017年，获得"中国稀土科学技术一等奖"一项。主持并完成国家、省部级、中科院和企业委托重要科研项目二十余项。

廖伍平自研究生入学开始，就一直从事溶剂萃取基础理论和工艺研究，他深刻认识到高效萃取剂对于稀土绿色分离工艺开发的关键作用。2010年，秉承萃取剂原料来源广泛、合成路线简单、生产易于规模化的理念，他开始尝试新型高效稀土萃取剂设计合成及相应分离工艺研发工作，并在高丰度稀土元素铈和钇分离萃取剂合成及新分离工艺开发方面取得突破性进展。

2015年，廖伍平课题组自主设计合成并工业化制备了新型中性膦萃取剂Cextrant 230，具有选择性萃取分离四价铈、铈氟络离子和钍的优良性能，且成本不到国外萃取剂Cyanex 923的十分之一，是自CA-

12面世以后20多年来唯一具有工业化应用前景的国产稀土萃取剂。基于该萃取剂的"氟碳铈矿铈（Ⅳ）、氟、钍、稀土（Ⅲ）萃取分离流程"已于2015年在四川江铜稀土公司完成扩大试验，并通过了专家验收。专家组一致认为该项目将自主合成的新型萃取剂用于氟碳铈矿铈（Ⅳ）、氟、钍、稀土（Ⅲ）萃取分离流程，具有创新性，经济、环境和社会效益显著，达到国际先进水平。

继Cextrant 230之后，廖伍平课题组又创造性地提出钇萃取选择性增强及萃取过程改善的萃取剂分子设计思路，合成并筛选出新型含磷羧酸萃取剂Cextrant 322。2021年，完成了百公斤级萃取剂合成及"含

图10-2　2013年，稀土分离科研团队合影

磷羧酸萃取分离钇工艺"中试试验。Cextrant 322 的钇萃取分离体系性能稳定、萃取平衡酸度高，且不需要添加异辛醇等相改良剂，从根本上避免了因萃取剂发生酯化反应而引起的体系乳化和萃取剂浓度下降问题，提高了对铁、铝等杂质的耐受度，工艺运行稳定、萃取剂损失小、料液成分适应性强。"含磷羧酸萃取分离钇工艺"通过了由中国稀土学会组织的专家组鉴定。专家组一致认为：将自主合成的新型萃取剂 Cextrant 322 用于钇萃取分离工艺具有创新意义，为稀土资源中高丰度元素钇的工业分离提供了新的技术方案。这两项技术分别入选了 2015 年和 2021 年"中国稀土十大科技新闻"。

廖伍平，自 1997 年入师门开始，一直工作在稀土分离化学与工艺开发第一线，他对科学研究有自己的理解，认为从无到有是创新，在原有成熟体系上继续缝缝补补则难有成就。先生从事稀土分离六十余载，所开发的稀土分离体系与工艺在实践中已日臻完美，若想突破，唯有另寻出路。他山之石，可以攻玉。向前延伸至稀土分离上游的萃取剂合成技术，他潜心研究，钻坚研微，耗时十余载，先后合成两种国产工业萃取剂，成效显著，将助力国内稀土分离水平迈上新台阶。

中科院海西研究院研究员孙晓琦

孙晓琦，2003 级博士生，现为中国科学院海西研究院二级研究员，中国科学院特聘核心研究员，博士生导师，福建省稀土工程技术研究中心主任。2007年4月博士毕业后,就职于长春应用化学研究所,历时三年。2010年10月后,先后在美国橡树岭国家实验室、美国劳伦斯伯克利国家实验室以及加拿大麦吉尔大学开展博士后工作,一直从事镧锕萃取分离研究。在橡树岭国家实验室工作期间,他发表在 *Chemical Reviews* 期刊上的离子液萃取综述文章已成为该领域重要文献。2014年1月,孙晓琦学成回国,受中国科学院长春应用化学研究所张洪杰院士推荐,调转到筹建伊始的中国科学院海西研究院厦门稀土材料研究中心工作。针对我国南方离子型稀土战略资源,开启独立科研生涯。

面向离子型稀土清洁生产与高质量利用,孙晓琦带领团队围绕稀土产业链,布局创新链,开展了如下研究工作:在离子型稀土矿浸取

图10-3 孙晓琦(右)和先生(左)

方面，他研发的高丰度稀土浸取技术，有助于保护稀土资源，避免过度开采；在浸出液富集领域，所研发的沉淀剂效率高，可循环使用；在稀土废渣处理领域，他所研发技术有助于减少放射性废物体积，回收稀土；在酸性萃取剂皂化领域，所研发的离子液皂化技术可从萃取机理避免皂化废水产生；在萃取除杂方面，他对铝除杂体系开展了深入研究；在钇分离领域，他开展了新型苯氧羧酸流程研发；在重稀土分离方面，他研发了 Cyanex572 流程；为实现稀土均衡利用，他对多功能稀土颜料制备技术开展了研究。孙晓琦的上述部分研究成果已实现产业化，与企业合作建成高纯稀土工业生产线。他结合工业溶剂萃取法和化学沉淀法优势，所开拓萃取-沉淀法的技术特征为萃取过程不使用有机溶剂或担体，可定量萃取金属离子生成萃合物沉淀，萃取-沉淀剂能够反萃及循环使用，为稀土分离方法学创新。该方法在锂、钴、镍、铜等关键金属富集分离领域也具备工业应用潜力。

离子型稀土是我国重要战略资源。面向国家需求，建组之初，孙晓琦即把研究目标聚焦于离子型稀土清洁分离及高丰度稀土利用研究。他带领团队成员，齐心合力，搭建实验室，招收研究生，先生也在力所能及的情况下，对孙晓琦课题组鼎力支持，建立合作关系。在"中国科学院百人计划"经费资助下，渐渐步入科研正轨。弹指一挥间，已有十年。孙晓琦先后主持国家重点研发计划、国家自然科学基金、中国科学院 STS 区域中心等项目 10 余项，以第一作者或唯一通讯作者身份发表 SCI 论文近 120 篇，以第一发明人申请发明专利 70 件，已授权中国、美国、澳大利亚、加拿大专利40件,培养研究生、中组部西部之光访问学者50名。他不仅继承并发展了博士、博士后期间的稀土分离研究工作,而且在稀土矿采选及稀土材料制备领域都有拓展。其创新性工作在 AIChE Journal、Chemical Engineering Journal、Chemical Reviews、Journal of Cleaner Production、Journal of Hazardous Materials、Green Chemistry 等国际期刊发表。经 Web of Science 核心合集检索,近5年在稀土/分离(Rare earth/Separation)领域论文数量处于国际前列。他曾受聘担任赣州稀土集团(中国南方稀土集团)技术副总、国家离子型稀土资源高效开发利用工程技术研究中心副主任、美国杜克大学客座教授等职务。先后获得英国化学工程师学会 IChemE Global Awards、中国化工学会侯德榜化工科技青年奖、首届中国稀土学会杰出工程师奖(共5名)、中国科学院海西研究院卢嘉锡杰出人才、中国侨界贡献奖等奖励和荣誉。入选中国科学院百人计划 A 类、福建省高层次人才 A 类、厦门市高层次人才 A 类、福建省百人计划、福建省双百计划、江西省双千计划等。在中国科学院组织的百人计划和青年千人计划入选者终期评估中获得优秀(20%)。英国化学工程师学会会刊 The Chemical Engineer 以 "Rare Earths Extraction: Better by Design" 为题,给予他专题新闻报道。中国科学院简报曾以《中科院突破稀土分离关键技术推动我国重稀土战略资源清洁利用》为题报道其研究工作,获时任国务院副总理刘延东、福建省主要领导、江西省主要领导重要批示。科技日报头版头条以《我国稀土采选分离技术全球领先》

图 10-4　孙晓琦研究员（后排右四）科研团队合影

为题报道孙晓琦团队研究进展。

"时人莫小池中水，浅处无妨有卧龙"。经过 10 年发展，孙晓琦在国内外稀土采选分离领域开辟出一片阵地，成为业界新秀。一方面得益于博士及博士后期间受到的正规训练，另一方面也离不开勤奋与刻苦。建组时间虽短，但从事稀土行业距今已近 20 年，孙晓琦具有丰富的稀土分离化学理论研究与工艺开发实践经验。作为团队负责人，他面向国家在稀土领域需求，充分发挥独立自主、自力更生精神，厚积薄发，让稀土分离向阳之花在鹭岛之上生根发芽、蓬勃绽放。

中国恩菲工程技术有限公司王玮玮

王玮玮，2002级硕博连读生。博士在读期间，主要开展Cyanex 923萃取稀土热力学、动力学及界面现象研究。2008年博士毕业后，即赴澳大利亚联邦科工组织开展博士后工作，研究方向为新型萃取剂合成。2011年，回国就职于中冶集团下属中国恩菲工程技术有限公司（原有色冶金设计与研究总院，简称"中国恩菲"），担任稀土冶金技术研究课题组组长职务。

中国恩菲，成立于1953年，是中华人民共和国成立后，为恢复和发展我国有色金属工业而设立的专业设计机构，现为世界五百强企业中国五矿、中冶集团子企业，拥有全行业工程设计综合甲级资质。从20世纪60年代开始，中国恩菲即从事稀土冶炼技术的科研、设计工作，完成了包头稀土冶炼、稀土合金的工程设计。多年来，中国恩菲完成包括包钢稀土一厂、二厂、三厂、包头东河稀土冶炼厂、上海跃龙化工厂、广东珠江冶炼厂、广东和平稀土厂、广东平远稀土厂、江西定南稀土冶炼厂、江西寻乌稀土冶炼厂、江西龙南稀土冶炼厂、江西赣州虔东稀土公司、广西贺县八步稀土厂、四川方兴稀土厂、乐山盛和稀土公司、四川江铜稀土有限公司等在内的50多项稀有稀土工程设计项目。因此，先生对中国恩菲非常熟悉，多有业务往来，从20世纪六七十年代开始就与中国恩菲王国珍、曾天元、林河成、谷尧生、覃波等诸多老一代工程师建立深厚友谊，共同经历了中国稀土工业筚路蓝缕地发展到世界翘楚的辉煌历程。听闻王玮玮即将到中国恩菲就职，先生很高兴，希望她能选择稀土冶金作为今后工作的发展方向。

王玮玮听从先生建议，工作始终围绕稀土工程设计与新工艺研发展开。她瞄准国家国防军工、新能源、新材料等领域急需的关键战略性金属的资源安全问题，立足于集团优势矿产资源价值提升基本点，带领研发团队攻坚克难，聚焦红土镍矿钪资源高效回收技术的应用基础工作，通过对冶金反应机理的深入钻研，结合工程实践需要，在钪资源的高效低成本回收方面取得了重大突破。

项目中试期间，先生给王玮玮提供了强有力的技术指导。不仅亲赴北京，与王玮玮及相关领导交流技术信息，而且倾囊相授了以往中试过程中的丰富经验。

不管什么时候都要讲科学，试验过程中细节控制很重要。

钪萃取最困难的地方在于铁铝硅浓度过高，常导致乳化现象发生，因此，相分离时间一定要充足，这一点，你要切记！

稀土分离中硫酸体系经过盐酸转型后，再进行萃取分离，就能够避免最后产品中出现硫酸根杂质，这一点对于稀土提纯很关键！

……

听了先生的叮嘱，王玮玮心定了。有先生压阵，王玮玮顶住压力，坚持科学真理，终于顺利完成工业放大试验，成功从几吨稀土矿中提取出公斤级的高纯氧化钪。这一次大显身手，王玮玮不仅建立了科研自信，也令企业领导对她刮目相看。2015年，王玮玮被授予"2015年度中冶集团先进工作者"荣誉称号，成为国资委系统参加党的十九大、二十大代表候选人。

2018年底，由王玮玮主导研发的钪提取技术成功应用于目前世界上最大的红土镍矿提钪工程-中冶新材料项目，完成了年产3N级氧化钪40吨的预期目标（一期20吨已投产，超过了以往全世界产量总和，年增效益2亿元），国际生产成本降低了70%以上，产出成果鉴定2项，均为国际领先水平。全球范围内红土镍矿大规模工业化提钪的首次实现，有力地推动了难处理伴生稀有金属资源综合回收技术进步的进程，提高了我国钪产业的国际市场竞争力和影响力，保障了国家重要战略资源的安全。

2021年，中国稀土学会学术年会在成都召开。中国恩菲作为第一完成单位开发的"红土镍矿钪资源高效回收关键技术研发与应用"项目（编号：CRESTA2020-03-048）获得稀土科学技术奖一等奖，王玮玮是第一完成人。

针对高新材料领域瓶颈式的技术问题，王玮玮继续开拓创新。作为导师，她已培养指导了6名博士后，其中3名获中国博士后基金资助，申请国内外专利140余项，已授权发明专利33项（含欧洲专利局2项、澳大利亚专利局1项）、实用新型13项。在钪基新材料等前瞻性领域，她带领青年博士研发团队，主持研发了铝钪中间合金、钪锆复合电解质等新材料，部分已应用于大飞机、卫星、高铁、燃料电池、三代半导体等。

图 10-5 王玮玮在实验室

科学的高峰从来不是能一蹴而就的。化学反应需要时间,非人力所能控制。这是从实践中总结出的科学真理。然而,在某些时候,时间就是效率,时间就是企业效益。有些时候,如果不占领先机,市场就会被同行、被竞争对手占领,因此,科学研究和生产实践都必须未雨绸缪。王玮玮,传承先生求真务实的科学精神,在压力面前不妥协、不屈服,沉着应对,堪称女中豪杰,巾帼英雄。

厦门钨业股份有限公司王艳良

王艳良,1981年5月生于湖北枣阳。2004年6月,从中国地质大学（武汉）应用化学专业毕业，获学士学位。同年7月3日，入职长春应化所稀土分离组。2008年9月，通过全国硕士研究生入学考试，开启硕博连读生涯。先生此时已不再招生，王艳良被记名在廖伍平名下。2014年1月，博士毕业后，王艳良应聘到中科院厦门稀土所工作。2019年5月，他加入厦门钨业股份有限公司，现担任稀土资源开发研究所所长职务。

王艳良在稀土分离组工作及学习历时10年，参与多项科研项目。2004年10月，他被先生派到四川，参加"攀西矿清洁冶金工艺与分离制备一体化集成技术"国家产业化示范工程，协助刘建军、左勇两位博士做稀土矿、中间产品和产品的化学分析、后处理工艺及稀土产品的制备工作。一年后回所，系统开展钍分离纯化工作。攻读博士学位时，他以第一作者身份，发表英文SCI研究论文3篇，取得发明授权专利5件，其中包括美国和澳大利亚授权专利各1件。他改进南方离子型矿中钇分离工艺，使之对重稀土钇萃取性能稳定、萃取现象恢复正常。在"四川牦牛坪稀土资源清洁冶金技术二次研究开发"项目中，他分别从改进浸出流程（盐酸优浸-硫酸浸出）、发明新萃取体系CN3分离铈氟/稀土（Ⅲ）、用硫酸稀土转型氯化稀土、利用萃取法回收钍以及处理含氟含铅废水等方面，对四川攀西矿清洁冶金工艺进行了品质提升，使其满足新的环保标准要求。2013年9月，在江苏丽港稀土公司专利（CN98122348.6）技术转让项目中，他参与了铈、钍两条萃取线的运行、四价铈及总铈、总稀土、钍和氟等元素的中控分析工作，为满足新的技术指标贡献了智慧与力量。

除了继承先生对待科学研究严谨求实与刻苦勤奋的工作作风外，他还深受先生人格魅力影响。博士在读期间，先生的其他弟子早已毕业，课题组事务大部分已交由廖伍平管理。修理电脑，帮先生整理资料，为稀土分离组后继学生传授科研心得与经验几乎是工作日常。他做事勤奋，用心钻研，从基础研究到工艺开发，都有所创新；他积极奋进，热爱稀土行业，对待科研有自己独特见解与主张。从稀土分离化学基础研究到工艺流程开发，从复杂体系中钍与稀土的分析测试到新型有机萃取剂的合成与表征，都有研究经验。

2015 年，王艳良获得厦门市第八批引进高层次人才"双百计划"领军型创业人才 C 类计划资助。2022 年，又荣获了厦门钨业集团"T5 核心人才"称号。先后主持"一系列新型萃取剂的中试生产""从混合稀土分离钇元素新工艺"以及"离子型稀土矿无铵开采技术"等集团重点项目和集团重大专项，解决氧化钇分离过程中环烷酸浓度下降问题，解决离子型稀土矿山开采过程中的氨氮污染问题。截至目前，已发表 SCI 论文 11 篇（第一作者），获得授权专利 25 项，申请商标 2 件。

自 2004 年进入实验室工作以来，王艳良一直工作在科研生产一线，从事分离流程开发工作已近 20 年，积累了丰富的实践经验。他不仅深刻理解稀土分离基础理论，而且掌握分离流程工艺；不仅熟知分析测试手段，对有机合成、分子设计也有所涉及。业有所成后，学业

图 10-6　王艳良和他的一双儿女

有成的他继承先生无私奉献、淡泊名利的高尚情怀，更专注于体验生活。携带一双儿女，旅游、摄影，已成为爱好。"稻花香里说丰年，听取蛙声一片"，恬淡的日子，安居乐业的生活，已成为他新的人生追求。发展科研团队，培养企业技术人员，不急不躁、静等花开。

辽宁大学化学院教授熊英

熊英，女，2002级博士研究生，现任辽宁大学化学院副院长，是三级教授、博士生导师，曾荣获辽宁省教学名师、沈阳市"领军人才"、辽宁省高等学校科技优秀人才、辽宁省"百千万人才工程"百人层次人才以及"兴辽英才计划"等称号，为科技振兴辽宁老工业发展基地作出了贡献。

博士在读期间，她以第一作者身份，发表英文研究论文7篇，参加国际会议2次。主要完成了HDP体系（Cyanex 272与P507组成的双溶剂体系）对稀土Yb（Ⅲ）、Y（Ⅲ）萃取动力学与分离效率相关性研究，获得了Cyanex 272以及P507与其他酸性磷（膦）类萃取剂协同萃取Yb（Ⅲ）、Y（Ⅲ）时，其结构对其萃取的构效规律。发现HDP体系中，被萃物质间不仅存在热力学协同效应，而且具有动力学协同效应，这与传统的协同效应概念（指两种或两种以上萃取剂体系对一种物质的协同萃取）截然不同，显示了很好的工业应用前景。

博士毕业后，她长期从事稀散、稀土元素分离与功能材料的研究工作，先后在 *Journal of the American Chemical Society*、*Advanced Functional Materials*、*Chemical Engineering Journal*、*Journal of Hazardous Materials* 等本领域有较强影响力的国际期刊上发表论文80余篇。先后主持完成国家自然科学基金3项、国家科技支撑计划子课题1项及省部级项目15项。出版学术专著《稀散金属溶剂萃取分离化学》《稀散金属冶金手册》等2部。2011年，其所主持项目"钼铁冶炼收尘灰制备钼酸铵产业化应用研究"相关成果陆续获得葫芦岛市政府科学技术二等奖1项、辽宁省科学技术发明奖二等奖1项、辽宁省自然科学奖二等奖1项以及辽宁省自然科学学术成果奖9项。在产学研转化方面，截至目前，她申请国家发明专利总计35项,其中国家授权专利18项。授权专利"一种从含有钼铼的废液中制备高铼酸铵的方法"已与葫芦岛杨家杖子钼都、江西铜业公司、南京锗厂、南京金美镓业公司等国内稀散元素的重要生产厂家进行多次合作开发项目研讨,在产业化推广方面已初见成效。

熊英教授不仅在科研上成就斐然,在教学与管理工作方面亦是出类拔萃。她一直工作在教学第一线,连续18年主讲"无机化学""无机化学实验""研究型实验""稀散元素分离化学""现代化学专题"等8门基础课程;主编《化学思政元素》《无机化学实验》《实验数据处理与统计》《稀散金属溶剂萃取分离化学》教材4部;建立多元介入协同教学模式推进化学类创新人才培养以及"数字化"实验教学模式等,荣获辽宁省普通高等教育本科教学成果奖一等奖1项、二等奖2项。主持省部级以上教学改革项目4项,省级本科一流课程3门。她坚持将本学科新发展、新知识、新技术融合到日常教学中,不断开阔学生的眼界,提高他们的专业热情和兴趣;她举一反三,深入浅出地引导,不断挖掘出学生们的专业兴趣、钻研热情和学习潜力;她组织和鼓励有科研兴趣的同学进入专业研究室,让学生们自己动手参与科学研究实践。在她的指导下,许多学生完成了国家省市大学生"挑战杯"和"创新创业项目"的相关选题。指导完成了国家级及省级竞赛获奖20余项。

作为一名优秀的资深共产党员,化学院副院长、原化学院无机化

图 10-7　熊英教授（前排右三）科研团队合影

学研究所党支部书记，她讲党课，带领党员学党章党规、学系列讲话，做合格党员，在思想和行动上，以忠诚党的教育事业为标准，不断提高思想政治觉悟，立德树人。亲自带领本科生到辽宁美宝稀土材料有限公司、辽宁华锦集团进行毕业实习，努力服务生产实际，在传授讲解生产现场专业技术知识的同时，也为毕业生寻找适宜工作做广泛宣传。先后获得2015年度、2020年度辽宁大学"巾帼建业"先进个人、2021年度辽宁省教学名师等荣誉称号。

学高为师，身正为范，教师职业是使命也是责任。熊英教授认为：能得到学生的认可，真的是一种幸福和感动。传承先生一贯坚持的"科学研究，中心主旨是服务社会""这一思想，熊英教授一直在不断创新、不断进取、不断地超越自己的征程上大步前行！

本章小结

除了以上六名学生专注于稀土冶金外,贾琼、王弋戈、乌东北、孙晓波、张绘、刘建军、张志峰等学生,也或多或少地从事稀土分离相关研究。自与先生结缘,与稀土结缘后,他/她们一直工作在稀土分离基础研究与工艺改进的前沿,与先生一起并肩作战在稀土分离领域,为我国稀土资源清洁流程发展与创新作出贡献。他们深入科研第一线,把最美的青春、热血与才情献给了稀土分离事业,发明专利,不断优化、改进稀土分离工艺流程;撰写科研论文,丰富稀土分离化学基础理论。如今,他们身后亦有数十名学生、技术工人随行。这些人来自五湖四海,乡音各不相同,但是他们有一个共同的学术园丁,那就是长春应化所稀土分离组李德谦研究员;有一样的科研追求,中国矿冶资源的综合利用。"桃李不言,下自成蹊"。先生犹如灯塔,指引着学生的航程;而学生们,则在灯塔的照拂下,顺畅地通行。一个,两个,三四个,越来越多,渐渐汇聚成一股力量,这力量真是如古诗所写:万山不许一溪奔,拦得溪声日夜喧。到得前头山脚尽,堂堂溪水出前村!

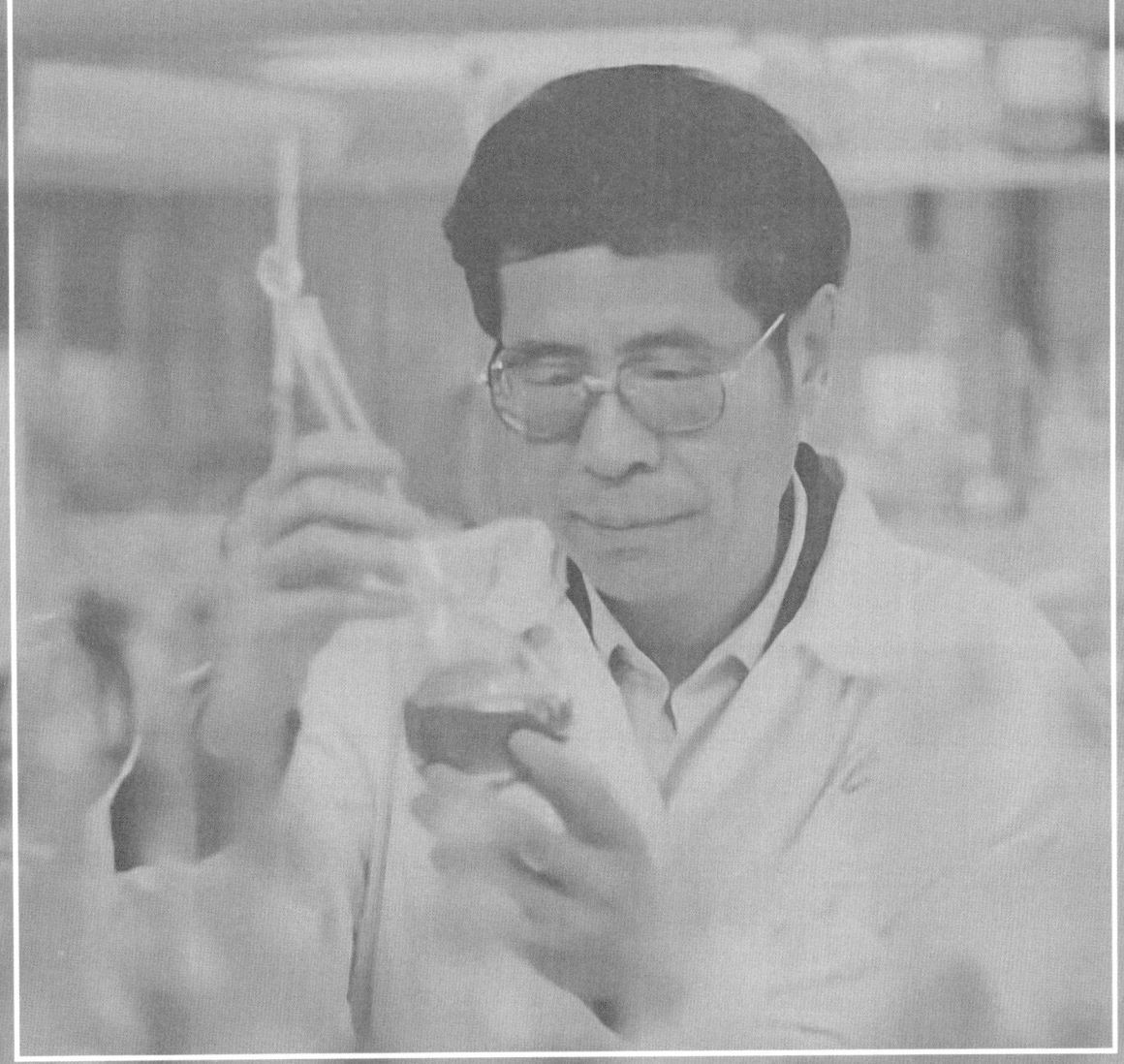

第 11 章
桃李度春风：永怀师门

"仰之弥高,钻之弥坚,瞻之在前,忽焉在后。"

越是深入了解,越是感动先生品德之高尚;越是熟悉先生所从事之科学事业,越是感动先生之耐力持久以及对稀土分离科学之大爱无疆。即使毕业数十载,弟子们仍能接收到先生的关心与支持。常沐师恩,弟子们把感激之情诉于笔端,凝成文字;跟随先生的脚步,弟子们把为师之道、治学理念不断传承。

1983级硕士乐少明:四载随师,终身受益

虽已是花甲之年,几十年的岁月匆匆而过,在长春应化所跟随李德谦先生及倪嘉缵先生学习与工作的那一千多个日日夜夜却恰如昨天发生的事情,依然如此清晰这般历历在目。此短短数载的学习历程奠定了吾等一生的良好的工作态度与方法,承袭着先生实事求是,认真执着,不畏艰难,锐意进取等优良品德。

思绪不禁漫游回到四十年前的1982年春天,那是我在武汉大学化学系无机化学专业学习的最后一个学期,该学期唯一学习任务就是准备本科毕业论文。按照教研室安排,班上将选派四位不参加本年度硕士研究生考试的同学前往长春应化所,任务是完成毕业论文实验及报告编写工作,而我有幸成为其中一员。

新学期开学不久,我们一行五人即打点行装,在教研室邱新发老师的带领下,兴高采烈地乘火车出发了。这是我第一次乘火车,更是

头一遭前往令人向往的北京，我们满心只有激动和无比的憧憬，20多个小时的硬座旅行不曾让我们困顿。浑身洋溢的青春朝气遮蔽了所有的疲劳，驱走了偷偷溜至的睡意。在北京游玩了两天，我们又登上火车，准备再坐上20个小时火车奔赴长春，此时心中才略有忐忑，长春应化所是个什么单位？将会是谁带我做实验？老师对学生是否热情？论文工作能否顺利开展？一连串的未知疑问伴随着滚滚车轮奔向东北。

到了应化所，我们四位同学两位分配至十一室，我与谢音分配至五室萃取组，而我的指导老师正好是李德谦老师！正如乌东北师妹所述，初识先生，虽貌不惊人，但绝对和蔼可亲，尤其聊知先生也来自湖北，也毕业于武汉大学化学系，我一下子陌生感消失，迅速地融入这个团队！

因刚从学校出来，我对科研毫无头绪，对实验过程也没有一点概念，李老师首先确定题目：P507萃取镧系元素（La，Ce）机理研究。然后他带我到二楼的图书室教我如何查询文献，如何通过关键词查询CA，如何做卡片，如何找原文。有了一定的文献阅读以后，又教我们如何进行实验设计，怎样科学地设立酸度区间，离子浓度区间。

在实验过程中，先生要求甚严，从洗烧杯，三角瓶，滴定试管移液管，先碱洗，再用重铬钾酸性液洗，然后水洗至瓶壁不挂水珠为合格。使用移液管取液方法初始，先生经常站在旁边观看并纠正不规范动作。而穿过有机相提取下层水相在先生反复示范下亦应用自如，然后就是滴定方法，数据记录及处理等，经过一个多月先生手把手相教，我基本掌握了萃取研究的技能，后两个月应该可以得心应手地开展实验工作了，虽然大学毕业论文大概就花三个月时间，但这短暂三个月让我了解了一些科研的基本概念，对溶剂萃取学产生了细微的兴趣，而对李老师的尊敬与崇拜却深植内心！我暗暗下定决心：如若未来考研定当报考长春应化所，师从李老师。

同年6月返回武大，参加毕业分配，因分配至湖北省建筑科研所我觉得专业不甚对口，于是毅然决定报名参加了1983年硕士研究生考试，并直接报考长春应化所。因当年李老师还不能直接招收学生，故选择倪嘉缵老师为导师。未料一考即中，所以1983年9月又来到应化所，成为李先生的弟子，开启最富青春活力，对未来人生影响深远到铭刻于心程度的三年研究生生活。

再次来到应化所，我已完全没有陌生感，心理有的只是游子回到久别的故乡，再见久别的亲人那般欢愉，那么亲切！

读研第一年主要是文化课学习，而李老师及倪老师在第一年的下学期就早早地为我确定了论文题目，说是题目，其实就是宏观范围的界定，即用伯胺N1923萃取金属元素的研究。至于萃取什么金属元素，在什么体系中萃取，则要求我自己查文献后再作决定。在这一学期我边学习边查文献通过分析，我提出分别选取不同价态的金属元素研究其萃取行为。最终选定一价的Ag^+，二价的Zn^{2+}、Cd^{2+}，三价的Sc^{3+}为萃取元素予以研究。

1984年9月我正式开始论文实验工作，因有本科论文的实验基础，先生对我的实验过程较放心,因此不再关注我的实验室工作程序与操作方法,主要引导我如何分析整理数据,如何使用红外、核磁等谱线解析萃合物的分子结构等工作。至1985年开始,因组里承担了中科院重点项目"江西离子型稀土的萃取分离工艺研究"及江西定南稀土分离厂的筹建工作,李先生常年有近三分之二的时间出差在江西。而每次回所首先就是调阅我的实验记录,共同分析数据的规律性与实验的走向,当某些体系已经基本完成实验工作后,先生即催促我赶写文

图 11-1　乐少明与李德谦(前排右一)等先生们的合影
前排左起:戴桢容、庄文德、倪嘉缵、李涵、先生,后排左起:乐少明、刘长林、段治帮、尹绍民

章，积极推荐向外投稿。记忆中，每一篇论文完稿时，均经过了李先生及倪先生无数次的修改，从语言到数据均反复推敲论证，体现着科学家治学严谨，认真细致，精益求精的作风。在两位先生的精雕细琢下，硕士论文阶段共完成了七篇论文，分别发表于《无机化学》《应用化学》《分析化学》《核化学与放射性化学》等刊物，其中两篇入选了1986年慕尼黑国际溶剂萃取会议（ISEC'86）。

记忆尤深的是1985年11月参加在北京举行的全国第一届溶剂萃取会议，当时倪先生和李先生因为都在外出差不能与会，应化所仅有我及同班同学刘长林（师从戴桢容老师）参加此次会议。北大的徐光宪院士，黄春晖院士，冶金所的陈家镛院士，各院校的萃取界精英均到会了，另外参会的学生亦不少，在此次会议上最活跃的是北大严春华与我，那时青春年少的我们初生牛犊，亦不知天高地厚，在各个报告会上都是最踊跃的提问者！虽有追求真理、不耻下问的初心，但哪里有一点洞悉人情世故，顾及报告人感受之觉悟！总是连续发问，打破砂锅问到底，每次让报告者无法回答而呈窘态！记得山东大学的沈静兰、孙敬修教授刚开始做萃取动力学方向的工作，他们在会上作了报告后被我们连珠炮的发问弄得下不来台，窘迫得很。现在想来是多么不近人情，我们那时太幼稚了。

先生在科研上，论文撰写方面求真务实，精益求精，严肃苛求，对学生的生活等则极尽爱护与关心，宽容与豁达！每逢节假日只要先生在长春，他总邀请我们到他家里放肚吃喝一遭！

图 11-2　乐少明与先生聚餐
左起：徐雯的爱人、李德谦、陈志传、王忠怀、徐雯、乐少明

更不能忘记，1985年我们学生进入实验室后依据研究生处的规定，暑假是不经批准不能回家的，而当时因我已谈女朋友且女友在武汉，所以向先生说明希望休假，先生不假思索即予批准。为此，我是全班35位同学中唯一放暑假去外地的学生。在1986年毕业论文答辩会场，我的大导师倪嘉缵先生对我的工作表示相当满意的同时，却又调侃道："如果你不回去休假，你的工作会做得更好啊！"而在场的李老师只是一笑！

而在1986年7月毕业前夕，党支部书记王忠怀老师及课题组徐雯

老师几乎每天都到我实验室，苦口婆心地做我的思想工作，希望我毕业后能留在所里工作。因那时李老师课题组还承担江西稀土离子吸附型矿的分离流程研究，急需人才，尤其是年轻人！但先生知道我的实际情况，理解我南归的心情！故以父亲般的博大胸怀接受我的选择，现实工作中那么缺乏人手却从未开口让我留下！

1986年毕业我分配至武汉大学环科系工作，9月份先生来信邀请我同往慕尼黑参加ISEC'86会议，我却因为刚刚参加工作，脱不开身而未能成行。之后的两年多里，我陆续有多篇文章发表，那时每发表一篇文章大概有二三十元稿费，而每次先生收到编辑部的稿费后即全额寄给我，先生就是如此细心大度地关心他的弟子！20世纪90年代初，先生可以招收博士生了，他第一时间赶到武汉希望我能回所继续攻博，我却未能遂先生之愿回来。这大概是我忤逆先生的唯一一次，终身遗憾！

自1982年师从先生认识先生至今已交往整整四十年，悠悠岁月漫长却又短暂，与先生的师生之情如山涧泉水，岁月流淌，永不间断，又如贮藏在恒温洞窖美酒，日积月累，醇香渐浓，绵绵柔长！

1990级硕博连读生王春：一入师门蒙教诲

我和李老师的缘分起于武汉大学。我毕业于中南大学，这所大学成立于1952年，原名中南矿冶学院。当年国家进行院系调整，把武汉大学、中山大学、北京工业学院、广西大学、湖南大学、南昌大学等6所院校的矿冶类学科组建而成中南矿冶学院。中南大学化学系我的老师中有一位叫许俊黄的老师，是李老师在武汉大学的同学。我在大学时很喜欢许老师主讲的高等有机化学，对有机合成实验也非常有兴趣。许老师也很喜欢我这个学生，毕业那年听说我要求报考长春应化所研究生，她就跟我讲，我有个同学叫李德谦，你去找他吧。1990年那一年由于某种原因，没有举行全国统一研究生考试，我被免试推荐到长春应化所。但要参加应化所的面试。我记得当时是在应化所本馆五室二楼的一间办公室里，有4个老师面试。因为有许老师的推荐，我就大方地介绍我在学校里学的一些主要课程，还特别强调我对有机化学和溶剂萃取感兴趣，想报考李老师的研究生。李老师挺和善的，笑眯眯地看着我，说这个孩子懂的事情还挺多。从此我有缘成为李老师的研究生。

我在长春应化所完成5年多直读博士的求学历程，也是李老师带的第一个博士生。博士读出来非常不容易，李老师花费很多心血，大到把关指导研究课题的方向，小到逐字逐句地修改我的论文，又在精神上给予很多的鼓励和支持。在生活上李老师关爱有加，经常给我们改善伙食。我在这里认识清楚学术研究和工业应用之间逻辑关系和价值基础。离开应化所25年多了，李老师的教诲和系统科研方法的传承让我受益良多，我也一直按照他的教导去指导年轻一代的科研和工程技术人员。李老师在应化所从业60多年，在稀土分离化学领域深耕细作，在氨化 P507 体系，P507-C272 混合体系萃取分离中重稀土、HAB 混合体系取代环烷酸分离回收钇，包头矿硫酸化焙烧伯胺萃取分离回收钍等方面都有开创性的贡献，也都获得工业应用并得到全球业界的尊敬和认可。作为他的学生，我为他取得的成就感到骄傲，也为自己有机会参与其中的一些工作感到幸运和自豪。也希望从对应化所 5 年多学习生活时光的点点滴滴回忆，向大家分享一个中国稀土分离科学大家的真实风采。

李老师治学态度非常严谨。从实验室操作和细节观察，到实验数据处理和文章发表，到实验室研究成果走向工业应用和推广，在这些工作环节中，都有机会观察和体会到他科学思维的缜密和严谨。记得刚进实验室做实验的时候，李老师指导我做实验，细到怎么溶解稀土样品制备溶液，到实验滴定和分析操作，把实验现象和数据记录在实验大本上，具体而微。每次做完实验，把实验器皿洗干净摆好晾干，再把实验数据处理好，当时计算机和绘图软件还不普及，用绘图纸把实验图画出来，再用硫酸纸描出最后的实验成果，这是一个实验流程结束后最有成就感的时候。从实验准备、过程记录和观察、结果总结和讨论分析，每一步都有李老师的指点。养成这种良好的科研工作习惯，让我一辈子在科研和管理工作中都受益匪浅。李老师经常强调对科学文献的阅读、积累和考证重要性，强调对文献一定要阅读第一手原始文献，不要直接转录摘抄，这种教诲不但对我科研思路归纳比较有帮助，对我毕业后承担和管理矿业项目，在工作中快速确定影响项目关键问题也很有帮助。

李老师非常重视稀土分离化学中的基础研究工作,他常说工业难题之所以被解决都是因为基础研究取得了突破。要从工业难题中抽象归纳出科学问题并通过基础研究提出科学原理,反过来指导工业应用和改进突破。同时,他强调科研要为工业生产服务,不能只在实验室中坐井观天,为研究而研究,为发文章而形而上学。李老师与稀土工业界的联系非常广泛,和分离化学中各种萃取机的合成研究和生产单位也互动频繁。读研究生的时候,他带我去北京化工冶金所参观压力反应釜和恒界面动力学研究装置,去上海有机所参观有机萃取剂合成实验室,鼓励我和美国氰特公司联系获得Cyanex系列萃取剂等,这很开阔一个学生的研究视野,提升其在工业界的协调能力,这也对我毕业后的择业并最终服务工业界起了重要影响。

李老师是一个非常谦和的长者。对学生永远是慈眉善目的,非常有耐心倾听和分析学生提出的各种问题。我记忆中从来没有看到过他发脾气。工作近30年,经过很多不同的岗位,很多年了才明白不发脾气是涵养和能力的体现。每每对照李老师自省,总觉得自惭。李老师很热爱生活,也很周到地关照学生们的生活。我们读书的时候,应化所食堂伙食不好,李老师逢年过节总是把我们请到家里,并且每次都亲自下厨,做他的拿手名菜——"土豆炖牛肉"和"排骨炖藕片",师姐、师妹、师弟们一起各显手艺,汇聚中国南北菜肴,其情融融,其乐陶陶。毕业这么多年了,一直也是我们学生们怀念的传统保留节目。

图 11-3　张晓凤（左一）夫妇和王春（中）在先生（右二）家中聚餐

毕业后，我也师承李老师的优良传统，无论在哪里工作，周末或逢年过节，也会下厨为一起工作的后辈同事们改善生活，这确实也是拉近距离、增进互相了解，加强团队凝聚力的好方法，在国内如此，在国外亦然。

在长春应化所和李老师一起度过的 5 年多的时光，是我人生中青春焕发和修炼基础的时光，我有幸作为他的学生并接受系统的训练，在毕业后为中国矿业和有色冶金行业做了一些有意义的工作，无不和他当年的开导和教诲有关。用一首诗表达我对李老师的感激之情：

"一入师门聆教诲，五载蒙恩承师规，闻道点悟殊途归，别后犹沐师恩晖。"

——— 1991级硕士生孙静：我与先生 ———

2023年8月底，和乌东北师妹约了见个面，她告诉我，李老师和师母很快就要去美国小茂那里颐养天年了，如果想见老师，近期最好去一下长春，不然就要去美国见了。想到即将要和老师、师母分隔在大洋两岸，不禁心里有些难过。尽管在国内也不是经常能见到老师，但因为每天微信群里，先生会把他关注的一些新闻和生活知识分享给我们，每次看到消息就感受老师仿佛近在咫尺，不用签证，想见就能见。

算起来，2023年是我结识先生的第32个年头。1991年的秋季，我刚从华东师范大学完成本科的学业，从酷热的南方回到东北家乡，伴随着秋季的凉爽，还有初入应化所这个新环境的新奇和喜悦。初见先生，是一位身材不高，瘦小而精干的长者，戴着黑框眼镜，透出些许严肃的学究气，不由让我心生敬意。现在想来，先生那时54岁，正和我现在一样的年纪。可能因为那时自己年龄小，印象中的先生已经相当资深了。

很快，我就熟悉并喜欢上了我们的实验室。李老师是"大家长"，但并没有家长般的霸蛮，虽然那时很少看到李老师的笑容，但从不觉得他严厉。组里那时有王忠怀和孟淑兰两位女老师，特别的暖心，好像和李老师的严肃形成了很好的互补。王老师温厚淳朴，总是笑意盈盈的，在端午节会带来她包的粽子给我们吃。孟老师是个大美女，但并没有让别人感到压力和不悦。两位老师每天都有说有笑，我们做实验碰到一些操作上的问题，都是她们轻松地给予指导和帮助。组里还有一位宋文仲老师，好像是跟着李老师做些项目的事情。作为研究生，我对先生当时从事的产业化工作并不了解，还是后来才慢慢知道先生一边指导着我们的基础科研，一边花着很大的精力开展稀土矿的实际分离应用工作。

除了老师，必须要提的是我的师姐、师兄和师弟们。我的师姐张晓凤那时已经毕业留所工作，师姐年长我很多，叫我"小丫头"，待我特别好，给我很多生活上的关心和照顾，那时没少吃师姐烧的美味饭菜。我的师兄王春年长我一岁，我们的实验台也紧挨着。我刚进实验室时，很多不懂的地方都是王春师兄指导我。做萃取实验每天要清洗一大堆瓶瓶罐罐，师兄清洗的玻璃器皿不挂水珠特别干净，他的实验台面永远整整齐齐，实验记录赏心悦目，令人赞叹。另一个师兄郑重和我同年级，虽年长我很多，但因为长着一张娃娃脸，我们之间就好像没有年龄上的隔阂。他是在包头稀土研究院工作过几年再来读书的，实践经验丰富。郑重师兄的动手能力之强令我印象深刻，即使到目前我也尚未见到能出其右之人。郑师兄什么都会修，从实验室的设备、家用电器到自行车，他样样在行。他自行设计研制的新型层流横界面池，为研究金属萃取动力学和萃取过程的传质模式提供了有效手段。

师兄还力大无比，那时我们做实验用的蒸馏水都需要去专门的地方用塑料桶取来，师兄每次左右两手各提一桶，一桶总有三十升吧，我现在回想起来还是觉得不可思议。一年后，组里迎来两个师弟——袁猛和罗爱清。师弟袁猛长得清秀，并不像他的名字，是个温柔的小伙儿，喜欢笑，很机灵可爱。罗师弟来自内蒙古，话不多很内敛，一说话脸会红。我因为比较多地和师姐师兄混，和两个师弟的交往记忆不深刻了，但有机会见面两个师弟称呼我师姐时，还是能感受到分外的温暖和亲切。

硕士阶段是一个人真正开始科研工作的起点，李老师是我的领路人。从选题到实验结果的分析，到最后成文，每一步都凝结着老师的心血。先生视力很差，看文稿时，眼睛都几乎贴在纸面上，现在想来都很揪心。我的硕士论文题目是《酸性磷（膦）酸酯萃取稀土、相关元素的机理及萃合物结构研究》。今天重新翻阅自己手写的论文，看看研究内容，心里生出很多感慨。全文是手写，页数比打印要多不少，共127页，并无一处修改和涂抹，可见当时自己还是非常认真的。论文包括三个方面的研究：

1. 开展了单一萃取剂 PT-2 对 Sc（Ⅲ），对 Zr（Ⅳ）的萃取机理研究，利用 PT-2 使钪、锆与钛、铁、钍、稀土元素分离的研究；

2. 开展了混合萃取剂 BTMPPA 与 HPMBP 以及 PT-2 与 HPMBP 对稀土元素的协同萃取研究；

3. 开展了 HEH/EHP（2-乙基己基膦酸单2-乙基己基酯）与镧系稀土形成配合物的核磁共振谱研究。

通过三个工作，我比较全面地掌握了稀土萃取化学的研究思路、方法和手段。核磁共振这部分工作在当时还是开展得很少的，李老师特意请核磁组的任吉民老师来指导我，从样品的配置、测试及谱图分析都进行了系统的学习，这个过程让我对如何掌握一个新的分析手段有了明确的认识。1993年，李老师还给我提供了去北京参加北京分析测试学术报告会暨展览会（BCEIA）交流的机会，那是我第一次参加学术会议，拓展了我的学术视野。当时会议提交的论文就是这个方面的工作，题目叫作"The NMR Study of 2-(ethylhexyl) Phosphoric Acid Mono 2-ethylhexyl Ester and Lanthanides Complexes"。我的硕士论文后来分成一篇英文和五篇中文论文发表。我还荣获了1994年度的中国科学院院长奖学金。现在回顾过去三十多年的科研经历，正是在长春的三年，我为自己形成从事科研的良好素质和勤勉严谨的工作作风打下了坚实的基础，也因为老师的指导和自己的努力，对未来充满了信心。

毕业后去了中科院上海硅酸盐研究所攻读博士学位，没有再从事稀土萃取方面的工作，但和先生及师母的联系一直保持着。世纪之交的十多年时间，先生因为和上海有机所袁承业先生在萃取剂方面的合作，经常来上海出差。每次先生和师母来上海，都会给我打电话，我们就很开心地聚在一起，我向老师汇报自己工作和生活的进展，老师和师母殷殷嘱咐我好好工作，经营好自己的小家。那时候女儿还小，有时候老师和师母来上海会特意带糖果给孩子，还有一次从湖北过来

图 11-4　孙静（后排右一）科研团队合影

带了莲子送我。先生和师母不善言辞，但作为学生的我们总能感受到他们的挂念和祝福。想起先生和师母时，用"大道至简""上善若水"形容两位老人再贴切不过。

先生和师母就要赴美和儿子一家团聚了，聚散皆是因缘，是外在的相。先生对科研的热爱将鞭策我努力工作好好育人，先生和师母规律作息、认真生活、锻炼身体给我们做了好的榜样，他们对学生的关心和鼓励温暖着我们，这些无形的财富，会一直在。

祝福先生和师母平安顺遂、健康长寿！

1994 级硕博连读生陈继：扶我上马又送一程，一路叮咛一路情

今天接到在同济大学任教的乌东北师妹的短信，说她在为李老师写个科研传记，我顿感又惊又喜。和李老师朝夕相处了近 28 年，常常感到如影随形，他之于我就像父亲一样，我们已经产生了心灵共振。拿起笔想写点关于李老师的，却又感到像是在写自己的人生一样。很难条理分明地说清楚一件事，就是心里在问怎样说和做大家都能接受。我这个人做事情比较粗线条，也不爱计较，李老师都会善意地提醒我，但是很尊重我，话语点到为止，是"言语压君子、衣冠压小人"的那种，让我很愿意接受李老师的"批评指正"。

这些年，我深刻体会到了李老师"扶我上马又送一程，一路叮咛一路情"。

20 世纪 90 年代读博士期间，每到节假日，李老师和师母都会邀请组里的研究生到家里吃饭，准备一桌子丰盛的菜，李老师每次都亲自下厨，做一道地道的湖北洪湖老家菜，情深意浓。那个时候逢年过节去吃饭，俨然成了我们师兄弟非常期盼，也引以为自豪的事情，引起周围人的羡慕和嫉妒："李老师真惯着你们！"

1999 年到 2001 年，我在中科院化冶所做博士后期间，李老师去北京出差也不忘我和夫人，约着吃吃饭，聊聊工作和生活的事情，我们也常有被亲人牵挂的感觉。随后几年我又辗转日本、美国，无论去哪里，总有李老师诚挚的推荐信，叮嘱和问候。

2004年的新年，远在大洋彼岸的我收到了李老师给我寄来的贺年片，卡片里写到希望我能够回到应化所，将其作为我事业新的起点。这句沉甸甸的话打动了我，回想离开长春的5年，好像一直有李老师的陪伴，在得到家人的全票通过下，我也欣然地接受了，满怀信心地踏上了归国的旅程。

受长春应化所和稀土重点实验的领导及李老师的推荐，我从2004

图11-5　2007年，稀土分离团队合影

年在中科院百人计划的择优支持下回国开始稀土绿色分离的研究。迄今为止在近20年的时间里，李老师一直在全力以赴地支持我和课题组的工作，共同发表学术论文31篇，申请国家发明专利19项，参与国家自然科学基金，科技部"973"计划重大科学目标导向项目和中科院重点部署项目等，获得省部级奖三项。课题组里"80后"的邓岳锋，邹丹等在攻读博士学位和在组里工作期间也都得到了李老师的倾力传授，在南方离子型矿重稀土分离，包头矿和氟碳铈矿清洁冶金新工艺方向的研究中取得重要的进展，为长春应化所的稀土分离培养了优秀的青年科研工作者，也为课题组长期的可持续发展提供了重要的人才保障。这些年有李老师的支持和鼓励，我觉得是一件幸福和快乐的事情。

1995级博士生陆军：回忆在长春应化所学习工作点滴

在长春应化所的工作生活经历已经过去20多年了，这次借着李老师出回忆录的契机回忆一下这些往事，昔日老师们、师门兄弟姐妹们音容笑貌依然眼前，仿佛就在昨天。

我在李老师的实验室除了攻读博士学位外，还工作过较长一段时间。我是1995年考上李老师的博士研究生的，当时实验室叫稀土化学与物理开放实验室，我在实验室工作三年多在1998年12月博士毕业后，留所工作到2000年11月，后来到日本理化学研究所从事2年博士后研究工作后,在所里又工作了一段时间,在 2003 年 6 月才离职的。在这段时间里,李老师对我在生活、学业、人生规划上一直关爱有加,现在回忆起来还是感到非常的温暖。

我和来自东北师大的王玉洁师兄是同一届的博士生,在我们的上一届有郑重师兄、再上一届有王春师兄。二位师兄对我的帮助挺大的,记得博士阶段学习开始不久,就和王春师兄一起联系各个公司,准备购买高效离心分配色谱(HPCPC)的配件,我来之前稀土开放实验室只买了主机,还没有购买泵等配件。有一天晚上,我们和 Waters 公司的人谈得

图 11-6　1999 年,陆军(左一)在向日本佐贺大学井上教授(中)讲解仪器

特别晚，还一起去路边摊上吃炸蚕蛹，在此之前我是不知道蚕蛹是可以吃的，炸蚕蛹味道还挺不错，也是长春这边的特产了，离开长春后在其他地方基本上就没吃过了。记忆里郑重师兄心灵手巧，特别是手特别巧，实验室用的测定传质动力学的恒界面池就是他自己设计、自己制作的，我们后面分析的萃取动力学的工作很多都用到这个设备。

我在博士论文题目是"稀土分离过程的平衡反应和动力学研究"，论文考察了PT-2、Cyanex 272等新萃取剂萃取分离稀土的性质，但最主要的工作是开发从氟碳铈矿中分离铈和钍的新型工艺流程。我国轻稀土的资源主要集中在内蒙古包头和四川冕宁两地，包头稀土的冶炼工艺主要是高温焙烧法，放射性的钍被"烧死"在废渣中，难以回收，造成极大的浪费和环境问题。李老师的想法是利用低温焙烧工艺，将钍回收，避免环境污染，同时，在这一焙烧工艺中，氟碳铈矿中含量最为丰富的铈用硫酸浸出时，是以四价的形式存在，其他元素都以三价的形式存在。利用四价金属元素和三价金属元素在萃取性质上的巨大差异，可以高效地从稀土浸出液中萃取分离铈和钍；再利用铈可以被还原而钍不会被还原剂还原的特性，还原四价铈为三价铈，反萃取铈，实现铈和钍的分离。这一想法实现起来的难点是要找到合适的萃取剂，萃取剂要稳定、负载大，非常幸运的是，我们找到了Cyanex 923作为萃取分离铈和钍。我们从基础研究开始，探索分离铈和钍的工艺。武汉大学的硕士生魏正贵当时是李老师的交换学生，协助做了不少萃取钍的基础实验。在机制研究基础上，我们设计了分离工艺，萃取实验操作简单，但需要大量的人力和时间，我们利用分液漏斗做串级萃取实验，并在此基础上，进行了串级萃取槽的小试。当时，四川方兴稀土公司的廖维凯经理得知这一消息，非常主动来协助我们完成这一工艺，派了四位公司的技术人员（张庭轩、廖杨光、廖红勇、匡中树，后来又派两个女生来应化所）来接受培训并帮助做实验，方兴稀土公司当时是民营企业，派来的人员虽然学历低，但大家都很努力。应化所领导也很重视这一项目，应该是李老师争取后，专门从物化楼一楼借了一个实验室来进行这个实验。小试实验萃取槽24小时持续运行，需要三班倒，为顺利完成这一小试项目，李老师集中了全实验室的力量来进行攻关，老师包括王忠怀、孟淑兰、马根祥，学生包括陈继、廖伍平、罗芳、徐海兵等师弟师妹都参与了。在小试运行期间，我从早观察到晚，其他老师同学和公司技术人员分成三班倒，非常感谢大家，当时没有让我晚上值班，不过我需要准备好随叫随到来解决问题。记不起运行了多长时间，等萃取槽运行比较稳定才结束，发现了许多问题，如第三相的产生、硫酸铈在槽体上结晶析出等。为了尽快拿到小试实验的数据，我将自己的论文答辩时间延迟到1998年12月底，这样我的学位就是到1999年7月才被授予。

博士毕业后，我留所工作近两年的时间。这段时间，记得最为清楚的主要有两件事。一是协助稀土开放实验室完成了科学院的实验室评估，采用末位淘汰制，评估排名最后两个实验室将会被取消。当时稀土实验室主要有三个研究方向：稀土生物无机（倪嘉缵院士、赵大庆研究员）；稀土材料（苏锵院士、张洪杰研究员）；稀土分离（李德谦研究员）。稀土实验室当时应用的成果不多，处于保级的边缘。幸亏稀土分离的成果在企业生产上有着实际应用（P507萃取分离稀土），为稀土实验室的保级增分不少。我当时作为课题组负责人，也作为稀土分离方向参与专家来现场答辩，并协助实验室主任张洪杰准备到科学院答辩材料，最后终于保级成功。那几年中国足球甲A赛开展得如火如荼，四川全兴队有几年也是处于这种境界，四川的球迷经常喊出"保卫四川""保卫全兴"的口号，实验室保级成功后也是这种感觉。

应化所工作期间做的另一项重要工作，就是到四川冕宁的方兴稀土公司做了从氟碳铈矿浸出液中用Cynex923萃取分离铈和钍的中试实验。除了个别的学生留守实验室外，全实验室人员，甚至我们师母都到了西昌。方兴稀土公司的冶炼车间还开始修了没多长时间，应该是专门为这次中试实验所修，住宿条件比较简陋，不过有自己的食堂，廖经理也安排师傅专门为我们单独开伙，伙食还是不错的。同小试实验一样，我没参与倒班，但有问题时就要参与解决。中试实验一直运行了一个多月，也出现些问题，最后基本上解决了。总体还是比较紧张的，后面一段时间我感觉自己经常胸闷气短，孟淑兰老师还陪我去西昌的医院检查过，检查结果什么问题都没有，估计就是太累、太紧张了，医生说多做一下扩胸运动就可以，听了医生的话后，就感觉轻松多了，一点事都没有了。最后李老师还邀请了包括包钢稀土研究院、北京有色金属研究总院等多个单位的专家来进行了成果鉴定。

1995年到2000年，在自己青春年少的时候，我有幸遇到精心栽培自己的导师，有幸在一个团结友爱的团队中工作，有幸将一个项目从基础研究带到小试、再到中试实验。我人生中第一次坐飞机，就是从长春飞往成都，再由成都飞往西昌。工作期间，李老师还安排给我两次出国交流的机会，一次是到巴塞罗那开国际溶剂萃取会议，那是我第一次出国，并在国际会议上作报告。第二次是去日本佐贺大学交流。这些经历开阔我的眼界。李老师对我们也是关怀备至，常记得是在过节、过年时，总让我们去他家吃饭。

往事并不如烟，如今我也为高校教师，带着本科生，带着研究生，对学生的这份关心，一届一届地传承着。师恩似海深，谢谢李老师！

2001级博士生王进平：永远的导师

《人世间》电视剧中周蓉说："人这一辈子，你真正在意的，同时又在意你的人，就那么几个，这几个人就是你的全部世界。"对我而言，李德谦先生就是这样的"几个人"中的一个。德谦先生是我爱人孙晓波的导师，读博期间，他不仅给予晓波足够的指导和关心，对我也关爱有加。即使工作以后，也始终支持着我们的科研，关心着我们的生活。在我的内心里，先生永远是我的导师。

提及先生，我脑海中就会出现他伏案、眼睛几近触及电脑屏幕的样子，出现他满面春风，轻挥右手讲话的样子，出现他步履匆匆赶路的样子,以及他和师母牵手同行相搀相依的样子。

初识先生应在2001年9月我开始读博的时候。清晰记得,那时实验室在本馆一楼,进门后是两张实验台,是我做实验的地方。再往里是隔间,是我和导师牛春吉教授读书、看文献、写文章的地方。先生的办公室和一间实验室在二楼,另一间实验室在一楼,与我们实验室斜对门。工作之余,先生经常会找牛老师聊聊天,谈谈出差的见闻,交流当下形势和所里的一些事情。他们聊天时间一般不会很长,也就十来二十分钟,基本不会超过半小时。有时,我在外屋做实验,先生就会停下来,亲切地询问我的个人和实验情况。有时,我和牛老师都在里屋,他们聊天,也会问问我的看法,我便站起来和他们一起交流。有一次还闹了个笑话,先生敲门后,我打开门,先生问了一句:"老牛不在啊?"可能是见到先生感觉太亲切,思想脱钩,脱口而出:"老牛不在!"我立马发现自己失言,尴尬着赶紧纠正说:"李老师,牛老师不在。"先生微笑着,拍了拍我,和我聊了几句就走了。先生经常告诉我,有什么需要,就到二楼找他。先生是大家,带领所里为数不多的大团队,项目和经费都非常多,能够关心一个不是自己带的学生,着实令我非常感动。等晓波读博以后,先生就成了我爱人的博士导师,距离上更加亲近了。此后,先生课题组聚餐,都会邀请我参加,这样一来,与稀土分离组的师弟师妹、师兄师姐也熟络起来,感情上渐渐融入稀土分离组这个大家庭中,成为其中的一员,到现在我也是稀土分离组微信群里的"编外成员"。

图 11-7　2004 年，王进平（中）博士论文答辩后与稀土分离组部分成员合影

有一个周末，和稀土分离组的师弟师妹们到南湖公园游玩回来，在本馆门口遇到先生，邀请先生一起照相，师弟师妹开玩笑说我不是他们组的。先生笑着说，进平就是咱们组的。我只是一个学生，除了他与牛老师的交情，晓波是他的学生外，先生对我的认可，那只能用缘分来解释了。2002 年秋，无机实验室从本馆搬迁到新建的无机及分析大楼，先生也终于有了一间宽敞、独立的办公室。搬完实验室不久，有一天刚好在楼道碰到，先生热情地邀请我去参观他的办公室，还详细地给我介绍了办公室的布置，让我感觉自己在他面前的不是一个学

生，倒像一位老朋友。晓波读博伊始，实验进展并不是很顺利，压力有点大，身体感觉不适，医生建议住院观察。住院后先生和师母多次到医院探望，安慰她不要着急，慢慢来。出院前有一天，先生把我叫到办公室，塞给我一千元钱，叮嘱我要多宽慰晓波，好好照顾她。那一天的我，竟一句话也说不出来。

　　读博期间最难以忘怀的应该是帮先生家装修房子。第一件事是与先生、师母还有白彦去买地板，到了市场后看得我眼花缭乱，什么也不懂，付款时看到先生掏出几万元现金，令我羡慕不已，心想啥时候我也能掏出这么多钱买房装房？第二件事是买瓷砖，我并没有跟着去市场，瓷砖拉回来后，白老师给我打电话说回来太晚找不到搬运工了，让我和他一起把瓷砖搬上楼。一包瓷砖大约有四五十斤，我和白彦等来回几十趟，把一车的瓷砖硬生生地搬上了三楼，浑身上下都被汗水湿透，搬完最后一包瓷砖后，坐在地上再也爬不起来了，感慨这可比做实验写论文累多了。晚上先生请我们涮火锅，那应该是我吃过最香的火锅了。最后一件事是先生和师母要一起出差很长时间，就把新家的钥匙给我，让我监督装修的质量和进度。我从小在农村长大，从未住过装修的楼房。虽然上高中后，一直住在城里，但基本住的都是宿舍而且都是毛坯房，对装修绝对是一窍不通。当初也不知道，先生哪来得那么大的勇气，让我这老土帮着装修新房子。装修公司的领班是一个有些骄横蛮不讲理的人，为了保证质量和进度，我尽量小心翼翼地与她打交道，避免惹怒她。虽然与她相处艰难，但最后基本按照要求把房子装修完了。工作后，我第一次邀请先生到访我们学校，晚上学院领导请先生和师母吃饭时，领导由衷地赞叹我和先生不是师生胜似师生的关系时，师母跟领导说的一句玩笑话让我非常难忘："我们把装修房子这么重要的事情都交给他了，您说我们和王进平是什么关系？"

毕业后，我们去了家乡一所非常普通的高校。这所学校当时化学学科实力非常弱，主要以教学为主，几乎没有什么科研。刚来学校那几年，科研工作举步维艰。然而，先生对我们的关爱并没有中断。了解情况后，先生尽其所能地帮助我们。记忆尤为深刻的是先生经常用亚利桑那大学的弗莱士教授的故事来激励我们。故事大意是亚利桑那大学起初在稀土分离研究领域几乎是空白的，而弗莱士教授加入亚利桑那大学后，在极其困难的条件下，把稀土分离方向快速地发展了起来。先生不仅用这样的事实在思想上鼓励我们，而且用实际行动来帮助我们。

2010年初夏，先生和师母第一次来到了我和晓波工作的地方。接机的时候，通过高大的玻璃幕墙，看到了两个熟悉的身影，步履轻盈地走了出来。我要接过先生肩上的包，帮他背着，他坚决不肯，坚持自己背着。这一幕，在随后的十多年里多次出现，每次只光看到先生和师母的身体都很硬朗，只是最近才无意中发现先生的白发比以前多了很多。那次来访，先生给我们全院师生作了氟碳铈矿清洁冶金与分离制备一体化技术的精彩报告。报告中先生对国内外研究现状、工艺流程、数据、问题信手拈来。听着先生的报告，内心很是感慨，在一味追踪热点，追求高影响因子的年代，先生能够不受外界干扰，在稀土分离这个领域潜心研究几十年，解决了生产实际中的一个又一个问题，发展了一项又一项的稀土分离技术，实属不易；面向国家需要，既做基础研究又做应用研究，并做到极致，是我们永远学习的榜样。先生不光给我们带来了精彩的报告，还带来了日本比较新型的吸附剂-柿子粉，希望能帮我们找到科研的方向，有所做作为。可惜的是我们才学疏浅，努力程度不够，并没有把这个吸附剂用好，也没有在这个方向上做出成果，说来也很惭愧。

图 11-8　王进平夫妇与先生合影

左起：孙晓波、赵君梅、师母、先生、王进平

2011年左右,临沂市莒南县有个镍矿加工厂,每年产生大量矿渣,处理较为困难,他们找到先生,希望能够帮忙解决这个问题。考虑到离我们很近,先生百忙之中来到青岛,想一起到这个加工厂实地考察一下。那时地图导航还没有现在这么方便,在高速路岔口,我选错了方向,只能继续往前开,坐轮渡到黄岛后再去临沂,南辕北辙。再加上加工厂那边没说清楚地址,我们直接开车赶往临沂,到临沂后才确认公司是在临沂的莒南县,我们又返回。本来是三个小时的路程,走了整整七个小时,中午饭也没来得及吃,直到下午三点多才到达,可把两位老人给折腾坏了。不过一路上我们兴致勃勃,一边开车,一边闲聊,聊聊过去,聊聊现在,聊聊师兄弟。虽长途跋涉,却给足了我与先生、师母交流的时间,要不然先生平时哪能这么得闲?!人与人之间可能真有心灵感应,当轮渡航行在浩瀚的大海上,我们正聊着上官教授的时候,没想到上官教授的电话却打了过来。听说我和先生、师母去临沂,他非常热情地邀请我们去他所在的地方。下午和加工厂交流后发现没有合作的可行性。第二天,我问先生,要不咱们去上官教授那儿看看?先生非常高兴地说:好!我们就开车直奔日照,更没想到上官教授他们学院正在举行建院十周年庆祝大会,我和先生、师母也碰巧成了他们庆祝大会上唯一的校外特邀嘉宾。虽然这次考察并没有促成合作,但是能够切实感受到先生想帮助我们的真情和实意,还见到了多年未见的老朋友,不虚此行。

为了帮助我们寻求合作机会,先生还带我和晓波去过赣州的稀土企业。先生在稀土界的地位很高，走到哪都会受到热情的接待。先生聊起稀土萃取工艺，那更是如数家珍，了如指掌。更令我钦佩的是，谈到萃取工艺上的一些参数，先生都能记得很清楚。先生告诫我们说，年轻的时候一定要坚守科研一线，不要总想着当老板，要和学生一起掌握实验和工艺的第一手资料，这样你才能有底气去提出问题，解决问题，指导学生。因为我的研究方向不是稀土分离，所以每次去企业我都听得一头雾水。晓波虽然是这个领域的，但对这个领域掌握得并不全面，又从来没有进入企业去实践，所以很多东西也不懂。由于我们能力有限，平台也不够大，在稀土分离领域并没有能够坚持走下去，也辜负了先生对我们的殷切期望。不过，在先生的鼓励下，我在自己的研究领域逐渐有了起色，组建了自己的团队，主持完成了国家重点研发计划项目、国家自然科学基金面上项目以及山东省的各类项目，取得些许研究成果。虽然没有像其他师兄弟一样取得令人瞩目的成绩，也总算没让先生过于失望。

先生桃李满天下。八十六岁高龄仍然退岗不退休，每天坚持去实验室，还经常出差去各地企业调研，尽其所能地关心和帮助着各地的学生们。师兄们也会经常组织大家与先生相聚，先生每次都打电话叮嘱我一起参加。2013年9月，我和晓波一起参加了在长春为先生举办的生日聚会。2016年9月，先生从业55周年纪念活动在厦门举行。虽台风过境厦门，也没有阻挡我们与先生相聚的脚步。在航班延误了几个小时后，飞机终于在半夜落地厦门，路上一片狼藉，到处是积水，两边的很多树木都被吹倒。虽然过程坎坷，稀土分离组师兄弟齐聚厦门，聆听恩师的教诲，谈过去，想未来，令人难忘。2018年10月，稀土溶剂萃取与分离技术发展历程研讨会在广州召开，这是为先生而举办的学术会。中国稀土行业协会秘书长、中国稀土学会秘书长均全程参加，还有120余位稀土行业的专家、学者和企业代表参会，这些充分说明了先生在稀土界的地位。80多岁高龄的老先生连作三场长篇报告，讲了整整一天，很是辛苦。当然看到我们这些学生到场，非常高兴。

乐少明师兄原本计划2021年8月组织大家与先生在武汉相聚，由于疫情防控的原因只能取消。前几天我打电话问候先生，先生说少明还在积极地准备聚会。期待疫情尽快结束，与先生的相聚早日成行。

祝：李老师和师母健康长寿，稀土分离事业永葆青春！

以下，我根据自己回忆和本书所载，写了一首无题诗如下，以表达对先生的景仰之情：

结缘稀土六十载，情系萃取与分离。

难忘武大母校恩，启蒙导师曾云鹗。

青春献给应化所，师从院士苏先生。

工厂实习收获大，立志成果产业化。

柒零伊始建团队，瞄准我国稀土矿。

包头矿里萃取钍，科技成果评一等。

南方离子稀土矿，单一分离流程强，

国家发明二等奖,自主产权有份量。

加醇分离重稀土,节能减排效益好。

氟碳铈矿在攀西,清洁冶金与分离,高纯制备一体化。

定南稀土冶炼厂,科技扶贫好榜样,开始成果产业化。

双剂萃取新体系,探索分离新工艺,

制得高纯氧化钇,国需民求和市场。

研究工作为生产,更能为国树人才,

研究开发又推广,创新源泉是企业。

面对挑战要自信,遇到问题要认真。

桃李满园薪火传,德艺双馨美名扬。

2000级硕博连读生赵君梅:天涯海角有尽处,先生恩谊无止境

我是2000年9月进入长春应化所李老师的课题组硕博连读,攻读学位的。第一次走出内蒙古,来到中国历史文化名城长春,进到中科院这座在国内国际备受尊崇的学术研究殿堂,既兴奋又无所适从。感谢李老师能招我作为他的弟子,感谢遇见李老师,开启了我的人生新征程。各种新奇,大科学家的风采,还没来得及思考自己应该准备怎样度过这五年时光,糊里糊涂就从开始上课,然后就是下实验室做课题。那段上课的时光还是延续了大学时期的认真和紧张,天天准时上

课，午休都是在紧张中抽时间完成的，就这样，一年的课程学习时光就这样过去了。其间，李老师给我们上溶剂萃取的课程。在李老师给我们上课时，我们想着去接他一下，记得当时很想帮李老师拎一下装书的布袋，他说不用，可能是觉得没有必要。

刚下实验室，李老师给我的课题是"中性磷萃取剂从 H_2SO_4–HF 混合体系中萃取四价 Ce"。本着由易到简的原则，逐步深入，首先是萃取剂萃取 H_2SO_4，为的是熟悉萃取的操作和计算，一段时间后，开始做混合酸的萃取，混合酸的浓度分析又是一个难点。这个课题最让我头疼的事情是，Ce 的溶液配不好。采用的原料是 CeO_2，用酸溶解，有时候溶解不了，又因为四价 Ce 易于被还原，其氧化率总是不能达到要求，要么就会水解沉淀，李老师说这是基本功练习，连个溶液都配不好，怎么做后面的实验，要善于啃硬骨头。直到后来，我也没有彻底搞定这个四价 Ce 的溶液配制。后来我在做硝酸高铈萃取时，要感谢白彦老师提供了硝酸铈原料来直接溶解。另一个难题是，混合体系中 F 离子浓度的检测，要采用 F 电极，特别是混合溶液当中有金属离子的时候，要掩蔽，要做标准曲线等等，当时感觉挺难的。那个时候的金属离子的浓度分析，基本上全部是化学标准法滴定分析，不像我们现在全部是 ICP，所以很多时候都是滴定，摇瓶子，洗瓶子。李老师说做萃取，实际上就是做分析，就像金句一样，现在还时时想起这些，特别感谢李老师在我读博期间对我的教诲，尤其在化学分析的基本功方面，打下了坚实基础，对我后来的科研有非常大的帮助。现在我也要求我的学生们，在制备合成材料时，都要认真分析原材料以及实验过程中的元素组成，如果组成都不对，烧出来的材料就不可能是我们要的东西。

记得有一次，我们采用中性磷萃取 DEHEHP 分离四价 Ce 和三价稀土，基本参数积累得差不多了，李老师让孟老师指导我开始做串级萃取。相比于每天做的简单的平衡管萃取实验，用分液漏斗开展串级实验让我感觉得非常的新奇，接触到了串级萃取进料，出料，流速，分配比，分离系数的复杂的计算，感觉所学的知识又深入了一层。然而在我开展串级萃取实验一段时间后，李老师让我分析看看是不是各相达到了平衡。记得我分析之后，以为这些溶液没什么用了，然后就把平衡后的溶液倒掉了。过了没多久，李老师让我再往下继续做，我说溶液已经没了，那一次，李老师很生气地说，你倒掉干啥，白干了那么长时间！于是我又花了很多天默默地重新做了串级萃取，后来我才知道那个平衡溶液非常珍贵，可以分析很多参数和信息的。

在博士毕业前夕，李老师为了让每一位学生都得到实际锻炼，就让我们去一线参与产业化的工作。我被派到了江西南昌，那是我第一次看得到那么多先进的萃取设备。我对萃取生产的第一印象就是，厂房里充斥着浓浓的煤油味道，一个个巨大的箱体，还有自动化的操控车间，真是让我大开眼界。

李老师对弟子们的关爱让我们倍感亲切。由于包头稀土矿里涉及放射性 Th，李老师明确说，女孩子不要做 Th，Th 的萃取就交给男生做了。

李老师对学生的爱护还体现在生活中的方方面面。记忆最深刻的是，每年的八月十五，李老师都要邀请他的弟子们到家里去聚餐。李老师最拿手的凉拌菜，爽脆可口，至今记忆犹新。还记得有一次，印象非常深刻。2001年初，家里因为穷，没有钱买化肥和种子，开春种不了地，看着母亲愁苦的样子，我很冲动，想分担一些母亲的忧愁，于是私自找李老师说想借一些钱用。我觉得从李老师的角度，肯定是想着这些钱就送我家了；可是从我本身来说，是真诚的借用态度。还要恳请李老师原谅我的冒昧，当时没有考虑那么多，给李老师出难题了。后来我收到了李老师、孟老师和王忠怀老师的"捐助"，顺利让我家渡过了难关，每每想起这些，感激涕零。再后来，我毕业之后，出国做博后，经济好转了。第一时间，托人把钱带回给老师们，顺便还带了巧克力以表谢意。所还的钱，虽然没有归还利息，相信老师们不会介意。但是，就因为这件事，我后来有一段时间一直跟自己过不去，花了很久才从这件事情中走出来。这让我明白了一个道理，钱不是一般的东西，能不借还是不借为好，既不为难别人，也不会让自己有心理阴影。

博士毕业之后，几年的海外游荡之后，总归是要回国安定下来的。2009年我有幸进入中科院过程所工作，恰好领导是李老师的好朋友刘会洲研究员。回国后，适逢国家对稀土的重视又热起来，所以有机会参与了稀土"973"项目，中科院稀土重点部署项目等。在项目执行期间，多次给李老师打电话请教问题，还特别邀请李老师多次来所指导工作，李老师总是不厌其烦地给予指导。期间，多次跟随李老师去洛阳、天津、广州、青岛等地调研和交流。

图 11-9　2005 年，赵君梅毕业照合影
左起：孙晓波、赵君梅、孟老师、熊英和本书作者乌东北

然而，由于多种原因，特别是在稀土分离方面的迷茫和困惑，我最终没有在稀土萃取分离这条路上一直走下去，可能让李老师感到有些失望。首先呢，在国外期间，从德国博士后期间有关金属离子的配体设计研究，由于时间短，并且相当于是完全改为有机合成，几乎是才入门就结束了博士后的生活；后来随爱人来到美国，为了锻炼自己，加入美国气相反应技术公司做材料研发。然而，国外的学习没有持续地在一个方向上深耕下去，这导致我后来回国发展非常缓慢。从 2012 年开始，我逐步对合成无机非金属纳米颗粒产生了兴趣。当初做的第一个材料正好运用的是李老师的方法，就是 P507 和 N1923 混合酸性萃

取剂分别萃取 Fe^{3+} 和 H_3PO_4，当把负载 Fe^{3+} 和 H_3PO_4 的有机相混合之后，就可以得到鬼斧神工的均一 $FePO_4$ 纳米微球，电镜结果非常漂亮，而 $FePO_4$ 恰好是典型的电池材料磷酸铁锂的前驱体，这个结果令我很兴奋，让我觉得原来合成功能纳米材料的过程这么有意思，而且合成的材料还有用，这以后我就在我爱人的指导下逐步开展了很多个功能材料的制备研究，如各种磷酸盐，氟化物，到氟磷酸盐化合物，主要定位就是电池材料的低成本制备及放大工艺研究。从分离提取到无机化合物功能化材料制备，涉及化工、材料等领域，想着就不可思议，然而事实也表明任何事情都不是想得那么简单。适逢 2014 年有机会作为访问学者在美国橡树岭国家实验室深造学习一年，在那里我学习了材料的制备和先进的表征技术，2015 年回国后就笃定了电池材料的研究方向，并很快把做材料和电池研究的实验室建了起来，乃至于现在还在天天恶补电化学的知识短板。从 2009 年直到今天，这一路走来，还要感谢李老师和我的领导刘会洲研究员的理解、支持和包容。我想说的是，刘会洲老师对我的宽容，或多或少应该是看在李老师的面子上。

在我的心目中，李老师和师母总是那么相濡以沫，平易近人，走到哪里都相互搀扶着。有同事跟我说，你的导师和师母真是伉俪情深啊。我很骄傲地说，那当然，李老师是我们的人生楷模！我们有了孩子之后，我时不时跟李老师和师母分享一些我的育儿成果，师母总是第一时间回复我的短信，给予我肯定和鼓励，大赞我是贤妻良母，还表扬我是爱人的坚强后盾，甚至用撑起了半边天来过誉我。虽然生活一地鸡毛，但是得到表扬和鼓励心里总是美滋滋的。想想自己的急脾气，还真有些惭愧。而李老师对我爱人小胡的殷殷关切，更是无微不至，每次一见我就叮嘱我，照顾好小胡，小胡不容易，压力大，等等。这让我十分感动，犹如家里的长辈爱护和关心自己的孩子一样。记得2018年的夏天，我回长春参加一个研讨会。期间回去看望二老，两位老人亲切地跟我聊天，给我讲了应化所的很多变化，还带着我转了应化所校园。

天涯海角有尽处，先生恩谊无止境。对李老师的感激千言万语也无法表达。最后除了对李老师饱含深情的祝福外，也不揣浅陋，对李老师的人格魅力做一赞评："不苟言笑而温和不失，谦谦君子，为人师表；常常指斥现实之病，刚正不阿；温文尔雅，亦不失傲骨。"业内有人云：李老师的学识以及对我国稀土事业做出的突出贡献早已远在院士水平之上。如此学识超众而有君子之风者应受兼世之敬！

2000级硕博连读生乌东北：廿余载师生情

人在求学路上，总会遇到一些曾经为我们指点过迷津的师长，他们或是传授知识，或是表达关怀，或者单纯只是一名教师，不论怎样，都在一个人成长过程中起到了一定作用，或大或小，他们的帮助都不可以被忽视、被遗忘。但如果说对今后的人生、思想及工作产生较大影响的,当属硕士或博士期间,曾与自己紧密联系的研究生导师们。因为,只有他们,才有能力、有热情,在你青春迷茫之际全身心地为你着想,不仅指引你快速追上研究前沿,而且帮助你走向适合自己的人生道路。甚至,因为日后师生从事相近的研究方向,彼此有了更多的牵绊与联系,而成为志同道合的战友与知己。

记得路遥小说《人生》的扉页上有这样一句话:"人生的道路虽然漫长,但紧要处常常只有几步。"的确如此,得益于自己年轻时的奋力一搏,我才有了如今的模样:高踞讲台,桃李芬芳;躬耕科研,硕果遍尝。既如此,自应最先感谢成就我今日模样之第一人,毕生奉献给稀土分离工艺流程及稀土元素化学基础研究的长春应用化学研究所研究员、我的博士生导师、我国第一代稀土分离专家李德谦先生(以下简称"先生")。

谈起先生,我的脑海中就会慢慢浮现出一个矍铄的老者形象:他个子不高,但脊柱挺立,看起来永远都是神采奕奕;他身材单薄,却步履匆匆,似乎每天都在与时间赛跑。他的镜框虽大,但视力却不好。按照师母的话讲,就是"走在路上看风景,每天都是新大陆"。或许正因一弱必有一强,先生的听力极为敏锐,记忆力也好,即使已过耄耋之年,却丝毫未见颓废之态,依然保持旺盛的生命活力。先生一贯表情严肃,极少有开怀大笑之时,但心情好的时候,嘴角也会微微上扬。温和,却不失严肃;严肃,依旧饱含慈祥。

回忆初识先生,当时情景已然模糊,不甚清晰。只记得自己是半路插队到先生门下，事先既没有过多了解先生的科研事迹，事后也未刻意去打听课题组信息，稀里糊涂地跟着先生与同组的师兄姐弟妹们吃了一顿新年饭，就算正式办理了"学术过户"手续。不过，先生似乎对我的情况知道得更多一些，可能是事先已从他的好友、我的挂名导师牛春吉研究员那里了解过。初次见面，先生并没有告诉我调换课题组的缘由，也没有对我表现出任何的疏离，仿佛我早已就是课题组一员，初次报考的就是他的研究生。他告诉我不必心急，先把理论课学好，再进入课题组参与工作。

我想，这或许就是所谓的缘分吧，原本我跟先生无缘结识，只是命运突然偏离了原有方向，让我有幸成为稀土分离课题组的一员，有幸为稀土分离事业贡献了一部分力量。不仅在长春这个被誉为"文化之都"的城市度过了人生最宝贵的五年时光，而且也顺利成为先生门下的一名博士生，这应该就是我人生路上的幸运！

日子在忙碌中倏忽而逝，春夏秋冬，周而复始。"过户"之后，转眼跟着先生做科研的日子就过去了一年。我的课题是"Cyanex 302 分离稀土元素钪 Sc、钇 Y、钆 Gd 和镧 La 研究"。此前，王春师兄曾开展过 Cyanex 302 萃取 Sc 的热力学研究工作，先生希望我能在此基础上更进一步，总结出 Cyanex 302 萃取剂对典型轻、中和重稀土在萃取效率及分离选择性方面的差异性，同时开展相应稀土元素萃取动力学及界面活性的规律性研究。我也非常努力，每天早上七点前就会到实验室，晚上十点钟后才踏着月色返回宿舍，中午吃饭、休息也不花很长时间，即使周末，也不会连续两天不开展实验。尽管如此，我的试验进展却不是很顺利，试验结果的可重复性总是不好。对此，先生也迷惑不解。

于是，在一个清晨，先生把我叫到办公室，希望帮我找到症结所在。这次，他要我把试验记录本一并带给他看。

——小乌，你这个试验记录不对啊。

——深色溶液的观察方法，你了解过吗？

——Cyanex 302 萃取钪（Sc）之后，水相酸度比较高，在添加缓冲溶液前用必须氨水粗调溶液酸度，你这样试过吗？

——做一条曲线，也就四到七个数据点，如果太多了，那就不是勤奋，是笨。

——做了这么久的课题，每一步你都认真思考了吗？

——我们做试验的时候啊，那玻璃仪器上面都是不能挂水珠的，要洗得干干净净……

先生看着我的数据与图表分析，指出了各种存在的问题，排查隐患。

结果不对？酸度调节？氨水添加？课题思考？清洗干净？听了先生的分析，我一下子就茅塞顿开，知道了问题所在。

——这样吧，你去图书馆，找几本关于实验操作的书再看看。

——数据处理，你要多参考王春的试验记录本，应该就在书柜里。

——做完热力学部分，你再做一些动力学和界面性质的工作，不懂的地方，多请教一下童辉和王弋戈，一定要多思考，才能有进步。

没有训斥，也没有批评，先生平静地指出了我的问题，并鼓励我用心寻找进步的方向，可我的心里却一点也不轻松。先生用他的智慧来引导，用他的慈祥来告诫，既让我清楚了问题根源，又保全了我的自尊。我心悦诚服地接受了先生的建议，对先生精益求精的工作态度肃然起敬，心里一点抱怨也没有，暗自下决心要更加努力地学习，多阅读文献，避免重复犯错。

此种经历，组里大多数弟子们都有过。先生也许从未深研过孔子，但他把孔子"道之以德，齐之以礼，有耻且格"教书育人的方法精髓运用到了极致，对弟子不苛责、不轻慢，他用平等和宽容赢得了弟子们的尊重与爱戴。

四年学术生涯，我从最初的科研"小白"渐渐成长为资深学姐，虽不说硕果累累，但也是可圈可点之处多多。投稿，是摆在面前最紧迫的工作。

——小乌啊，这个地方解释得比较模糊，你参考一下王春的论文，弄清楚为什么Cyanex 302纯化后会有这样的结果，这不合常理。

——试验一定要多做几遍，确定结果是否真的是这样。

——试验结果怎么能说丢就丢呢？一定要把前因后果梳理明白。

——我现在头有些不舒服，好像高血压犯了。

先生揉了揉太阳穴，恹恹的样子。

——今天就到这吧，我要休息一会儿。

先生缓缓闭上眼，仰靠在椅子后背上，神情疲倦。

——你这篇文章啊，不是说投给我就结束了，成功与否，要看编辑的处理意见。我们要做的只能是忠诚地记录实验数据，分析结果，一定要认真对待。

——我们不能凭着编辑对我们团队的认可，就降低投稿质量，不能利用别人对你的信任，就不顾科研道德与学术底线。

……

先生语重心长的话顺着微凉的清风丝丝缕缕地向我耳边飘来，让人清醒。

是啊，如果一遇到科研上的难题，不是选择勇敢面对，而是想着如何绕开去，避重就轻，就永远不会探究到科学的真相。科学，需要的是追本溯源，探索未知，而不是为了沽名钓誉，人云亦云。研究结果有迹可循，有文献可比对，自是好事；但面对出现的异常现象，刻意选择忽视，就有可能错过最重要的发现。对于先生的教导，我十分服膺。

如今，我也成为了一名导师，也就更加深刻地理解了先生的研究之道：尊重事实，深入探究，不放过任何细节，更不要心存侥幸。于是，夜阑人静，每当我在科研上有所懈怠之时，耳边总会想起先生的谆谆教导；每当指导研究生写作论文疲惫之时，脑中总会映出先生不辞辛劳帮助我的情景；每当我在前进路上徘徊不前、犹豫不定之时，心中就会忆起受教先生门下、努力进取的旧日时光，身体就会充满力量。是先生，指引我走上科学研究的道路；也是先生，坚定了我为人师表的决心。

图 11-10　2004 年，先生（中）与 2002 级博士生们在长春应化所本馆楼前合影

炎炎夏日，阵阵蝉鸣，溽暑中的上海着实叫人欢喜不起来。但是，因爱人已经来上海工作，我也必须想办法留在这个城市。上海高校很多，但从事稀土分离研究方向的机构几乎没有；稀土很热，但学者们只认稀土发光材料，对稀土分离兴趣寡淡。当我顶着烈日在各大高校奔波半月，亲自跑去理学院、化学院，甚至环境学院，当面递交简历后，除了得到几句"等消息"外，几乎一无所获。真正是"长安米贵，白居不易"啊。

我独自叹息，心情暗淡。想起刚刚参加完的上海大学面试，心里再一次庆幸有先生为我事先筹谋。

——小乌啊，你找工作的事情怎么样了？

——如果你去广州，那里有暨南大学和华南师范大学，我有熟人在那里，或许有机会，你去吗？

——去上海啊！不太好办。

先生一边说，一边打开抽屉，弯下头，在层层叠叠的书本中翻找，窸窸窣窣的声音不时传来。不一会儿，他找到了一个小本本，上面记载了密密麻麻的电话号码。然后，他一点点地开始搜寻，找到几个名字后，把他们的号码抄下来递给我：

——这是上海大学包伯荣老师的联系方式，你可以去试试。

——你孙静师姐和罗爱清、袁猛两个师兄也在上海，遇到困难你可以找他们，看看能否帮上忙。

……

想到这里，我拨通了电话。

——嘟……嘟……

接通电话的时间似乎非常漫长。

听到师姐温柔声音的那一刻，我紧绷的神经一下子松弛下来，多日来的无助朝着电话连线的另一端宣泄而出，一如迷失路途的孩童。尤其是听到罗师兄要借给我钱的那一瞬间，我的眼泪竟然不受控制地滚落下来。我知道，这是先生给我的福泽，师兄师姐们完全是看在恩师的情分上，这样帮助我吧。

果然，有了先生的托举，这个城市对我来说开始有了不同。

2005年6月，继上海大学面试录取结果通过后，在长春应化所张洪杰研究员的推荐下，我又参加了同济大学化学系的招聘面试，并成功拿到了教职，正式成为同济大学化学系的一名教师，开启了我至今已逾十八年的高校教书生涯。同时，也走向了与先生研究方向截然不同的科研道路。

十八载时光，足以改变一个人最初的科研方向。离开了先生的庇护，我不得不更加独立坚强。继先后获得国家自然科学青年基金、同济大学优秀青年基金、同济大学各类学科交叉基金后，我于2009年被评、聘为同济大学副教授，成为一名硕士生导师，也有了自己名下的科研弟子。2011年11月，又有幸获得国家留学基金委资助，在美国佐治亚理工学院访学一年，开阔了自己的研究视野。2012年回国后，意识到自己在学术道路上单打独斗的缺陷与不足后，在同济大学化学系课题组整合大背景下，我加入了国家高层次人才计划基金获得者王启刚教授研究队伍，正式开启了高分子凝胶研究方向，与溶剂萃取法分离稀土研究方向渐行渐远。与先生的学术交流和见面次数也变得屈指可数。细细算来，自2012年11月份在长春见过先生后，至今睽违已有十余载。

见面次数虽然不多，但电话沟通却是方便的。尤其是微信交流群的出现，更使得千里之遥仿佛就在对面。疫情期间，先生与师母的健康牵动着学生们的心，而弟子们的家庭琐事也无一不是先生关注的方向。谁家的孩子什么时候要升学，什么时候要中考、高考，先生的心里都有挂怀，每每电话打来，也都是嘱咐我们要放平心态，对孩子多体谅；对爱人，多关注；对名利，要释怀。凡事切不可过于执着，先生用他的人生智慧指导我如何经营事业，磨砺生活。先生，犹如一盏明灯，不断照亮我前进的征程。

2023年8月21日，因帮助先生撰写科研传记《六十余载稀土情——李德谦科研小传》，我再一次回到长春，回到给予我力量和知识的母校。长春的天空明朗干净，空气中弥漫着一种香甜的味道，毕竟出生于东北，有着对故土的基因记忆吧，我感觉呼吸都轻快了许多。

拉着行李，想到即将见到先生和师母，我心怀喜悦。徒步走在从东北师范大学去往长春应化所的路上，我感受着内心的宁静与安详。自由大路偏僻如旧，昔日的盲人按摩店仍在，错落有致的楼盘因外墙的翻新而显得更有生气。这，依然是我熟悉的地方啊！

听我说已经安顿好住处，就在先生家不远处的汉庭酒店时，先生第一反应竟然是我好厉害，看来先生对我的印象还停留在闺阁时代，我信誓旦旦地对先生说：

——李老师，我都快五十岁啦，怎么会找不来呢？

——一会儿，我就到您家门口，您放心好啦！

结果，当我兜兜转转、在先生家房前屋后转了好久，才找到先生住所时，看到的就是师母穿着棉涤短袖衬衫正伫立在二楼平台，看着我从远处走来。到了房间有一会儿的工夫，先生才从里面出来，原来先生下楼不便，竟早早地在窗口处探望。没看到我的身影，就一直痴痴地守着，一如老父亲翘首等待女儿的归来。

见到我后，先生和师母围坐在我身边，很是高兴。我竟然发现，先生竟也很能聊一些科研以外的话题。从孩子到爱人，从娘家到婆家，先生和师母事无巨细地问询了我的近况，同时也聊到了同门其他人的境况，不知不觉中，就到了吃饭的时间。

晚饭是去附近的津门包子铺吃的，先生极力推荐的。牛肉萝卜、韭菜鸡蛋和鲜虾米葱馅的包子，很有家乡的味道。饭后，先生熟练地用手机微信抢着付款，动作一点都不拖泥带水。若不是看到先生仍旧斜挎着许多年的布背包，穿得也是普通，单看先生气势十足的派头，就足以惊呆服务生的双眼。毕竟，这么大的年纪，能如此熟练地操作手机的老人毕竟不多呀！

后面的两天，早上我去南湖跑步，顺便买些蔬菜，在宾馆吃罢早餐后，就去先生家里。我帮先生校稿，师母就在屋外忙碌，午饭就在家里解决。食材是家里有的和我早上新买的，豆腐、小青菜、黄瓜和豆角，都是家常菜。先生和师母饭量很小，我也如此，简简单单，却充满温馨。

饭后，先生坚持要洗碗，师母在旁和我说这是他的专利。对于洗碗，先生自有一套流程，一时半会儿我竟无所事事，只得作罢。明明说好午饭我来烧，饭后我洗碗，结果，却什么都没做，心中有一丝丝幸福，那是亲情在心底萦绕。考虑到先生的身体原因，午饭后，我便回到宾馆，继续整理文稿，晚上自己安排。但一到饭点，先生还是会打电话叫我回家吃饭，嘱咐我在外面一定戴好口罩。于是，闲逛之后，晚上我会买点水果带回去，让他们看我一眼，安心了，我才回去。

第三天，熊英和李薇也从沈阳匆匆赶来。得知先生的布背包已破旧，熊英利用从武汉开会归来返程候机的空档，特意精挑细选了一个新的带过来，又给师母买了一件衣衫。她购物的眼光一向很好，相信先生和师母一定会很喜欢。多少年来，先生和师母在弟子们的心中，早已是父母一般的存在。

临行前，熊英又专门买了各色水果，都是绵软又好消化的。弟子们不能常守身侧，也只能略尽绵薄之力。怕先生和师母难过，放下东西，我和熊英转身离去，不敢回头。此一去，不知何日再聚首。月有阴晴圆缺，人有悲欢离合，此事古难全。唯愿先生和师母健康长寿，犹如青山不老松，傲然挺立岁月长河中！

心理学家认为，一个人的感情一定要多元化，这样他的心理才会健康，面对挫折时才会有强大的治愈力。爱人与感知被爱，都是一种力量。对此，我深以为然。求学长春，如果没有先生和同学的鼓励，我也许会硕士毕业，就业某方；也许会另寻名师，前途渺茫。毕业在即，如果没有临行前先生的嘱托，我不可能联系到同门兄姐，更不会对陌生的城市存有期待。偏离稀土方向，如果没有先生，我或许都不知同门兄弟姐妹们身在何方？正是有了师生同门这条纽带，有了稀土分离这颗共同的研究之根，不同姓名、未曾见面的同门才会以兄弟姐妹相称。先生，是支撑稀土分离大家庭的严父，是时刻挂念我们生活的慈母，是指引我们走向科研道路的智者。

"我有所念人，隔在远远乡；我有所感事，结在深深肠。"曾帮我改过论文的贾琼师姐，帮助我获得研究经费的伍平师兄，消解过我郁闷心情的志峰师弟，买糖炒板栗与我分享的晓琦师弟，赠我离别珠链的玮玮师妹，科研业务上严谨认真的香兰师妹，还有时不时相约聚餐以及带我逛街打扮的波波和熊英同窗……，这些人都令我怀念。"投我以木桃，报之以琼瑶，匪报也，永以为好也！"无以为报，也只能略尽绵力，为尊敬的先生写个小传，献给可亲可爱的同门，惟愿对酒当歌时，月光常照金樽里。

如今的我，人生已然一半，未来已无太多期待。但是，每当我站在讲台上，与学生面对面交流时，总是潜意识地把先生当作明镜，反躬自问，对待学生宽容、慈爱吗？对待科研严谨、执着吗？遇到不公正待遇，心境淡然吗？一日三省乎己，把先生的学识与人格魅力传承下去。

2002级硕博连读生王玮玮：这个领路人润物细无声

我2002年来到长春应化所学习，遇到李老师，是我人生的幸运。2002到2022，蓦然回首，二十年已过。不惑之年的我，回望自己的科研之路，应感激、对我影响最大的人是李老师，关键时刻都有他老人家的指引。

他对稀土的热爱、对工作的投入感染了我们所有人。一年四季、周一到周日，只要他在长春，就会来实验室。从六十岁到八十岁、从东北到西南，只要工作需要，他都能出现在各地稀土厂的车间里。每当我工作压力大，感觉懈怠，甚至漫无边际地想"躺平"的时候，一想起八十岁的老师还在工作，就立刻振作起来。比起先生，我年纪轻轻、身强体健，有什么理由偷懒？！

李老师治学严谨，让人印象深刻的是他学术探索上求真务实、一丝不苟的精神，在学问上他是一个一丝不苟、求真务实的人。同时，他又是一个温和的人，他对我们这些学生的关心无微不至。我们这些毕业这么多年的学生，工作、生活上还都在被他挂怀，有什么事大家也都愿意跟他敞开心扉。

李老师学问虽大但话不多，往往寥寥几句点拨就能解开我们学生心头的疑惑。在选课题方向时，我就感觉怎么这个稀土萃取领域这么难啊，迟迟拿不定主意做什么，是李老师高屋建瓴地分析了稀土行业形势，结合前沿技术发展，定下了围绕攀西矿工艺流程优化进行稀土萃取热力学、动力学的基础研究。还记得2003年刚下实验室，为了配溶液需要将氧化铈用硫酸溶解，看似简单的事折腾了两周也没完成，一开始，我还不好意思去求教李老师，后来李老师说这是因为我用的氧化铈的煅烧温度太高了，真是火眼金睛，我当时就想，李老师真牛。

图 11-11 2023 年,王玮玮母女三人与先生(中)、师母(右二)合影

我 2011 年年初回国后,进入中国恩菲(原北京有色冶金设计与研究总院)工作。去单位报到来之前,李老师说,你去了就做稀土研究。我说,好。入职之后,短时间做过别的金属研究,但稀土研究工作一直延续。先是从事了 3 年的稀土工程设计工作,遇到难题的时候自然而然地就想起了李老师,因为我知道他是稀土领域的泰斗级人物。2014 年冬,我主持的红土镍矿提钪项目进入了紧张的中试阶段,初建的恩菲研究院把所有人马拉到了河南偃师,我们新建的钪中试线就在此处。我也进入了高度紧张状态,虽然之前的小试实验结果都不错,

但一下子放大那么多倍，还要在年前短时间内，从几吨的矿中提出几公斤的高纯氧化钪，真怕有意想不到的情况出现。这时候还是李老师老将出马，帮我分析了中试时可能遇到的问题，鼓励我、支持我，给我吃了定心丸，有了老师"托底"，我信心一下子就高涨起来了，一举成功，感谢老师！

第12章
致 谢

光阴荏苒，岁月如梭。从最开始决定为先生写传记，到现在即将定稿出版，已是三年时光。当年的澎湃激情化为疏密相间的文字从心间缓缓倾泻而出！岁月，让师生情逐渐变得质朴而深沉。如今再看书中内容，不禁心底打个问号：书中绝大部分文字竟由我一人完成？！真是如人说的，写作让人精确，先生一生的事迹也随着页面的舒展而渐渐变得清晰明朗，先生一生谦谦君子的形象也跃然纸上！自豪感在我心头油然而生。

这本传记的创作，发端于2021年。先生一连几天在稀土分离组微信群内分享由他本人亲自撰写的一份名为"结缘稀土60年"的文档。几天后，韩树民师兄即把它编辑成册，在燕山大学出版社制作成一本未申请书号的小册子。深感先生对稀土之热爱，册内短短六千字，感觉不足以描述他对稀土分离事业的眷眷深情。于是，我便有了接棒创作动机。献给先生，也献给曾经与先生一起工作过的恩师、同事、同行，以及先生的所有门下弟子。即便如此，考虑到为先生写传，虽工程巨大，旷日持久，耗费心血，但也难免有沽名钓誉之嫌，所以，竟也踟蹰不定，一时没有下笔。

或许是天意如此，先生这样的贤者当有传立于丛林。2022年4月，新冠肺炎疫情肆虐上海，一度紧张有序的工作与生活突然按下暂停键。居家隔离的日子，同门兄弟姐妹们每有提及传记写作进度如何等等，我才明白：并非我一人有为先生立传想法，先生一生执着敬业、善良宽容的品格值得后辈深深铭记。又高等教育有"立德树人"之义，在这种背景下，先生对待科研孜孜不倦，对待学生宽严相济，对待学术精益求精的优良品德格外符合当前形势。经反复思量后，再次坚定为先生写传意愿，征得先生同意后，终于在键盘下认真地敲下了第一个字。

写作之初，进展可谓步履维艰。书稿如何布局、段落如何划分、主线涉及哪些内容，一概没有案例可考。除一本先生所撰《结缘稀土60年》外，我对先生平生知之甚少。师门求学五载，一直专注于基础研究，对稀土分离工艺流程却从未涉及，真是汗颜。另一方面，先生生于民国时期，桑梓在湖北，他故乡的民情风貌对于出生和成长在北方的我这个晚辈来说，难以考证，难以共情。对于先生早期弟子们印象，亦很模糊。若要真挚地写出他们与先生之间的情感交往，需反复求证揣摩，用心思量。虽不能说日思夜想，却也常常夜不能寐，辗转难眠。断断续续中，耗时三个月，才把先生的科研工作内容按时间顺序整理出来，文章骨架渐渐成型。

此后，得王艳良师弟鼎力相助，把先生所发论文，所获专利，所存学生博士、硕士论文，以及先生所拍照片等文献资料一并传递给我，遂使撰写工作得以继续。先生一生，总计培养45名研究生，可谓是桃李天下。细说起来，每一位学生都自成一道风景，即使不能做到面面俱到，人人都写，但几位得意门生如陈继、廖伍平、孙晓琦、王玮玮、王艳良、熊英六位博士将稀土分离事业光大传承，需在传记中占有一席之地。同时，乐少明、王春、孙静、陆军、陈继、王进平、赵君梅、王玮玮几位同门给予了大力支持，他（她）们用温暖的笔调回忆了师承先生门下的点点滴滴，为传记提供了丰富灵动的素材，也为传记呈现了一个可爱立体的先生形象，在此深表谢意！

一人计短，众人智高。在传记反复修改过程中，乐少明、王春、孙静、熊英、孙晓琦，以及王艳良几位同门再次给予了支持与鼓励。尤其是孙静师姐，不仅通读了整个文档，而且对于稿中出现的问题，也及时反馈给我，并帮我更正错误。熊英教授在自身精力不济的情况下，特意找了两位年轻同事，对全文进行了修订，展现了严谨认真的工作态度，令人感动。正文中每一段标题经乐少明师兄提点修正后，可读性增色不少。王春师兄在写作之初亦提出了很好的建议。师弟孙晓琦和王艳良更是随时"听命"于我，但有所求，无不倾尽全力。这些帮助愈发鼓舞了我，让我在撰写路上不再孤单。在描述 HA 双溶剂萃取体系发展历程，以及 P507-ROH 重稀土分离新体系章节中，邓岳峰博士统摄了全文，显示了审读和加工的专业水平。对于描述四川氟碳铈矿分离流程中下厂工作情况，张志峰博士提供了较多细节。邹丹博士则对江西金世纪的实践生活做了回忆。对于先生出国游学、考察旅程，孙晓琦博士贡献了整个篇幅。

故而，为先生写传，绝非我一人所能为，而是合聚师门之力而成；向先生表达谢意，也并非诉我一人之衷肠，而是抒全体弟子的共同心声。而我，只是在合适的时机，利用了自身的时间优势，侥幸成为了为先生写传的执笔人而已。虽然，从字面上讲，这本书的确由我主笔，但从实际意义上说，传记中的内容乃是由稀土分离组全体成员所共同创造，是先生与稀土结缘六十余年工作成果与科研历程的客观总结和如实呈现。能够吸引读者诸君从头到尾一气儿读完的，断不是一个从未有过创作经历的新人仅凭堆砌辞藻、为赋新词强说愁所能企及的。吸引读者、让读者诸君感动的，一定是稀土分离发展历程中，先生带领同事与弟子们勇于克服困难，迎难之上的那种精神力量。而我们能做的，就是秉笔直书所有缔造这些精华的先生以及曾经青春年少的稀土弟子！

先生与倪院士共事几十年，友谊深厚。在受邀为传记写序后，年逾九旬的倪嘉缵院士欣然接受。收到传记样稿当天，即开始着手写序工作。短短半月时间内，即告完成，而且是在他老人家右眼患白内障的前提下！这令我不得不钦佩老先生雷厉风行的做事风格。一千三百余字的序里，倪院士先是介绍了自己与先生的结识过程，然后十分中肯地总结了先生从事稀土萃取分离六十余载科学研究的五大特点，其认知犹如高山瞰海，远非常人见识。倪院士总结了先生的人格魅力与处事风格，为序言画上完美句号。倪院士与先生既是同事，又是科研伙伴，他从未因自己是昔日领导而倨傲同事属下，也从未因早已身居院士高位而自命不凡。他虚怀若谷、淡泊从容的心态，实为后辈楷模。听我说起写作传记的前前后后，他不仅为先生能有传记付梓而倍感欣慰，而且对撰写传记的我也高看不已。

后来，倪院士到上海办事，特意邀请我与他的门下弟子们相聚。当晚的他身着暗绿色格子西服，脖系朱砂红色领带。虽步履蹒跚，却神采奕奕，精神状态甚佳。初见院士，他没有特意跟我说什么，仿佛早就认识我一般，牵起我的手，一起走到饭桌旁。他说，他记得当年在所里读书的我，真令我备受感动！高山仰止，景行行止，老一辈科学家身上有太多值得我们学习的地方，单是这谦和慈祥的姿态就已令人心驰神往。企业家鹿传欣师兄的一番话，更让我感到了倪院士可贵的精神品质。

从商多年，我一直就记得倪老师跟我说过的一句话。他说："应化所里好的事情未必有我，但出了问题，一定有我的责任！"正是有这

图 12-1　2023年，倪嘉缵院士（前排中）与作者（后排右二）在上海梅陇镇酒店合影
前排左起同济大学教授闫冰、倪院士、上海先尼科董事长鹿传欣，后排左起深圳大学教授田静和都秀波、本书作者乌东北和上海大学教授邢菲菲

句话的指引，这么多年，我才能充满责任心地对待自己的工作，善待身边的人！

说到此处，鹿师兄的情绪略显激动。想必在他的心中，倪先生也是如同父母一般的存在，是他心目中最可亲可敬的人！

是啊，好的导师，的确可以影响一个人的一生。一如我的老师李德谦先生，就是用他博爱与善良，执着与正直指引着稀土分离组众位弟子们前行的方向。后来笔者得知鹿师兄在行有余力的情况下，已在云南昆明乡村建立了多所希望工程小学，并且持续多年为维护这些小学的运营而坚持不懈地努力奔走，实在钦佩之至。十年树木，百年树人，这就是教育的力量！一个人的作用无疑是有限的，可如果代代都有一群这样品德高尚、胸怀天下的人，那我们国家，我们民族复兴一定是指日可待，充满希望。

如果说先生是我学业生涯旅程中的庇护人与守护者，那么自2005年博士毕业、就职于同济大学后，同济大学土木学院地下系陈永贵、叶为民，以及化学科学与工程学院王启刚三位教授则是我近十年科研中的同行者与领路人。

结识陈永贵教授是2010年秋天，金黄的梧桐叶落满了校园的林荫路，忙碌的学子们正穿梭在南北的教学楼中。在上海外国语大学主办的出国留学英语培训班上，我们认识了彼此。当时的我们，正值盛年，对科研和人生都有积极乐观的追求，听闻对方的研究方向与自己有交叉的地方，遂申请了校内光华联合基金项目，正式开启科研合作生涯。

此后，在陈老师的带领下，我们先后获得了同济大学学科交叉基础项目、滚动项目和重点项目资助，累计金额达百余万元，合作发表文章二十余篇，可谓硕果累累，不仅积累了深厚的研究基础，也培养了一些优秀学生。听闻我要出版传记，已经是国家杰出青年科学家的陈老师也提供了最实实在在的支持，令人感动：相识于微末之时的情分是如此纯粹，令人珍惜。

有幸参与叶为民教授团队的一些工作，是缘于陈永贵老师。叶老师是陈永贵老师的博士后合作导师，也是同济大学土木学院地质资源与地质工程学科的带头人。

叶老师没有特别显赫的人才头衔，却因长期深耕于膨润土缓冲材料研究领域，取得不少成果，亦获得多项荣誉。我有幸参与了由叶老师主持的"高压实膨润土的热—水—力—化耦合特性及缓冲机理"项目。作为完成人之一，2018年我获得了由教育部颁发的自然科学奖一等奖。事后，叶老师鼓励我朝交叉学科方向发展，为此还从环境地质学科申报了2019年国家自然科学基金。基金申请书准备过程中，叶老师不仅帮我梳理研究思路，甚至还亲自修改申请书。叶老师不会盲打，只习惯用食指敲键盘。看到他一边看键盘，一边看电脑，却丝毫不觉厌烦的样子，心里除了感激，还有敬佩。

叶老师是优秀团队带头人，他会分享胜利果实，也会提携后辈，对帮助年轻老师的发展不遗余力。当我用微信询问他是否能为本书写点什么后，叶老师很爽快地答应了我。然后，又当面告诉我之所以答应，是感动于我对自己导师的一片赤诚，但由他写序并不合适，写书评应该可以。随后，又向我推送了一篇他刚刚写完的书评供我参考，设身处地为我着想，着实令人感动。

在传记出版过程中，另一位鼎力支持我的人是同济大学化学科学与工程学院2021年国家杰出青年科学基金获得者王启刚教授，也是功能凝胶课题组的学科带头人。我的研究方向之所以从溶剂萃取法分离稀土转到膨润土改性，再转到柔性功能器件设计与开发，王老师功不可没。他既是我开启新的研究方向的领路人，也是同事与科研合作者。十余年励精图治，凝胶课题组已变得枝繁叶茂。自2011年建组以来，

图12-2　2021年，同济大学王启刚教授科研团队合影
第二排左五起：本书作者乌东北、王启刚、李汶军和王霞老师，其余均为已毕业学生

培养学生人数已逾50人，研究成果频频出现在 *Angewandte Chemie International Edition*、*Nature Commmunications*、*Advanced Materials* 等顶级期刊上。在他的指引下，我的研究方向逐渐拓展到功能凝胶的设计、制备及环境、能源与生物医疗等方面的应用领域，发表的研究论文影响因子也逐步提升，尤其是新获2022年国家自然科学基金面上项目"酶促界面聚合构建凝胶微针用于多重生理信号在体无源检测"，更标志着我的研究方向已由稀土分离彻底转向了生命医疗领域，研究体系实现了质的改变。知道我为出版传记筹集资金的事情后，王老师很慷慨地表达了他的支持，与陈永贵老师一道为我平添了厚重的底气与信心。毫无疑问，两位老师的支持一方面是感念我多年对组内工作的奉献，另一方面也是对我写作能力的嘉许，对此我深表谢意。我为自己前些年有勇气加入凝胶课题组而倍感欣慰，这些成长路上帮助过、爱护过我的人都值得去赤诚相待，无怨无悔。

回首三年时光，为了本书的顺利出版，着实花费了我不少精力：搜集素材、筹措经费、洽谈出版、修改润色，桩桩件件亲力亲为，成长了许多，也收获了不少。一幅幅感人至深的画面时不时就会浮现眼前：钦佩于罗爱清师兄对财富的认知，明明自己赚钱很辛苦，却在得知需要集资经费的消息后，第一时间就转钱给我，而且金额不菲。他的想法是钱没有了，可以再赚，但为自己敬爱的师长出书立传的机会却不是想有就有。做有价值的事，虽身疲、却心安，在力所能及的条件下，能为先生出传记做点贡献，是一件非常愉悦的事；感动于王艳良师弟和王玮玮师妹，明明自己在企业里面工作压力很大，又有幼子和幼女需要双重抚育，左支右绌，却仍然选择尽自己最大的力量来支持出版。因为他们知道自己曾深受先生教导、帮扶之恩，他们钦佩先生的品行，被先生一生热爱稀土分离事业的情怀感染，他们视先生和师母为自己的父母亲，不仅钦佩先生一生执着一件事的勇气和决心，也为曾受教于先生门下而深感自豪，他们是真正热爱先生之人，用实际行动回报了师长之爱；除他们仨之外，陈继、廖伍平、王春、孙晓琦、熊英、王弋戈、赵君梅、孙晓波、孔微、陆军、张志峰、尚庆坤、刘建军、张绘、贾琼、王香兰、李薇各位同门也都倾囊相助，纷纷出资赞襄此事。萤火之光可以照亮宇宙，合力之众成就一柱擎天。尤其是身在国外的孔薇师姐，也遥寄心意，为传记出版献上最虔诚的祝福。在此，深表谢意！

如果说传记出版成全了先生对稀土分离事业一生的绵绵情谊，那在写作过程中，在无数个字斟句酌的日子里，无形中也成就了我的文学梦。看到我为传记撰写以及出版发行宵衣旰食的样子，孙静师姐伸以援手。不仅在前期写作时助我良多，在联系出版社、筹措经费的过程中，也展现了身为师姐的风范。听说先生于 2023 年 11 月即将赴美安度晚年的消息后，孙静师姐专程从上海经哈尔滨转长春探望先生和师母，且随身带着我仓促赶制出来的传记样稿送呈先生览，并安慰先生请他放心，请倪嘉缵院士作序、联系出版的事情一切有她。返沪以后，孙静师姐第一时间就开始紧锣密鼓地张罗各项事宜，利用自己的人脉资源，打电话，发微信，甚至准备亲临广州拜访倪先生。按照她的计划，即使多出些钱，多费些力，也要达成出版心愿。即便如此，师姐还经常安慰我，不要着急……凡此种种，怎不叫人动容？

如果说身为嫡传弟子，为先生写传，并筹划出版，责无旁贷，但对于身为上海莱雅仕化工有限公司董事长的李富强先生来说，则情况又有不同。在得知传记即将交付出版社的消息后，李总特意联系我，希望做些贡献。雪中送炭固然可贵，但锦上添花也弥足珍贵。对于李总的心愿，先生与我亦深昧其意。自而立之年与先生相识，到如今的儿孙绕膝，三十余年的忘年友情使得李总常以先生外室弟子自居。既知立传之事，一心向佛的李总自然希望略尽绵薄。李总听从我的建议，低调、又不张扬地表达了自己对先生的敬意。在此，对于李总的慷慨大方，又善解人意深表谢意！

一本优秀图书的出版，编辑无疑是最重要的角色。在签约同济大学出版社后，责任编辑丁国生先生对本书倾注了心血。我之所以能够在繁忙的工作之余仍然能坚持不断完善书中内容，功不唐捐，要感谢来自出版社方方面面的督促和鞭策！

最后，我还要衷心感谢在写作过程中给予理解和支持的家人们！尤其是女儿刘一凡的参与，更增添了我克服困难的勇气和力量。从写作之初，她对于标点符号如何使用的正确建议、文章段落的合理划分，再到后期书稿清样的校对以及图片安排的版式顺序，她都提出了中肯的建议。尤其是撰写读后感，更让我感受到了女儿对我写传工作的认可，体会了她对于这本传记的关注与期待。有女若此，不甚欣慰！

尽管如此，本书距我心目中完美状态仍有差池。主要原因是素材还不够全面，先生所历之事时间久远，早已模糊不清，难以追忆和描述；另外就是作者本人能力不足，我有限的文学储备难以深描先生对稀土事业的拳拳深情；第三，自矢志落笔开始，已近三年时光过去，不仅耗时已久，也确实劳形伤神，撰写之余总有琐事缠身，因此无暇再对内容予以斟酌推敲。因此，对标一本优秀的科研传记，本书远未臻于至善，还请各方专家予以指正。

第13章
书 评

让科学家的风范久久传扬

——读《六十余载稀土情——李德谦科研小传》有感

得益于与我们的长期科研合作伙伴——同济大学化学科学与工程学院乌东北老师的引荐,我有幸在《六十余载稀土情——李德谦科研小传》出版之前,先睹为快。

说实话,之前我对李德谦先生没有接触和了解,对先生所从事的稀土分离基础理论及工程工艺流程开发等相关工作更是知之甚少。通过本书的阅读,我对李先生的人品、学识和学术成就有了深刻的印象,对和我们有10多年合作经历的乌东北副教授也有了更深一层的认识。

李先生学术造诣深厚。自20世纪90年代开始,他就在国内率先开展稀土萃取动力学研究,自主研发了层流恒界面池,不仅扩充了稀土萃取理论研究内涵,更极大支撑了非平衡态串级萃取工艺的研发;提出的两物质间协同效应,与两个萃取剂对一种物质的协同萃取截然不同的理念,为优化组合适宜工业萃取剂提供了指导;将"非平衡萃取设计及分离制备一体化集成技术"思想应用于重稀土分离提取,发明了"P507-ROH分离重稀土新体系和工艺"并产生了显著的应用价值。仅氧化镥一项产品,就为相关企业新增销售额超6亿元,利润超1.78亿元,成为支撑重稀土分离企业可持续发展的关键产品。

先生产业化实践成果显著。先生是我国第一代稀土分离专家,从上世纪50年代即开始从事稀土分离工程工艺开发研究,一个甲子的漫长时间里,始终朝这一方向不断深入探索。自主研发的氨化P507分离单一稀土流程已在国内工业界普遍使用,且未来几十年内其地位不会动摇。先生坚持走"基础研究—新工艺开拓—产业化道路"道路,不仅为有关各地产业创造了巨大的经济效益,也为我国稀土产业走向全世界作出了重大贡献。

先生高度重视国际交流。自1981年出国参加第一届国际溶剂萃取会议之始,一直到2019年新冠肺炎疫情来临后的近22年间,先生共出席各类国际会议28次,足迹遍布世界各地。不仅充分了解了稀土分离国际发展前沿,为国内稀土产业引进了国外性能优良的Cyanex系列萃取剂,也把国内稀土分离的新工艺推广到了大洋彼岸,确立了中国稀土萃取分离技术的国际地位。

李德谦先生是一位富有仁爱之心的人。当得知组内职工王忠怀身体抱恙,不适合在第一线工作时,及时帮她调整岗位,保障待遇,并时常看望。对于学生,更是如师如父。学生家庭困难,他慷慨解囊,不求回报;学生心理压力过大,他耐心宽慰,宽容体谅;即使是毕业多年的学生,也时时惦记在心;对于学生的求助,更是倾力相助。同时,先生还是一个充满感恩之心的人。对武汉大学曾云鹗教授和长春应化所苏锵院士两位导师，他总是念念不忘师恩；对于学生在科研工作中的地位和作用，他从不忽视；对于帮助自己治好肠病的华军医、治好眼科疾病的刘克飞医生，以及后来帮助师母住院的弟子张凤君等，他也都牢记在心。李先生这些良好的工作作风，高尚的精神品质，低调、不张扬的谦虚品格非常值得大家学习。

说实话，乌东北老师第一次同我聊起要牵头为先生作传时，我便对这件事情产生了兴趣。一位既不是开山、亦不是留在先生身边工作的弟子，能在自己毕业多年后、先生近九十高龄时，发起并组织大家为自己的导师作传？可以理解的当然是因为先生高尚的人品，深厚的学术功底与令人敬佩的学术造诣，再者应该就是乌东北老师在做人与做事方面都得到了恩师的真传了。这点是我拜读《六十余载稀土情——李德谦科研小传》后的又一个感慨。

衷心期待读者特别是年轻的科技工作者能够从李德谦先生的求学、学术及人生经历中汲取所需的学术与精神财富，继往开来、勇于创新，进一步推动我国稀土分离事业的发展，为繁荣我国的科技事业、实现中华民族的伟大复兴而努力奋斗！

同济大学特聘教授、博导

2024 年 3 月 11 日

叶为民

同济大学特聘教授、博导,地质资源与地质工程学科主任。长期从事水文工程地质、环境地质、非饱和土工程地质等方面的研究与教学工作。主持国家重点研发计划,国家自然科学基金重点基金、重大仪器,以及国防科工局专项基金等省部级以上项目40余项;发表期刊论文400余篇,其中SCI核心合集论文220余篇;获教育部自然科学一等奖(排名1),入选"全球前2%顶尖科学家榜单"和"爱思唯尔'中国高被引学者'榜单"。

让"立德树人"之风吹满校园

——读《六十余载稀土情——李德谦科研小传》有感

2023年8月25日,新冠肺炎疫情刚结束的暑假,乌东北老师发来短信,说她利用居家隔离时间,为她的博士生导师、中国科学院长春应用化学研究所的李德谦研究员撰写了一本科研传记。乌老师告诉我,这本传记是她对恩师一生科研事业和立德树人教育理念的总结,也是她对自己青春岁月的一个缅怀。不多久,乌老师便把书稿送给了我,并希望我能写一点感想。

事实上,我从来都不是一个会写作的人。更何况乌老师博士期间主要从事稀土分离研究,与我的研究方向分殊甚大,我更加不确定自己是否有耐心读完这本专业性极强的科研传记。但是,自10多年前认识乌老师以来,她一直不愠不火,极少为外物所扰,特别是她对长者、同事乃至学生始终怀有赤诚之心,深深令我感动。因此,我想如果能为本书增添些许文字是她心之所愿的话,那就写一篇读后感吧。通过阅读,我不仅学习到了稀土化学的相关知识,而且深切感受到了老一辈科学家的科研精神和家国情怀。

首先,长春应用化学研究所科研底蕴十分深厚,李德谦研究员指导学生开展研究极为负责。例如，同学们清洗玻璃仪器时，李老师要求达到杯壁既无水滴聚集、亦无水滴成股下流的状态，这种微小习惯体现了李老师一丝不苟的工作态度。此外，李老师修改学生论文时，无论是英语表达、还是数据的可靠性，均要求尽善尽美，而且署名时长居第三位，这些小事无不彰显出李老师严谨细致的科研精神。

其次，李老师平等对待学生，授业解惑，毫无保留。一方面，李老师尊重学生个性，能够针对不同学生的性格特点和研究状态，分类指导，从不强迫学生做不擅长或者不喜欢的工作。另一方面，李老师有着一颗宽容之心，能够设身处地为学生着想，总是如春风细雨般对待学生。因此，李老师与学生们之间的情感极为真挚，感人肺腑。

最后，李老师毕其一生开展稀土分离基础研究与工程工艺开发工作，这种矢志不渝的科学家精神令人钦佩。李老师主持获得国家和省部级科研奖励8项，参与国际学术交流28次，发表学术论文近350篇，完成国家级产业化示范工程3项，组建稀土冶炼厂2个。特别是，李老师十分重视工业生产实践，即使耄耋之年依然活跃在生产第一线。他与弟子们一道开发的"P507-ROH重稀土分离新工艺"，不仅为稀土企业创造了巨大经济效益，也把中国稀土分离新工艺推广到全世界。高山仰止，景行行止。这些成就无一不令每一位科研工作者由衷赞叹。

读完全书，我深刻感受到字里行间反映出的师生真情，感受到乌老师用心敲下每一个字键的饱满热情。乌老师不仅对自己当年从事的科研经历记忆深刻，而且对同门师兄弟姐妹所历之事非常了解；不仅

对李老师过往的研究经历追根溯源，而且对稀土分离未来发展方向体悟颇深。这本传记蕴含了乌老师对母校深深的眷念与热爱。

同时，我也深刻地体会到这本书不仅仅是李老师的个人科研传记，同时也包含了与李老师生活和工作密切相关的父母、恩师、同事、弟子、亲人和朋友的点点滴滴。特别是书中介绍了李老师45位弟子，我仿佛看到了一群科学家前赴后继、勇往直前的美丽风景，我认为这是李老师一生最值得骄傲的地方。每一位弟子都出类拔萃，都对李老师充满感激与敬意，这种情感真挚而令人欣羡。十年树木、百年树人。我衷心希望这本传记的出版，能让立德树人之风吹满校园，让所有教育和科研工作者活出最美的模样！

同济大学土木工程学院　陈永贵

2024 年 3 月 12 日

陈永贵

同济大学土木工程学院地下建筑与工程系教授，博导，2021年国家杰出青年科学基金获得者。长期从事环境工程地质、城市工程地质及非饱和土力学等方面的教学与科研工作。主持参与及完成的科研项目有国家杰出青年科学基金、国家优秀青年科学基金、国家重点研发计划项目、国家重大科研仪器设备研制专项、上海市浦江人才计划、上海市教委科研创新计划重大项目等。在国内外学术期刊和学术会议上发表论文100余篇。主讲《水文地质学》，获同济大学"名课优师"荣誉。

春风化雨，方能滋养大地

——读《六十余载稀土情——李德谦科研小传》有感

当我听闻乌东北老师为其博士生导师李德谦研究员撰写的科研传记《六十余载稀土情—李德谦科研小传》即将出版的消息后，我第一感觉是意料之中，却又出乎意料。说是意料之中，是因为三年前，我隐隐约约地听闻乌老师有写一本弘扬立德树人教育理念传记的想法；出乎意料则是因为我没有想到，乌老师在科研工作愈渐繁忙的当下，竟然真的会花费大量时间和精力去做这样一件看起来吃力不讨好的事情。但转念一想，按照平素乌老师一贯不以物喜、不以己悲的处事风格，撰写传记的事儿发生在她身上似乎也不奇怪。

说起我与乌老师的缘分，要远溯到2011年10月份。当时，我刚通过国家人才引进计划到同济大学化学系工作不久，急需研究生组建自己的课题组；而乌老师则正准备赴美公派留学，我们都在无机教研室。她担心名下硕士生无人指导，于是找到我，允诺学生所作研究方向由我安排，此事正合我意。恰逢当时化学系学科整合，要求老师们尽可能加入团队，于是，就有了合作。一晃十多年过去，功能凝胶课题组渐渐成长了起来，其中固然离不开我的努力，同时，也要感谢组内乌东北、李汶军和王霞三位老师的鼎力支持。如今，乌老师付出心血的传记即将出版，我虽在文字表达方面力有不逮，但支持乌老师的心情却是坚定。

读罢《六十余载稀土情——李德谦科研小传》这本传记，至少有三处地方，令我心有触动：第一就是李德谦研究员一生只做了一件事，但他把这件事做到了最好。李德谦研究员自1959年7月大学毕业，就着眼于开发国家稀土资源，一直从事稀土分离研究，中间从未改弦易辙，这份坚持与执着令人动容。沿着"基础研究—新工艺开发—产业化工程"道路，他在20世纪八九十年代，就带领科研团队平地组建了两个稀土冶炼厂，不仅解决了当地人员的就业问题，而且取得了良好的经济效益；他带领团队先后完成了内蒙古包头白云鄂博矿、江西离子吸附型矿以及四川冕宁氟碳铈矿的三个国家示范性产业工程，为稀土分离清洁冶金工艺流程在全国范围内的推广提供了借鉴；他率先开展协同萃取体系热力学和动力学基础研究，发明了HAB双溶剂萃取体系，为替代环烷酸分离钇工艺开辟了新途径。他突破传统思维模式，提出P507分离重稀土应采用非平衡萃取设计及分离制备一体化集成技术这一思想，对于优化重稀土分离提取工艺具有重要意义。上述成果无一不需要数载，甚至十余载时光的辛勤耕耘，李德谦研究员却始终如一，对待稀土分离事业初心不改，这种精神令人钦佩。

第二，李德谦研究员对待学生、对待基层技术人员的那种平等、尊重、宽容与关爱精神叫我感受颇深。可能是由于幼年遭受磨难的经历，李德谦研究员始终心怀悲悯，对弱小群体表现出深刻的同情与体谅。他能在同事王忠怀老师患病期间，依旧让组织发给她生活费；能在知道学生家中生活困顿时，不计得失地提供帮助；他也能在得知学生们初入社会，科研需要扶持的时候，主动伸出援助之手。就如同学生们在传记中回忆的那般，李老师对待他们如师如父。也正因如此，使得李老师即使在退休20多年后，依旧与学生们联系紧密，得到他们的真情反馈。春风化雨，方可滋养大地，即是如此。

第三，李德谦研究员对待工作严谨、求真的态度以及对待困难积极乐观的进取精神也令我自叹弗如。比如，传记中提到在科研论文署名方面，他常年坚持放第三作者的位置，既不会抢夺第一作者的劳动果实，也不会抹杀其他参与人的贡献；既不会忽略团队里其他老师的参与，也不助长随意署名的歪风邪气。这一点，委实难能可贵。再比如，面对江苏丽港稀土冶炼厂稀土分离纯度提高的新技术指标要求，已经退休的李先生没有退缩，带领学生依旧前行。他与学生们一起参与工业实践，一边做实验，一边发现问题，尝试新的解决方案。凡此种种，不胜枚举，这种敬业精神着实令我辈望尘莫及。

总之，李德谦研究员身上闪烁的高贵人品体现了老一辈科研工作者的共性特征。优秀的品质，人人都会心向往之，并愿意为之做出努力。乌东北老师倾心撰写的这本科研传记结构清晰，脉络清楚，根本不必担心非专业人士读不懂的问题。读者既可以通读全文以便详细了解李德谦研究员筚路蓝缕的科研历程，也可以单独选择某一时段发生的小故事，从中窥探出他的工作状态、精神境界和情感生活，每一段

落都自成体系,都能从中得到精神世界的升华。

在我看来,这本传记不仅适合从事稀土相关专业的人,而且也适合将要从事或正在从事以及曾经从事过科学研究的人阅读,不仅适合研究生,更适合陷于师生关系困顿的年轻导师们阅读。书中对于如何成长为一名优秀的科研工作者,如何成为一名受学生爱戴的导师,以及如何才是真正的科学研究都有相关情节描述,期待读者的喜欢。

最后,我衷心希望这本传记的出版与发行能带给读者更深层次的思考,希望导师对待学生们都如春风化雨一般,滋润他们的心田,带领他们树立正确的世界观、价值观及科学观,为我们国家培养出更多优秀的科研工作者与科技人才。

同济大学化学科学与工程学院教授 王启刚

于 2024 年 1 月 26 日

王启刚

同济大学化学科学与工程学院长聘、特聘教授,博士生导师,2021年国家杰出青年科学基金获得者。长期围绕载酶活性生物医用高分子水凝胶材料设计与生物催化诊疗开展深入研究,以第一或通讯作者在 Nature, Nat. Commun., Adv. Mater., Angew. Chem. Int. Ed., J. Am. Chem. Soc. 和 Acc. Chem. Res. 等期刊发表研究论文100余篇,其中影响因子大于10分论文50余篇。主持参与及完成的科研项目有国家杰出青年科学基金、国家自然科学基金、上海市科委浦江人才计划、教育部新世纪人才计划、国家重点研发计划等。

情满稀土分离组

——读《六十余载稀土情——李德谦科研小传》有感

受东北师妹之托，我优先拜读了她为李老师写的稀土研发60年的回忆录。十多万文字翔实记载了先生一生努力求学、勤奋工作、不畏困难、为中国稀土事业的发展攻克一个个难关的感人事迹。大部分内容我也是第一次了解学习到，很受震撼和触动。读完这本饱含师妹对李老师深深情谊的书，我真切地感受到先生对生命的热爱、对事业的执着、对家人和弟子的责任心。人生漫漫长路，唯有热爱和责任可抵御平淡与漫长。

生命之热爱——先生自出生以来就双眼弱视，我初见他时，看见他需要几乎贴在纸上才能阅读。现在都很难想象，他以这样的视力是怎样面对求学、工作、攻克科研难关、去工厂解决实际问题等等一个个挑战的，还有数不清的文献阅读、学生论文修改、学术报告的准备。我从书中了解到，先生为了给自己争取读大学的机会，很机智地把视力表背了下来。待去学校报道体检又要检查视力时，先生很是紧张，值得庆幸的是，后面是通过辨别颜色看是否色盲，先生才得以再一次顺利闯关。读到这里，我想到那句"机会总是垂青有准备的人"。是啊，只要自己有这份心，上天也愿意成全。先生瘦小的身材、弱视的眼睛并没有阻挡他一直努力奋进的步伐，我感受他对生命的珍惜和热爱。

对事业的执着——先生自1959年大学毕业到应化所工作至今，已经十足地有65个年头。正如倪先生在序中所言"李德谦先生是我国少数能坚守一个甲子、孜孜不倦，持续不断地从事稀土湿法冶金领域研究的科学家之一"。这样一句话道出了李老师一辈子爱一行、干一行、干好一行的科学家精神。李老师的坚守体现在他始终围绕"基础研究—工艺开拓—产业化"这样一条从基本科研规律的发现，到进一步发展面向应用的实际工艺，并最终将其实现产业化的道路。先生带领团队先后完成了内蒙古包头矿、南方离子型稀土矿及四川攀西氟碳铈矿等稀土元素的高效分离，在包头完成了年处理2 400吨包头稀土矿清洁流程的国家产业化示范工程上，实现了纯度达3～4N，有的可达5N的单一稀土产品的生产。高纯稀土为我国在高性能医疗器械领域PET实现"中国制造"作出了重要贡献。李老师在钍、铀分离方面的贡献，不仅获得了高纯钍产品而且实现了钍回收率达99%，为30年后中国科学院启动钍基熔盐堆项目奠定了坚实的基础。

对家人和弟子的责任心——先生的品性更像兰花，没有艳丽的色彩，没有浓郁的香味，淡淡的，却一直给人温暖和安详。他和师母相敬如宾几十年如一日。他对学生们总是鼓励和支持，从来不说重话。他对同事们也是理解和支持，体谅别人的不容易，困难之时总是伸出援手。我自己带学生、做课题组长也多年，有时候会缺乏耐心和包容之心，想想先生，心生惭愧。

合上书,心里对先生的高尚人品和在科研上孜孜不倦的奋斗精神充满了敬意,确为我辈终身学习之楷模!很多同门师兄弟姐妹们在稀土领域的卓越成绩令人钦佩!我也为自己有幸成为先生的学生倍感光荣。乌东北师妹文笔优美、情真意切、不少地方的记录和描写令人感动落泪。她对先生的一片情谊以这样有意义的方式呈现出来,令我非常敬佩!感谢她将我们生命中与先生在一起的那段美好时光记录下来。闲暇之时,安静阅读,重温在先生身边的岁月,再次让先生勤勉的工作作风、良好的生活习惯、不畏艰辛的勇气和毅力鼓舞和温暖我们。先生像一盏灯,照耀在我们心里。

1991级硕士、中国科学院上海硅酸盐研究所研究员、博导　孙静

孙　静

中国科学院上海硅酸盐研究所高性能陶瓷和超微结构国家重点实验室研究员、博士生导师。中国致公党党员,上海市第十四届、十五届人大代表,上海市第十四届政协委员。曾获全国三八红旗手、上海市领军人才、上海市优秀学科带头人等荣誉称号。研究方向为环境功能材料、柔性传感材料与器件。已在 *Adv. Mater.*, *Nano Energy*, *ACS Nano*, *J. Am. Chem. Soc.*, *Carbon* 等国内外核心期刊发表学术论文320余篇,他引一万余次,H因子65。获中国授权发明专利50余项,转让3项。起草发布建材行业标准2项,企业标准3项。获上海市科技进步一等奖2项,二等奖1项。著有《纳米粉体的分散及表面改性》专著,应邀为Wiley等出版社英文专著撰写3篇英文章节。

窗前撰文琐忆

——庆祝母亲完成《六十余载稀土情——李德谦科研小传》有感

记忆里模糊地留下了一个影子：天气很好，窗口是被金属栏杆反射的如水阳光，热风带着来自天空的气息卷过脸颊，把每个人的呼吸都写在了风的歌里。母亲正坐在桌前打字，不得不说见惯了她操劳家务的样子，这番光景属实令人感叹一声如诗如画。

起初我是不太关心的——看着母亲的双手一如既往地敲击着键盘，里面没有写她的基金论文，这一次换成了传记：准确来说，她在用情感记叙另一个人的故事。这对我们家来说并不是罕见场面。对于作为从六年级就开始发表小说的我来说这不过是一顿家常便饭，但当主角换成母亲的时候就不一样了——在此之前，她从来没有这么持之以恒地写过文章，十分用情的文章。

当时的我不懂，只是懒懒靠在她肩头，听着夏天快要步入高潮的蝉鸣，和清脆的键盘声。

"写传记很不容易。"我曾经和母亲这样说。"我以前写了那么多连载小说，有哪一个是按照计划定时定量完成的？可能一开始有热情，后来也会被磨没的。"

母亲笑了笑不置可否。那时的我不禁为她捏了一把汗：母亲的兴致向来来得快去得快，这本传记的编写意愿在我看来也是一拍脑子想出来的，如果是我，烂尾的结局是十拿九稳的。

母亲就这样开始写作。后来我的学业逐渐繁忙，无暇顾及此事，但等到我再次有空，居然是母亲满脸期待，要我去帮她"修缮"措辞。

我滑动鼠标一页页刷下来：不错，字数按照计划一点也没有少。我带着一种惊讶去看母亲：这时的她突然在我面前展示出了不一样的气质。在我们讨论并且把描写丰富化之后她又继续撰写：参考资料，收集意见，按照计划一步步推进目标。

就这样，母亲历时数月连续写完了这本传记。也许在旁人看来微不足道，而我却明白她已经击败了当初那个怀有成见的我。之后就是对初稿精雕细琢的环节：依稀记得那时夏天好像过去了，馥暖的风从窗户卷来，橙黄色的夕阳的光照在母亲的侧影上。我又一次感叹：好一幅如诗如画的"风景"。

母亲因为想要充实传记，曾计划去长春与同学老师小聚。但遗憾的是计划并没有被落实，但是母亲并不为此可惜。在这块缺憾上，母亲就像故事的编织者，用其他七彩的丝线将那空白细腻缝起。她找了同学通过微信交流感受，尽可能地弥补了这次出行失败的损失。那一时我才发现：母亲真真正正地把写完传记当成了自己的目标，将文字梨花带雨地融入了自己的血肉里。

这也许是因为母亲对恩师的敬重与珍惜。虽然没有和这位师祖见过面，但我也跟着看了不少照片：温和的笑容镌刻在他的脸上。也许就是这样一个老师捧起了我的母亲，也让母亲至今自发地为他写这一本传记。

后来的就是发表的环节。母亲的身上绽放出一种我从来没有见到的韧性。组织汇款，找出版社……虽然都是第一次接触，但多次的调查让母亲在处理这些事情的时候熟稔得仿佛早已经验丰富。

这本书马上就要出版了，我受母亲邀请来为她助些绵薄之力。我想表达的并不是这本书的辞采或者剧情多么完美，而是展示我母亲这样一个伟大的学生，在老师爱的影响下，写出这样一本扣人心弦的传记的故事。期待读者的喜欢！

作者之女、杭州维翰国际学校高一年级学生　刘一凡

于 2024 年 3 月 21 日

刘一凡

2008年1月30日生于上海普陀区同济大学附属同济医院；2014年9月就读于上海虹口区民办宏星小学；2019年9月，推优至上海虹口区民办新复兴初级中学文科提高班；2023年9月，考入杭州维翰国际学校西子校区，同时注册美国社区大学Shasta学院学籍。擅长写作与绘画，喜欢二次元动漫。

附 录

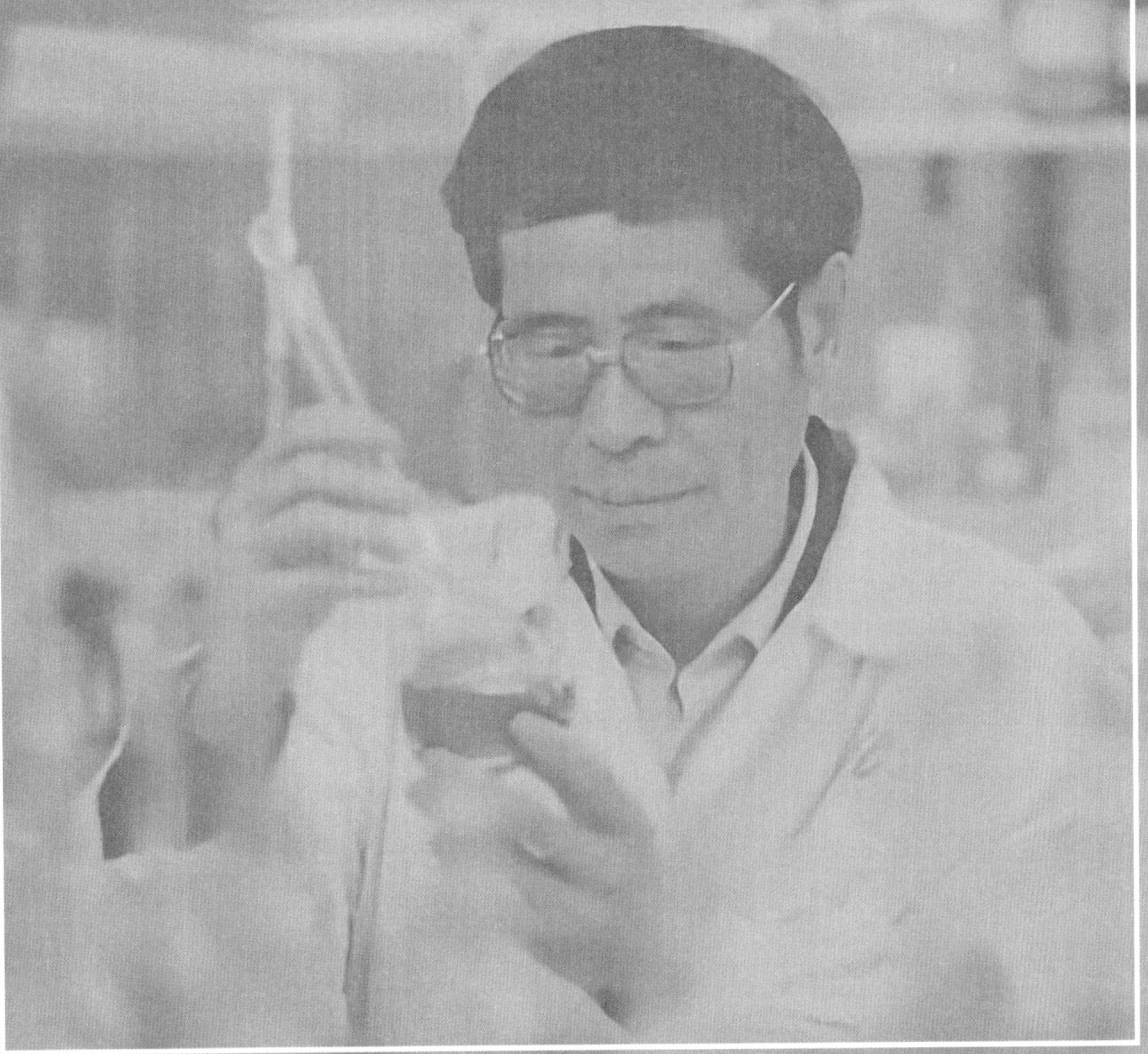

附录 1 　李德谦研究员科研大事年表

- 1936 年 9 月 8 日，生于湖北洪湖。
- 1954 年 9 月，考入武汉大学化学系。
- 1959 年，在武汉大学曾云鹗教授指导下，学习稀土化学，完成毕业论文"独居石放射性元素光谱分析"。
- 1959 年，武汉大学毕业，就职于长春应用化学研究所，师从苏锵研究员。
- 20 世纪 60 年代中期，上海跃龙化工厂学习，考察。
- 20 世纪 60 年代末，成为稀土分离与工艺研究的负责人。
- 20 世纪 70 年代初，开展 N1923 从包头矿硫酸焙烧水浸法分离 Th 和提取稀土的研究。
- 1973 年，组建科研团队，从事 P507 萃取稀土元素化学与分离工艺研究。
- 1976 年，在包头召开的第一次全国稀土萃取会议上，首次报告了氨化 P507 研究成果。
- 1979 年，由长春应用化学研究所牵头，国内 11 个单位合作，在北京通县进行千吨级 N1923 分离钍工业试验，取得预期效果。
- 1980 年，长春应化所"用伯胺从包头稀土精矿硫酸焙烧水浸液中萃取分离钍和制取硝酸钍工业性实验"项目获中科院科技成果一等奖，李德谦是项目第一技术负责人。
- 1980 年，参加在比利时列日召开的第四届国际溶剂萃取会议，作"用 2-乙基己基膦酸单 2-乙基己基酯萃取分离稀土、钪和钍"的大会报告。
- 1980 年后，氨化 P507 流程被广泛应用于我国稀土冶金工业，成为国产第二代稀土分离主流工艺流程。

- 1983年，长春应化所"用伯胺提取氯化稀土"获中科院科技成果一等奖，李德谦是项目第一技术负责人。
- 1987年，长春应化所"龙南低钇混合稀土分离工艺流程"获中科院科技进步一等奖，李德谦是项目第一技术负责人。
- 1988年，定南稀土冶炼厂投产，经济效益明显。
- 1988年，长春应化所"伯胺萃取分离钍和提取稀土"分离工艺流程用于从独居石中分离稀土的冶金工业。
- 1988年，江西上饶"713矿"军转民项目拟用长春应化所氨化P507分离工艺建立稀土分离厂。
- 1988年，长春应化所"低钇混合稀土分离工艺"获国家发明二等奖，李德谦是项目第一技术负责人。
- 20世纪90年代，提出P507/Cyanex 272（1∶1）双萃取剂萃取体系分离重稀土，在广州珠江冶炼厂实现产业化。
- 1991年，1990级硕博连读生郑重研制新型层流横界面池，发展了金属萃取动力学研究方法和传质模式。
- 1992年，长春应化所"定南中钇富铕型稀土分离流程"获中科院科技进步二等奖，李德谦是项目第一负责人。
- 1995年，"层流横界面池"获得中国专利授权（CN2197119V）。
- 1998年，长春应化所"稀土及相关金属的溶剂萃取与分离化学"获中国科学院自然科学二等奖，李德谦是第一申请人。
- 1999年，长春应化所"HAB双溶剂萃取分离高纯Y工艺"在江西完成了半工业试验。
- 21世纪初，长春应化所"P507-ROH分离重稀土新体系和工艺"在多个稀土企业推广应用，取得显著经济效益和社会效益。
- 2000年5月，长春应化所系列研究"一种从硫磷混酸中萃取分离钍和提取氯化稀土的工艺"先后获得4项中国专利授权。
- 2003年，联合兄弟单位发明专利"酸法分解包头稀土矿新工艺"，在包头完成年处理2400吨包头稀土矿清洁流程的国家产业化示范工程，解决了放射性钍及氟的回收利用和环境污染问题。
- 2003年4月，定南稀土冶炼厂改制为定南县南方稀土有限公司，年处理量5000吨稀土氧化物，分离工艺没有太多改变。
- 2003年5月，针对HAB的"降解或酯化"问题，申请发明专利"羧酸萃取剂的萃取或酯化的处理办法"（CN1454693A）。
- 2004年3月，年产300吨高纯氧化钇国家产业化工程投料试车。
- 2004年，证明长春应化所发明专利"溶剂萃取分离高纯氧化钇工艺"（CN1563442A）能有效克服体系的"降解或酯化"问题。
- 2006年，长春应化所"一种从硫磷混酸中萃取分离钍和提取氯化稀土的工艺"获得《中国专利优秀奖》。
- 2010年开始，长春应化所"添加TBP的DEHEHP萃取分离和制备高纯钍技术"获得2项中国授权专利和1项澳大利亚授权专利。
- 2011年3月，长春应化所"P507-ROH分离重稀土新体系和工艺"率先在江西金世纪建立P507-ROH分离镥的示范线。
- 2013年，获得纯度大于5N的氧化钇，收率为98%。
- 2015年1月，作"稀土分离与清洁冶金的新进展"口头报告。
- 2017年11月，长春应化所"重稀土分离新工艺制备高纯氧化镥"项目荣获中国稀土学会和中国稀土行业协会联合设立"中国稀土科学技术奖"技术发明类二等奖，李德谦是项目第二负责人。
- 2018年10月，参加在广州召开的"稀土溶剂萃取与分离技术发展历程研讨会"，开展为期2天的集中授课与学术交流活动。
- 2019年10月，"中科院长春应化所与江西稀土合作50周年暨稀土冶炼分离技术交流研讨会"在江西南昌召开，李德谦作"长春应化所与江西稀土合作历程"口头报告。
- 2023年11月，离开长春，去定居美国的儿子李正茂家安度晚年。

附录 2 | 专 利

中国授权专利 45 件

[1] 李德谦，左勇，白彦，王忠怀．一种从硫磷混酸体系中萃取分离钍和提取氯化稀土的工艺．96104192.7 [P]．1996-04-12.

[2] 李德谦，陆军，魏正贵，王忠怀，孟淑兰，马根祥．一种从氟碳铈矿浸出液中萃取分离铈、钍的工艺．93109643.X [P]．1993-08-02.

[3] 李德谦，李红飞，国富强，张志峰．一种制备高纯三氟化铈微粉的方法．200410010618.2 [P]．2004-01-09.

[4] 李德谦，王香兰，孟淑兰，白彦．溶剂萃取分离高纯氧化钇工艺．200410010737.8 [P]．2004-03-19.

[5] 李德谦，国富强，李红飞，张志峰，孟淑兰，张绘．一种利用中性磷（膦）萃取体系制备三氟化铈微粉的方法．200610017116.1 [P]．2006-08-18.

[6] 李德谦，张绘，李红飞，廖亮，刘建军，白彦，张志峰，国富强，孟淑兰，李薇．一种高锰酸钾优先萃取条件下动态连续氧化萃取铈的方法．200610017197.5 [P]．2006-04-22.

[7] 李德谦，张绘，孟淑兰，李红飞，张志峰，国富强．一种纳米金属氧化物的制备方法．200610131611.5 [P]．2006-11-09.

[8] 李德谦，国富强，李红飞，张志峰，孟淑兰．中性磷（膦）萃取体系制备稀土氟化物微粉调控粒径的方法．200610163213.1 [P]．2006-12-06.

[9] 李德谦，张绘，李红飞，廖亮，刘建军，白彦，张志峰，国富强，孟淑兰，李薇．一种可以分离有机相和水相并单独对水相进行操作的萃取槽．200620029345.0 [P]．2006-09-15.

[10] 李德谦, 张志峰, 李红飞, 孟淑兰, 国富强. 一种采用于混合萃取体系分离铈回收氟及制备三氟化铈超微粉体的方法. 200710056173.5 [P]. 2007-10-16.

[11] 李德谦, 王弋戈, 孟淑兰. 用烃氧基取代乙酸为萃取剂富集和制备高纯钪的工艺. 02128346.X [P]. 2002-08-01.

[12] 李德谦, 李红飞, 董高翔, 王忠怀. 一种从磷灰石中提取稀土的方法. 02155322.X [P]. 2002-12-10.

[13] 李德谦, 王香兰, 孟淑兰. 对羧酸类萃取剂的降解或酯化的处理方法. 03131074.5 [P]. 2003-05-15.

[14] 陈继, 邹丹, 李德谦, 邓岳峰, 刘文刚. 一种分解包头稀土矿的工艺方法. 201310018072.4 [P]. 2013-01-17.

[15] 李德谦, 孟淑兰, 王弋戈, 王香兰. 一种用烃氧基取代乙酸为萃取剂分离高纯钇的工艺. 02123912.6 [P]. 2002-07-09.

[16] 李德谦, 赵君梅, 左勇, 王忠怀. 从硝酸稀土溶液中提取铈的方法. 03121396.0 [P]. 2003-03-28.

[17] 沈春雷, 谢延芬, 李德谦. 氨化P507溶剂萃取分离混合稀土工艺. 85102210.3 [P]. 1985-04-01.

[18] 李德谦, 徐文, 王忠怀. 膦酸酯液-液萃取分离烯土元素. 85102244.8 [P]. 1985-04-01.

[19] 李德谦, 王忠怀, 徐文. 液萃取分离稀土元素镝. 86108135.8 [P]. 1986-11-29.

[20] 郑重, 李德谦. 层流型恒界面池. 94220491.3 [P]. 1994-09-06.

[21] 李德谦, 孟淑兰, 叶伟贞, 王忠怀, 金慕军, 马根祥, 陆军. 液-液萃取分离

高纯钇工艺.99118261.8[P].1999-09-11.

[22] 李德谦,王香兰,孟淑兰,李薇.一种添加改良剂的萃取体系分离稀土元素的工艺.200510016682.6[P].2005-04-05.

[23] 郑重,李德谦.电解萃取分离稀土装置.96205784.3[P].1996-04-05.

[24] 国富强,李红飞,张志峰,孟淑兰,李德谦.氟化钙中空纳米微球的制备方法.201010255827.9[P].2010-08-18.

[25] 陈继,刘郁,李德谦,常永青,邓岳锋.一种测定掺铈稀土硅酸盐闪烁晶体中铈含量的方法.201711305631.4[P].2017-02-21.

[26] 陈继,刘川楗,李德谦,陈厉,邓岳锋.一种用酸性膦从二次资源浸出液中富集回收钪的萃取工艺.201810077277.2[P].2018-01-26.

[27] 陈继,刘川楗,邓岳锋,邹丹,常永青,李凯,李德谦.一种稀土硅酸盐闪烁晶体的循环利用方法.201910096095.4[P].2019-01-31.

[28] 陈继,李凯,邹丹,李德谦.一种制备三氟化铈的方法.201710366832.9[P].2017-05-23.

授权在保护中专利 17 件

[29] 李德谦,王艳良,廖伍平.一种钍的纯化方法.201110074345.8[P].2011-03-25.

[30] 李德谦,王艳良,廖伍平.一种钍的分离纯化方法.201210552752.X[P].2012-12-18.

[31] 廖伍平,王艳良,李德谦,赵常军.一种铀的萃取分离方法.201310105102.5[P].2013-03-28.

[32] 陈继,邓岳峰,李德谦,李海连,刘郁,邹丹. 一种中钇富铕型稀土矿分组分离氧化钇的方法. 201910307028.2 [P]. 2019-04-17.

[33] 陈继,邓岳峰,李德谦,杨茂华,白彦,常永青. 一种高钇型稀土矿分组分离氧化钇的方法. 201910307023.X [P]. 2019-04-17.

[34] 陈继,邹丹,李德谦,穆瑞秀. 一种从包头稀土矿硫酸浸出液中萃取分离铈、氟、磷的方法. 201510571527.4 [P]. 2015-09-10.

[35] 陈继,陈厉,李德谦,邓岳锋,李海连,邹丹,杨茂华. 一种测定有机磷酸溶液中长链脂肪醇含量的方法. 201710788284.9 [P]. 2017-09-05.

[36] 陈继,李海连,李德谦,邓岳锋,陈厉,邹丹. 调控重稀土萃取分离工艺萃取平衡酸度和萃取级数的方法. 201710788312.7 [P]. 2017-09-05.

[37] 陈继,邓岳锋,李德谦,杨桐,常永青,李海连. 一种铈掺杂稀土硅酸盐多晶粉体的制备方法. 201711091924.7 [P]. 2017-11-08.

[38] 陈继,邹丹,李德谦,邓岳锋,白彦. 一种两步法处理包头稀土精矿的工艺方法. 201711464923.2 [P]. 2017-12-28.

[39] 陈继,邓岳锋,李德谦,李海连,刘郁. 一种中钇富铕型稀土矿分组分离氧化钇的方法. 201910307028.2 [P]. 2019-04-17.

[40] 陈继,邓岳锋,李德谦,杨茂华,白彦. 一种高钇型稀土矿分组分离氧化钇的方法. 201910307023.X [P]. 2019-04-17.

[41] 陈继,邹丹,邓岳锋,李德谦. 一种从氟碳铈矿浸出液中回收铈和氟的方法. 202010310960.3 [P]. 2020-04-20.

[42] Chen J.; Deng YF.; Li, DQ.; Li, HL.; Yang, MH. A method for grouping and separating yttrium oxide from high-yttrium rare earth ore and method for grouping and separating yttrium oxide from middle-yttrium

europium-rich rare earth ore. WOCN19110337[P]. 2019-10-10.

[43] Li, DQ; Wang, YL; Liao, WP. A process of separating and purifying thorium. AU2013201027[P]. 2013-02-20.

[44] Li, DQ; Wang, YL; Liao, WP. Process of separation and purification thorium. US9347116B2[P]. 2013-02-26.

[45] Chen J.; Zou D.; Li, DQ.; Liu, Y.; Cui, HM. Wet-method in atmospheric oxidation method for cerium in rare earth hydroxide. WOCN14000035[P]. 2014-01-13.

附录 3 | 专著专论 7 章

[1] 李德谦,叶祖光,雅文厚,等.稀土萃取分离(第 7 章)[M]//2 版.徐光宪.稀土(上).北京:冶金工业出版社,1995:469-661.

[2] Li Deqian. 4.2 Preparation of high purity rare earth elements[M]//Yu Zongshen, Chen Minbo. Rare earth elements and their applications Metallurgical Industry Press.1995: 64-81.

[3] 李德谦.稀土新萃取分离工艺研究进展[M]//倪嘉缵,洪广言.稀土新材料及新流程进展.北京:科学出版社,1998:27-46.

[4] 张凤君,马根祥,李德谦.二(2,4,4-三甲基戊基)膦酸在中空纤维膜器中萃取镱、铒及传质研究[M]//古国榜.溶剂萃取新进展.广州:暨南大学出版社,1998:116-123.

[5] 孙都成,乐善堂,李德谦.DMHMP 萃取稀土元素萃取动力学行为的递变规律[M]//古国榜.溶剂萃取新进展.广州:暨南大学出版社,1998:108-115.

[6] 陆军,郑重,李德谦.界面活性剂-P507-庚烷-Er(Ⅲ)的传质过程[M]//古国榜.溶剂萃取新进展.广州:暨南大学出版社,1998:101-107.

[7] 李德谦,倪嘉缵.稀土萃取分离[M]//汪家鼎,陈家镛.溶剂萃取手册.北京:化学工业出版社,2001:537-591.

附录 4 | 英文研究论文 161 篇

2022—2010 年 33 篇

[1] Liu, MY; Chen, J; Zou, D; Yan, YF; Li, DQ. A novel synergistic extraction system for the recovery of scandium (Ⅲ) from sulfuric acid medium with mixed Cyanex923 and N1923. Separation and Purification Technology, 2022, 283(15): 120223−120231.

[2] Zou, D; Deng, YF., Chen, J.; Li, DQ. A review on solvent extraction of scandium. Journal of Rare Earths, 2022, 40: 1499−1508.

[3] Han, YX; Chen, J; Deng, YF; Liu, TC; Li, HL; Li, DQ. An innovative technique for the separation of ion-adsorption high yttrium rare earth ore by Er (Ⅲ) / Tm (Ⅲ) grouping first. Separation and Purification Technology, 2022, 280: 119470−119477.

[4] Zou, D; Chen, J; Li, DQ. Solvent extraction of titanium (Ⅳ) from sulfuric acid solution with Cyanex923 and its application in leach liquor of red mud. Separation and Purification Technology, 2021, 277: 119470−119478.

[5] Zou, D; Li, HL. Chen, J; Li, DQ. Thermodynamic and application study of complicated extraction system Ce (Ⅳ)-HF-H_3BO_3 -H_2SO_4 using Cyanex 923. Journal of Rare Earths, 2021, 39 (9): 1117−1125.

[6] Yan, YF; Chen, J; Li, K; Zou, D; Deng, YF; Li, DQ. A novel neutral-base coupling synergistic extraction system of Cyanex 923 and primary amine N1923 for the recovery of cerium (Ⅳ) and fluorine from sulfuric acid medium. Separation and Purification Technology, 2021, 258: 105463−105470.

[7] Zou, D; Li, HL; Chen, J; Li, DQ. Recovery of scandium from spent sulfuric acid solution in titanium dioxide production using synergistic solvent extraction with D2EHPA and primary amine N1923. Hydrometallurgy, 2020, 197: 105463−105471.

[8] Zou, D; Chen, J; Hu, JS; Li, K; Li, DQ. Thermal decomposition mechanism of low-content-fluorite Bayan ebo rare earth concentrate roasted with sodium carbonate and its consequent separation study. Journal of Rare Earths, 2020, 38(9): 994−1002.

[9] Chen, L; Li, HL; Chen, J; Li, DQ; Liu, TC. Separation of heavy rare earths by di-(2-ethylhexyl) phosphinic acid: From fundamentals to cascade extraction simulation. Minerals Engineering, 2020, 149: 106232−106238.

[10] Hu, JS; Zou, D; Chen, J; Li, DQ. A novel synergistic extraction system for the recovery of scandium (Ⅲ) by Cyanex272 and Cyanex923 in sulfuric acid medium. Separation and Purification Technology, 2020, 233(15): 115977−115983.

[11] Jing, Y; Chen, J; Su, WR; Chen, L; Liu, Y; Li, DQ. Deep insights into the solution and interface behaviors in heavy rare earth extraction: A molecular dynamics study. Journal of Molecular Liquids, 2019, 296(15): 111790−111803.

[12] Li, K; Chen, J; Zou, D; Deng, YF; Li, DQ. Recovery of cerium (Ⅳ) in acidic nitrate solutions by solvent extraction with a novel extractant tris(2-ethylhexyl) phosphine oxide. Hydrometallurgy, 2019, 190: 105155−105161.

[13] Liu, CY; Chen, L; Chen, J; Zou, D; Deng, YF; Li, DQ. Application of P507

and isooctanol extraction system in recovery of scandium from simulated red mud leach solution. Journal of Rare Earths, 2019, 37(9): 1002−1008

[14] Liu, TC; Chen, J; Li, HL; Li, K; Li, DQ. Further improvement for separation of heavy rare earths by mixtures of acidic organophosphorus extractants. Hydrometallurgy, 2019, 188: 73−80.

[15] Li, K; Chen, J; Zou, D; Deng, YF; Li, DQ. A novel extractant 2-ethylhexyl bis(2-ethylhexyl) phosphinate for cerium (Ⅳ) and fluorine extraction from nitric acid system. Hydrometallurgy, 2019, 186: 143−150.

[16] Li, K; Chen, J; Zou, D; Liu, TC; Li, DQ. Kinetics of nitric acid leaching of cerium from oxidation roasted Baotou mixed rare earth concentrate. Journal of Rare Earths, 2019, 37(2): 198−204.

[17] Li, DQ. Development course of separating rare earths with acid phosphorus extractants: A critical review. Journal of Rare Earths. 2019, 37(5): 468−486.

[18] Mu, RX; Chen, J; Zou, D; Li, K; Li, DQ. Liquid-liquid extraction and recovery of Cerium (Ⅳ) and Phosphorus from sulfuric acid solution using Cyanex 923. Separation and Purification Technology, 2019, 209: 351−358.

[19] Zou, D; Chen, J; Li, K; Li, DQ. Phase transformation and thermal decomposition kinetics of a mixed rare earth concentrate, ACS OMEGA, 2018, 3(12): 17036−17041.

[20] Jing, Y; Chen, J; Chen, L; Su, WR; Liu, Y; Li, DQ. Extraction behaviors of heavy rare earths with organophosphoric extractants: the contribution of extractant dimer dissociation, acid ionization, and complexation. a quantum chemistry study. Journal of Physical Chemistry A, 2017, 121(12): 2531−2543.

[21] Li, DQ. A review on yttrium solvent extraction chemistry and separation process. Journal of Rare Earths, 2017, 35(2): 107−119.

[22] Chen, L; Chen, J; Jing, Y; Li, DQ. Comprehensive appraisal and application of novel extraction system for heavy rare earth separation on the basis of coordination equilibrium effect. Hydrometallurgy, 2016, 165(SI): 351−357.

[23] Zou, D; Chen, J; Cui, HM; Liu, Y; Li, DQ. Wet air oxidation and kinetics of cerium (Ⅲ) of rare earth hydroxides. Industrial & Engineering Chemistry Research, 2014, 53(35): 13790−13796.

[24] Zou, D; Chen, J; Li, DQ. Separation chemistry and clean technique of cerium (Ⅳ): A review. Journal of Rare Earths, 2014, 32(8): 681−685.

[25] Zhao, JM; Huo, F; Pan, F; Li, DQ; Liu, HZ. Distribution behaviors of light rare earths by di-(2-ethylhexyl) 2-ethylhexyl phosphonate in kerosene under the action of a self-salting-out effect. Industrial & Engineering Chemistry Research, 2014, 53(4): 1598−1605.

[26] Wang, YL; Li, YL; Liao, WP; Li, DQ. Preparation of high-purity thorium by solvent extraction with di-(2-ethylhexyl) 2-ethylhexyl phosphonate. Journal of Radioanalytical and Nuclear Chemistry, 2013, 298(3): 1651−1657.

[27] Wang, YL; Li, YL; Li, DQ; Liao, WP. Kinetics of thorium extraction with di-(2-ethylhexyl) 2-ethylhexyl phosphonate from nitric acid medium. Hydrometallurgy, 2013, 140: 66−70.

[28] Tong, H; Wang, YL; Liao, WP; Li, DQ. Synergistic extraction of Ce (Ⅳ) and Th (Ⅳ) with mixtures of Cyanex 923 and organophosphorus acids in sulfuric acid media. Separation and Purification Technology, 2013, 118: 487−491.

[29] Liu, YH; Chen, J; Li, DQ. Application and perspective of ionic liquids on rare earths green separation. Separation Science and Technology, 2012, 47(2): 223−232.

[30] Wang, YL; Liao, WP; Li, DQ. A solvent extraction process with mixture of CA12 and Cyanex272 for the preparation of high purity yttrium oxide from rare earth ores. Separation and Purification Technology, 2011, 82: 197−201.

[31] Sun, XQ; Ji, Y; Guo, L; Chen, J; Li, DQ. A novel ammonium ionic liquid based extraction strategy for separating scandium from yttrium and lanthanides. Separation and Purification Technology. 2011, 81(1): 25−30.

[32] Wang, XL; Li, W; Li, DQ. Extraction and stripping of rare earths using mixtures of acidic phosphorus-based reagents. Journal of Rare Earths, 2011, 29(5): 413−415.

[33] Xiong, Y; Wang, WW; Gao, JQ; Meng, SL; Li, DQ; Wu, DB. Interfacial behavior of Cyanex 272 and mass transfer kinetics of ytterbium using the constant interfacial area cell. Separation Science and Technology, 2011, 46(6): 959−964.

2010 年 7 篇

[34] Yang, HL; Wang, W; Zhang, DL; Deng, YF; Cui, HM; Chen, J; Li, DQ. Recovery of trace rare earths from high-level Fe^{3+} and Al^{3+} waste of oil shale ash (Fe-Al-OSA). Industrial & Engineering Chemistry Research, 2010, 49(22): 11645−11651.

[35] Sun, XQ; Ji, Y; Zhang, LN; Chen, J; Li, DQ. Separation of cobalt and nickel using inner synergistic extraction from bifunctional ionic liquid extractant (Bif-ILE). Journal of Hazardous Materials. 2010, 182(1-3): 447-452.

[36] Sun, XQ; Ji, Y; Hu, FC; He, B; Chen, J; Li, DQ. The inner synergistic effect of bifunctional ionic liquid extractant for solvent extraction. Talanta, 2010, 81(4-5): 1877-1883.

[37] Sun, XQ; Ji, Y; Liu, Y; Chen, J; Li, DQ. An engineering-purpose preparation strategy for ammonium-type ionic liquid with high purity. AICHE Journal, 2010, 56(4): 989-996.

[38] Zhang, ZF; Guo, FQ; Meng, SL; Jia, QO; Li, HF; Li, DQ. Simultaneous recovery of cerium and fluorine from bastnaesite leach liquor by mixtures of Cyanex 923 and HEH(EHP). Industrial & Engineering Chemistry Research, 2010, 49(13): 6184-6188.

[39] Wang, XL; Meng, SL; Li, DQ. Extraction kinetics of ytterbium (Ⅲ) by 2-ethylhexylphosphonic acid mono-(2-ethylhexyl) ester in the presence of isooctanol using a constant interfacial cell with laminar flow. Separation and Purification Technology. 2010, 71(1): 50-55.

[40] Guo, FQ; Zhang, ZF; Li, HF; Meng, SL; Li, DQ. A solvent extraction route for CaF_2 hollow spheres. Chemical Communications, 2010, 46(43): 8237-8239.

2009 年 11 篇

[41] He, WW; Bi, YF; Liao, WP; Li, DQ. A ternary supramolecular compound of

p-sulfonatocalix[8]arene with 1D channels. Journal of Molecular Structure, 2009, 937(1-3): 95-99.

[42] Zhang, H; Li, DQ; Shao, GS; Yuan, ZY. A simple method to prepare titania nanomaterials of core-shell structure, hollow nanospheres and mesoporous nanoparticles. Science in China Series B-Chemistry, 2009, 52(9): 1498-1503.

[43] Zhang, H; Li, HF; Li, W; Meng, SL; Li, DQ. Preparation of TiO_2, CeO_2, and ZrO_2 hierarchical structures in "one-pot" reactions. Journal of Colloid and Interface Science, 2009, 333(2): 764-770.

[44] Zhang, C; Chen, J; Zhu, XF; Zhou, YC; Li, DQ. Synthesis of tributylphosphate capped luminescent rare earth phosphate nanocrystals in an ionic liquid microemulsion. Chemistry of Materials, 2009, 21(15): 3570-3575.

[45] Sun, XQ; Peng, B; Ji, Y; Chen, J; Li, DQ. Chitosan (chitin)/cellulose composite biosorbents prepared using ionic liquid for heavy metal ions adsorption. AICHE Journal, 2009, 55(8): 2062-2069.

[46] Guo, FQ; Li, HF; Zhang, ZF; Meng, SL; Li, DQ. Synthesis of mesoporous YF_3 nanoflowers via solvent extraction route. Materials Science and Engineering B-Advanced Functional Solid-State Materials. 2009, 163(2): 134-137.

[47] Guo, FQ; Li, HF; Zhang, ZF; Meng, SL; Li, DQ. Synthesis of REF_3 (RE = Nd, Tb) nanoparticles via a solvent extraction route. Materials Research Bulletin, 2009, 44(7): 1565-1568.

[48] Zuo, Y; Liu, Y; Chen, J; Li, DQ. Extraction and recovery of cerium (Ⅳ) along

with fluorine(I) from bastnasite leaching liquor by DEHEHP in [C_8mim] PF_6. Journal of Chemical Technology and Biotechnology, 2009, 84(7): 949-956.

[49] Wang, XL; Li, W; Wang, WW; Meng, SL; Li, DQ. Influence of isooctanol on the interfacial activity and mass transfer of ytterbium (Ⅲ) using 2-ethylhexylphosphonic acid mono-2-ethylhexyl ester as an acidic extractant. Journal of Chemical Technology and Biotechnology, 2009, 84(2): 269-274.

[50] Bi, YF; Wang, XT; Wang, BW; Liao, WP; Wang, XF; Zhang, HJ; Gao, S; Li, DQ. Two $Mn^{Ⅱ}_2Ln^{Ⅲ}_4$ (Ln = Gd, Eu) hexanuclear compounds of p-tert-butylsulfinylcalix[4]arene. Dalton Transactions, 2009, 12: 2250-2254.

[51] Bi, YF; Liao, WP; Zhang, HJ; Li, DQ. Assembly of 'discrete' $(H_2O)_{16}$ water clusters within a supramolecular compound of calixarene, Crystengcomm., 2009, 11(7): 1213-1216.

2008年15篇

[52] Wang, WW; Wang, XL; Wang, YL; Li, DQ. Physicochemical properties, surface active species and formation of reverse micelles in the Cyanex 923-n-heptane/cerium (Ⅳ)-H_2SO_4 extraction system. Journal of Chemical Technology and Biotechnology, 2008, 83(7): 1056-1063.

[53] Bi, YF; Liao, WP; Wang, XF; Li, YL; Su, ZM; Liu, YB; Zhang, HJ; Li, DQ. Five supramolecular compounds of water-soluble sulfonylcalix[4]arenetetrasulfonate showing two calixarene conformations. Crystengcomm, 2009, 11(4): 597-604.

[54] Bi, YF; Li, YL; Liao, WP; Zhang, HJ; Li, DQ. A unique Mn_2Gd_2 tetranuclear compound of p-tert-butylthiacalix[4]arene. Inorganic Chemistry, 2008, 47(21): 9733-9735.

[55] Zuo, Y; Chen, J; Li, DQ. Reversed micellar solubilization extraction and separation of thorium (Ⅳ) from rare earth (Ⅲ) by primary amine N1923 in ionic liquid. Separation and Purification Technology, 2008, 63(3): 684-690.

[56] Zuo, Y; Liu, Y; Chen, J; Li, DQ. The separation of Cerium (Ⅳ) from nitric acid solutions containing thorium (Ⅳ) and lanthanides (Ⅲ) using pure $[C_8mim]\ PF_6$ as extracting phase. Industrial & Engineering Chemistry Research, 2008, 47(7): 2349-2355.

[57] Zhang, ZF; Li, HF; Guo, FQ; Meng, SL; Li, DQ. Synergistic extraction and recovery of Cerium (Ⅳ) and Fluorin from sulfuric solutions with Cyanex 923 and di-2-ethylhexyl phosphoric acid. Separation and Purification Technology, 2008, 63(2): 348-352.

[58] Sun, XQ; Peng, B; Ji, Y; Chen, J; Li, DQ. The solid-liquid extraction of yttrium from rare earths by solvent (ionic liquid) impreganated resin coupled with complexing method. Separation and Purification Technology, 2008, 63(1): 61-68.

[59] Sun, XQ; Peng, B; Chen, J; Li, DQ; Luo, F. An effective method for enhancing metal-ions' selectivity of ionic liquid-based extraction system: adding water-soluble complexing agent. Talanta, 2008, 74(4): 1071-1074.

[60] He, WW; Liao, WP; Niu, CJ; Li, DQ. Synergistic extraction of rare earths using acid-base coupling extractants of calix[4]arene carboxyl derivative and

primary amine N1923. Separation and Purification Technology, 2008, 62(3): 674-680.

[61] He, WW; Liao, WP; Wang, WW; Li, DQ; Niu, CJ. Mass transfer kinetics of neodymium (Ⅲ) extraction by calix[4]arene carboxylic acid using a constant interfacial area cell with laminar flow. Journal of Chemical Technology and Biotechnology, 2008, 83(9): 1314-1320.

[62] Zhang, C; Chen, J; Zhou, YC; Li, DQ. Ionic liquid-based "all-in-one" synthesis and photoluminescence properties of lanthanide fluorides. Journal of Physical Chemistry C, 2008, 112(27): 10083-10088.

[63] Liao, WP; Bi, YF; Gao, S; Li, DQ; Zhang, HJ; Dronskowski, R. Lanthanide-hinged calixarene bicapsules: Discrete hexanuclear Ln (Ⅲ)/phenanthroline/p-sulfonatocalix[4]arene oligomers (Ln = Gd, Tb). European Journal of Inorganic Chemistry, 2008, 19: 2959-2962.

[64] Guo, FQ; Li, HF; Zhang, ZF; Meng, SL; Li, DQ. Reversed micelle formation in a model liquid-liquid extraction system. Journal of Colloid and Interface Science, 2008, 322(2): 605-610.

[65] Zhang, H; Wang, WW; Li, HF; Meng, SL; Li, DQ. A strategy to prepare ultrafine dispersed Fe_2O_3 nanoparticles. Materials Letters, 2008, 62(8-9): 1230-1233.

[66] Liu, JJ; Wang, YL; Li, DQ. Extraction kinetics of thorium(Ⅳ) with primary amine N1923 in sulfate media using a constant interfacial cell with laminar flow. Separation Science and Technology, 2008, 43(2): 431-445.

2007年10篇

[67] Liu, JJ; Wang, WW; Li, DQ. Interfacial behavior of primary amine N1923 and the kinetics of thorium (Ⅳ) extraction in sulfate media. Colloids and Surfaces A-Physicochemical and Engineering Aspects, 2007, 311(1-3): 124-130.

[68] Liu, JJ; Wang, YL; Li, DQ. Extraction kinetics of cerium (Ⅳ) from sulfuric acid medium by the primary amine N1923 using a constant interfacial area cell with laminar flow. Journal of Chemical Technology and Biotechnology, 2007, 82(10): 949-955.

[69] Wang, WW; Liu, JJ; He, WW; Li, DQ. Kinetic study of ytterbium (Ⅲ) extraction sulfate medium with Cyanex 923. Journal of Chemical Technology and Biotechnology, 2007, 82(8): 705-710.

[70] Li, W; Wang, XL; Zhang, H; Meng, SL; Li, DQ. Solvent extraction of lanthanides and yttrium from nitrate medium with CYANEX 925 in heptane. Journal of Chemical Technology and Biotechnology, 2007, 82(4): 376-381.

[71] Li, W; Wang, XL; Meng, SL; Li, DQ; Xiong, Y. Extraction and separation of yttrium from the rare earths with sec-octylphenoxy acetic acid in chloride media. Separation and Purification Technology, 2007, 54(2): 164-169.

[72] Sun, XQ; Wu, DB; Chen, J; Li, DQ. Separation of scandium (Ⅲ) from lanthanides (Ⅲ) with room temperature ionic liquid based extraction containing Cyanex 925. Journal of Chemical Technology and Biotechnology, 2007, 82(3): 267-272.

[73] Zhang, ZF; Li, HF; Guo, FQ; Zhang, H; Li, DQ; Meng, SL. Thermodynamic behavior and applications of $KMnO_4$ in cerium separation process using

Cyanex 923. Industrial & Engineering Chemistry Research, 2007, 46(3): 901-906.

[74] Li, CB; Li, YW; Li, DQ. Diacetatobis [2-(2-furyl)-1H-imidazo[4,5-f]-[1, 10] phenanthroline] cadmium (Ⅱ). Acta Crystallographica Section E-Structure Reports Online, 2007, 63: M286-M288.

[75] Wu, DB; Wang, XL; Li, DQ. Extraction kinetics of Sc (Ⅲ), Y (Ⅲ), La (Ⅲ) and Gd (Ⅲ) from chloride medium by Cyanex 302 in heptane using the constant interfacial cell with laminar flow. Chemical Engineering and Processing, 2007, 46(1): 17-24.

[76] Wu, DB; Li, W; Li, DQ; Xiong, Y. The extraction and separation of Ho, Y, and Er (Ⅲ) with the mixtures of Cyanex 302 and another organic extractant. Separation Science and Technology, 2007, 42(4): 847-864.

2006 年 19 篇

[77] Li, CB; Li, YW; Fang, W; Liu, B; Li, DQ. Catena-Poly[[[2-(2-furyl)-1H-imidazo[4,5-f] [1,10] phenanthroline]zinc(Ⅱ)]-mu-benzene-1, 2-dicarboxylato]. Acta Crystallographica Section E-Structure Reports Online, 2006, 62: M3541-M3543.

[78] Liu, JT; Fan, SD; Li, CB; Li, DQ. Glucose-lowering activity of amino acid-N-phosphonic acid oxovanadium complexes and its interaction with DNA. Chinese Journal of Chemistry, 2006, 24(12): 1721-1724.

[79] Wang, WW; Wang, XL; Meng, SL; Li, HF; Li, DQ. Extraction and stripping

of ytterbium (Ⅲ) from H_2SO_4 medium by Cyanex 923. Journal of Rare Earths, 2006, 24(6): 685-689.

[80] Zhang, H; Li, HF; Li, DQ; Meng, SL. Synthesis and characterization of ultrafine CeF_3 nanoparticles modified by catanionic surfactant via a reverse micelles route. Journal of Colloid and Interface Science, 2006, 302(2): 509-515.

[81] Liu, JT; Fan, SD; Li, DQ. Tetraaqua(1, 10-phenanthroline-kappa (2) N, N') copper (Ⅱ) naphthalene-1, 5-disulfonate dihydrate. Acta Crystallographica Section E-Crystallographic Communications, 2006, 62: M2165-M2166.

[82] Wu, DB; Xiong, Y; Li, DQ. Mass transfer kinetics of yttriium (Ⅲ) using a constant interfacial cell with laminar flow. Part I. Extraction with Cyanex 302. Hydrometallurgy, 2006, 82(3-4): 176-183.

[83] Wu, DB; Xiong, Y; Li, DQ. Studies on the roles of different components in Cyanex 302 for rare earth ions extraction and separation. Separation Science and Technology, 2006, 41(8): 1725-1739.

[84] Sun, XB; Wang, JP; Li, DQ; Li, HF. Synergistic extraction of rare earths by mixture of bis(2, 4, 4-trimethylpentyl) phosphinic acid and Sec-nonylphenoxy acetic acid. Separation and Purification Technology, 2006, 50(1): 30-34.

[85] Sun, XB; Meng, SL; Li, DQ. Studies on the synergistic extraction of rare earths with a combination of 2-ethylhexylphosphonic mono-2-ethylhexyl ester and trialkylphosphine oxide. Journal of Chemical Technology and Biotechnology, 2006, 81(5): 755-760.

[86] Sun, XB; Wang, YG; Li, DQ. Selective separation of yttrium by CA-100 in

the presence of a complexing agent. Journal of Alloys and Compounds, 2006, 408: 999-1002.

[87] Wang, XL; Li, W; Meng, SL; Li, DQ. The extraction of rare earths using mixtures of acidic phosphorus-based reagents or their thio-analogues. Journal of Chemical Technology and Biotechnology, 2006, 81(5): 761-766.

[88] Zhao, JM; Li, W; Li, DQ; Xiong, Y. Kinetics of cerium (Ⅳ) extraction with DEHEHP from HNO_3-HF medium using a constant interfacial cell with laminar flow. Solvent Extraction and Ion Exchange, 2006, 24(2): 165-176.

[89] Zhao, JM; Sun, XB; Li, W; Meng, SL; Li, DQ. Interfacial behavior of DEHEHP and the kinetics of cerium (Ⅳ) extraction in nitrate media. Journal of Colloid and Interface Science, 2006, 294(2): 429-435.

[90] Zhao, JM; Meng, SL; Li, DQ. Synergistic extraction of rare earths (Ⅲ) from chloride medium with mixtures of 1-phenyl-3-methyl-4-benzoyl-pyrazalone-5 and di-(2-ethylhexyl)-2-ethylhexyl phosphonate. Journal of Chemical Technology and Biotechnology, 2006, 81(8): 1384-1390.

[91] Zhao, JM; Bai, Y; Li, DQ; Li, W. Extraction of rare earths (Ⅲ) from nitrate medium with di-(2-ethylhexyl) 2-ethylhexyl phosphonate and synergistic extraction combined with 1-phenyl-3-methyl-4-benzoy 1-pyrazolone-5. Separation Science and Technology, 2006, 41(13): 3047-3063.

[92] Li, HF; Guo, FQ; Zhang, ZF; Li, DQ; Wang, ZH. A new hydrometallurgical process for extracting rare earths from apatite using solvent extraction with P-350. Journal of Alloys and Compounds, 2006, 408: 995-998.

[93] Xiong, Y; Liu, SZ; Li, DQ. Kinetics of ytterbium (Ⅲ) extraction with Cyanex

272 using a constant interfacial cell with laminar flow. Journal of Alloys and Compounds, 2006, 408: 1056-1060.

[94] Xiong, Y; Li, W; Wu, DB; Li, DQ; Meng, SL. Kinetics and mechanism of Yb(Ⅲ) extraction and separation from Y(Ⅲ) with mixtures of bis(2, 4, 4-trimethylpentyl)phosphinic acid and 2-ethylhexyl phosphonic acid mono-2-ethylhexyl este. Separation Science and Technology, 2006, 41(1): 167-178.

[95] Xiong, Y; Wu, DB; Li, DQ. Mass transfer kinetics of yttrium(Ⅲ) using a constant interfacial cell with laminar flow. Part Ⅱ. Extraction with Cyanex 272. Hydrometallurgy, 2006, 82(3-4): 184-189.

2005年4篇

[96] Xiong, Y; Wu, DB; Li, DQ; Meng, SL. Kinetics of Y(Ⅲ) stripping for the system Y/HCl/Cyanex 272-P507/heptane with constant interfacial area cell with laminar flow. Solvent Extraction and Ion Exchange, 2005, 23(6): 803-816.

[97] Xiong, Y; Wang, XL; Li, DQ. Synergistic extraction and separation of heavy lanthanide by mixtures of bis(2, 4, 4-trimethylpentyl)phosphinic acid and 2-ethylhexyl phosphinic acid mono-2-ethylhexyl ester. Separation Science and Technology, 2005, 40(11): 2325-2336.

[98] Wu, DB; Xiong, Y; Li, DQ; Meng, SL. Interfacial behavior of Cyanex 302 and kinetics of lanthanum extraction. Journal of Colloid and Interface Science, 2005, 290(1): 235-240.

[99] Sun, XB; Zhao, JM; Meng, SL (Meng, SL); Li, DQ. Synergistic extraction and separation of yttrium from heavy rare earths using mixture of sec-octylphenoxy acetic acid and bis(2, 4, 4-trimethylpentyl)phosphinic acid. Analytica Chimica Acta, 2005, 533(1): 83−88.

2004 年 13 篇

[100] Li, DQ; Zuo, Y; Meng, SL. Separation of thorium (Ⅳ) and extracting rare earths from sulfuric and phosphoric acid solutions by solvent extraction method. Journal of Alloys and Compounds, 2004, 374(1−2): 431−433.

[101] Jia, Q; Wang, ZH; Li, DQ; Niu, CJ. Adsorption of heavy rare earth (Ⅲ) with extraction resin containing bis(2, 4, 4-trimethylpentyl) monothiophosphinic acid. Journal of Alloys and Compounds, 2004, 374(1−2): 434−437.

[102] Jia, Q; Zhan, CH; Li, DQ; Niu, CJ. Extraction of zinc (Ⅱ) and cadmium (Ⅱ) by using mixtures of primary amine N1923 and organophosphorus acids. Separation Science and Technology, 2004, 39(5): 1111−1123.

[103] Zhao, JM; Meng, SL; Li, DQ. Coordination reactions in the extraction of cerium (Ⅳ) and fluorine(I) by DEHEHP from mixed nitric acid and hydrofluoric acid solutions. Solvent Extraction and Ion Exchange, 2004, 22(5): 813−831.

[104] Zhao, JM; Zuo, Y; Li, DQ; Liu, SZ. Extraction and separation of cerium (Ⅳ) from nitric acid solutions containing thorium (Ⅳ) and rare earths (Ⅲ) by DEHEHP. Journal of Alloys and Compounds, 2004, 374(1−2): 438−441.

[105] Zhao, JM; Meng, S; Li, DQ. Liquid-liquid extraction of cerium (Ⅳ) from nitric acid media by di-(2-ethylhexyl) 2-ethylhexyl phosphonate (DEHEHP). Solvent Extraction and Ion Exchange, 2004, 22(3): 429−447.

[106] Wu, DB; Niu, CJ; Li, DQ; Bai, Y. Solvent extraction of scandium (Ⅲ), yttrium (Ⅲ), lanthanum (Ⅲ) and gadolinium (Ⅲ) using Cyanex 302 in heptane from hydrochloric acid solutions. Journal of Alloys and Compounds, 2004, 374(1−2): 442−446.

[107] Wu, DB; Niu, CJ; Li, DQ. Extraction mechanism of La^{3+} from hydrochloric acid solution using Cyanex 302, Journal of Rare Earths, 2004, 22(1): 179−182.

[108] Shang, QK; Li, W; Jia, Q; Li, DQ. Partitioning behavior of amino acids in aqueous two-phase systems containing polyethylene glycol and phosphate buffer. Fluid Phase Equilibria, 2004, 219(2): 195−203.

[109] Wang, YG; Xiong, Y; Meng, SL; Li, DQ. Separation of yttrium from heavy lanthanide by CA-100 using the complexing agent. Talanta, 2004, 63(2): 239−243.

[110] Luo, F; Li, DQ; Wei, PH. Synergistic extraction of zinc (Ⅱ) and cadmium (Ⅱ) with mixtures of primary amine N1923 and neutral organophosphorous derivatives. Hydrometallurgy, 2004, 73(1−2): 31−40.

[111] Luo, F; Li, DQ; Wu, YL. Extraction and separation of cadmium (Ⅱ), iron (Ⅲ), zinc (Ⅱ), and europium (Ⅲ) by Cyanex302 solutions using hollow fiber membrane modules. Solvent Extraction and Ion Exchange, 2004, 22(1): 105−120.

[112] Xiong, Y; Wang, YG; Li, DQ. Kinetics of extraction and stripping of Y (Ⅲ) by Cyanex 272 as an acidic extractant using a constant interfacial cell with laminar flow. Solvent Extraction and Ion Exchange, 2004, 22(5): 833−851.

2003 年 9 篇

[113] Shang, QK; Li, DQ; Qi, JX. Separation of scandium, yttrium and lanthanum in high-performance centrifugal partition chromatography with s-octyl phenyloxy acetic acid. Journal of Solid State Chemistry, 2003, 171(1−2): 358−361.

[114] Wang, YG; Zhu, YH; Li, DQ. Mass-transfer kinetics of ytterbium extraction with sec-nonylphenoxy acetic acid. Journal of Solid State Chemistry, 2003, 171(1−2): 362−366.

[115] Wang, YG; Wang, LG; Li, DQ. Synergistic extraction of zinc (Ⅱ) with mixtures of CA-100 and Cyanex 272. Separation Science and Technology, 2003, 38(10): 2291−2306.

[116] Wang, YG; Meng, SL; Li, DQ; Guan, L. Interfacial activity of sec-nonylphenoxy acetic acid and kinetics of yttrium extraction. Solvent Extraction and Ion Exchange, 2003, 21(4): 559−571.

[117] Tong, H; Li, DQ; Tong JY; Wang, YG. Extraction kinetics of La with Cyanex 923 from nitrate. Wuhan University Journal of Natural Sciences 2003, 8(3): 871−874

[118] Liao, WP; Wang, JK; Li, DQ. Polyol-mediated synthesis of polyhedral silver

clusters. Materials Letters, 2003, 57(7): 1309−1311

［119］ Jia, Q; Liao, WP; Li, DQ; Niu, CJ. Synergistic extraction of lanthanum (Ⅲ) from chloride medium by mixtures of 1-phenyl-3-methyl-4-benzoyl-pyrazalone-5 and triisobutylphosphine sulphide. Analytica Chimica Acta, 2003, 477(2): 251−256

［120］ Jia, Q; Wang, ZH; Li, DQ; Niu, CJ. Adsorption studies of divalent metal ions with extraction resin containing 1-hexyl-4-ethyloctyl isopropylphosphonic acid. Separation Science and Technology, 2003, 38(9): 2025−2037.

［121］ Jia, Q; Shang, QK; Li, DQ; Niu, CJ. Three-phase extraction study in the Cyanex923-n-heptane/HNO_3 system. Solvent Extraction and Ion Exchange, 2003, 21(3): 413−421.

2002 年 10 篇

［122］ Wang, ZH; Ma, GX; Lu, J; Liao, WP; Li, DQ. Separation of heavy rare earth elements with extraction resin containing 1-hexyl-4-ethyloctyl isopropylphosphonic acid. Hydrometallurgy, 2002, 66(1−3): 95−99.

［123］ Yue, ST; Liao, WP; Li, DQ; Su, Q. Extraction mechanism of rare earths with sec-octylphenoxy acetic acid by two-phase titration technique. Journal of Rare Earths, 2002, 20(5): 416−419.

［124］ Yue, ST; Liao, WP; Li, DQ; Su, Q. Extraction kinetics of RE with CA-12. Chinese Journal of Chemistry, 2002, 20: 545−549.

［125］ Zhang, FJ; Ma, JT; Luo, F; Li, DQ; Wu, YL. Study on transfer and interfacial kinetics of neodymium and samarium in membrane based extraction. Journal of Rare Earths, 2002, 20(3): 228−230.

[126] Liao, WP; Shang, QK; Yu, GH; Li, DQ. Three-phase extraction study of Cyanex 923-n-heptane/H_2SO_4 system. Talanta, 2002, 57(6): 1085−1092.

[127] Liao, WP; Yu, GH; Yue, ST; Li, DQ. Kinetics of cerium (Ⅳ) extraction from H_2SO_4-HF medium with Cyanex 923. Talanta, 2002, 56(4): 613−618.

[128] Liao, WP; Wang, JK; Li, DQ. Three-phase extraction study of Cyanex 923-n-heptane/Ce^{4+}-H_2SO_4 system. Solvent Extraction and Ion Exchange, 2002, 20(2): 251−262.

[129] Wang, YG; Yue, ST; Li, DQ; Jin, MJ; Li, CZ. Kinetics and mechanism of Y(Ⅲ) extraction with CA-100 using a constant interfacial cell with laminar flow. Solvent Extraction and Ion Exchange, 2002, 20(3): 345−358.

[130] Wang, YG; Yue, ST; Li, DQ; Jin, MJ; Li, CZ. Solvent extraction of scandium (Ⅲ), yttrium (Ⅲ), lanthanides (Ⅲ), and divalent metal ions with sec-nonylphenoxy acetic acid. Solvent Extraction and Ion Exchange, 2002, 20(6): 701−716.

[131] Jia, Q; Li, DQ; Niu, CJ. Synergistic extraction of zinc (Ⅱ) by mixtures of primary amine N1923 and Cyanex272. Solvent Extraction and Ion Exchange, 2002, 20(6): 751−764.

2001年5篇

[132] Yu, GH; Yue, ST; Li, DQ; Feng, YY. Kinetic study of Ce^{4+} extraction with

Cyanex 923. Journal of Rare Earths, 2001, 19(4): 250−254.

[133] Xu, Y; Lu, J; Li, DQ. The effect of KSCN on the partition of proteins in polyethylene glycol/(NH$_4$)$_2$SO$_4$ aqueous two-phase system. Preparative Biochemistry & Biotechnology, 2001, 31(1): 23−31.

[134] Liao, WP; Yu, GH; Li, DQ. Solvent extraction of cerium (Ⅳ) and fluorine(I) from sulphuric acid leaching of bastnasite by Cyanex 923. Solvent Extraction and Ion Exchange, 2001, 19(2): 243−259.

[135] Liao, WP; Yu, GH; Li, DQ. Extraction of Ce and F in Bastnasite Leach by Cyanex 923. Acta Metallurgica Sinica, 2001, 14(1): 21−26.

[136] Luo, F; Zhang FJ; Li, DQ; Wu, YL. Separation of Th from Yb with Cyanex 272 by using HFM. Acta Metallurgica Sinica, 2001, 14(2): 132−136.

2000—1990年 22篇

[137] Luo, F; Zhang FJ; Li, DQ; Wu, YL. Effect of polyvinylidene fluoride hollow fiber membranes on mass transfer of samarium. Journal of Rare Earths, 2000, 18(3): 165−168.

[138] Lu, J; Meng, SL; Li, DQ; Ye, WZ. Rare earth separation with 1-hexyl-4-ethyloctyl isopropylphosphonic acid extractant. Journal of Rare Earths, 2000, 18(4): 258−261.

[139] Zhang, FJ; Luo, F; Li, DQ; Wu, YL. Extraction and separation of thorium and ytterbium with bis (2, 4, 4-trimethylpentyl) phosphinic acid using a hollow fiber membrane extractor. Journal of Rare Earths, 2000, 18(4): 262−264.

[140] Xu, Y; Lu, J; Li, DQ. The effect of pH difference between two phases on the partition of lysozyme in aqueous two-phase system, Chinese Chemical Letters, 2000, 11(5): 453−454.

[141] Wang, YJ; Zhang, SM; Liu, QM; Li, DQ. Separation of Th^{4+} and RE with hollow fiber extraction. Journal of Rare Earths, 1999, 17(2): 88−92.

[142] Lu, J; Li, DQ; Wei, ZG. Separation of Ce and Th from RE in HNO_3 by Cyanex 923. Acta Metallurgica Sinica, 1999, 12(2): 191−197.

[143] Chen, J; Ma, GX; Li, DQ. HPCPC separation of proteins using polyethylene glycol-potassium phosphate aqueous two-phase. Preparative Biochemistry & Biotechnology, 1999, 29(4): 371−383.

[144] Chen, J; Ma, GX; Li, XJ; Zhang, SG; Li, DQ. Study on the regulation of diorganogermanium compounds on the Maillard reaction of histidine and glycine by fluorescence spectrum. Chinese Chemical Letters, 1998, 9(12): 1091−1092.

[145] Lu, J; Wei, ZG; Li, DQ; Ma, GX; Jiang, ZC. Recovery of Ce (Ⅳ) and Th (Ⅳ) from rare earths (Ⅲ) with Cyanex 923. Hydrometallurgy, 1998, 50(1): 77−87.

[146] Zheng, Z; Lu, J; Li, DQ; Ma, GX. The kinetics study in liquid-liquid systems with constant interfacial area cell with Laminar flow. Chemical Engineering Science, 1998, 53(13): 2327−2333.

[147] Li, DQ; Wang, C. Solvent extraction of scandium (Ⅲ) by Cyanex 923 and Cyanex 925. Hydrometallurgy, 1998, 48(3): 301−312.

[148] Wang, ZH; Ma, GX; Li, DQ. Extraction and separation of heavy rare earth

(Ⅲ) with Extraction Resin containing di(2, 4, 4-trimethyl pentyl) phosphinic acid (Cyanex 272). Solvent Extraction and Ion Exchange, 1998, 16(3): 813−828.

[149] Wang, C; Li, DQ. Solvent extraction of Sc (Ⅲ), Zr (Ⅳ), Th (Ⅳ), Fe (Ⅲ), and Lu (Ⅲ) with thiosubstituted organophosphinic acid extractants. Solvent Extraction and Ion Exchange, 1995, 13(3): 503−523.

[150] Wang C; Li, DQ. Extraction separation of Lu (Ⅲ) from Zr (Ⅳ), Ti (Ⅳ), Th (Ⅳ), Fe (Ⅲ) and mechanism of Zr (Ⅴ) by HBTMPP. Journal of Rare Earths, 1995, Special Issue (2): 744−747.

[151] Zheng Z; Li, DQ. Extraction kinetics of rare earths with a constant interfacial cell with laminar flaw (1)Acta Metallurgica Sinica, 1995, 8(1): 52−58.

[152] Yuan, M; Luo, AQ; Li, DQ. Solvent extraction of lanthanides in aqueous nitrate media by Cyanex 302. Acta Melallurgica Sinica, 1995, 8(1): 10−14.

[153] Zheng Z; Li, DQ. The extraction kinetics study of HEH/EHP-Er(Ⅲ)-HCl with a new constant interfacial cell. Journal of Rare Earths, 1995, Special Issue(2): 748−750.

[154] Xue LZ; Li, DQ. Liquid-liquid extraction of rare earths (Ⅲ) from acidic sulfate solutions with Cyanex 302Journal of Rare Earths, 1995, Special Issue (2): 657−660.

[155] Sun, J; Li, DQ. Extraction Separation of Sc, Fe and Lu with PT-2. Journal of Rare Earths, 1995, 13(1): 5−9.

[156] Wang, C; Li, DQ. Extraction mechanism of Sc (Ⅲ) and separation from

Th (Ⅳ), Fe (Ⅲ) And Lu (Ⅲ) with Bis(2, 4, 4-trimethylpentyl)phosphinic acid in N-hexane from sulfuric-acid-solutions. Solvent Extraction and Ion Exchange, 1994, 12(3): 615−631.

[157] Xu, L; Xiao, YH; Li, DQ. An expert system for solvent-extraction of rare-earths. Journal of Chemical Information and Computer Sciences, 1992, 32(5): 437−442.

[158] Han, SM; Ma, GX; Li, DQ. Synergistic and antogonistic extraction of Zn (Ⅱ) with HEH/EHP and primary amine N1923. Acta Metallurgica Sinica, 1991 27(2): B75 − B80.

1989—1988 年 3 篇

[159] Ma, GX; Li DQ. Synergistic extraction of Cd (Ⅱ) with primary amine N1923 and neutral organophosphorus reagents. Acta Metallurgica Sinica 1989, (Series B), 2(4): 248−254.

[160] Li, DQ; Wang, ZH; Chen, ZF. Studies of extraction mechanism of rare-earth elements with 2-ethylhexylphosphonic acid mono-2-ethylhexyl ester. 2. Equilibrium reaction for extraction of erbium (Ⅲ) from sulfuric-acid solution by HEH(EHP). Acta Chimica Sinica, 1988, 46(5): 492−495.

[161] Li, DQ; Wang, ZH; Zhang, CP; Le, SM. Studies of extraction mechanism of rare-earth elements with 2-ethylhexylphosphonic acid mono-2-ethylhexyl ester . 3. the distribution of high aqueous In (Ⅲ) concentrations in the system $H^+(HNO_3, HCl)-H_2O-HEH(EHP)$-kerosene and extraction reaction.

Acta Chimica Sinica, 1988, 46(6): 586−589.

国际会议英文论文 25 篇

[1] Li, DQ; Wan, X; Lin, DZ. Extraction separation of rare earth elements, Scandium and Thorium with P507. ISEC'80, Vol, 3: 80.

[2] Le, SM; Li, DQ; Ni, JZ. Extraction mechanism of zinc (Ⅱ) from thiocynate solution by N1923. ISEC'88, Vol. 3: 238−241.

[3] Yu, DY; Li, DQ. Extraction mechanism of thorium (Ⅳ) from sulphuric acid solutions by HEH/EHP. ISEC'88, Vol. 3: 168−174

[4] Wang, C; Li, DQ. Solvent extraction of scandium (Ⅲ) with Cyanex 272 and H[BTMPP]. ISEC'99, 1239−1244.

[5] Li, DQ; Wang, C. and Wei, ZG. Solvent extraction of scandium (Ⅲ) with Cyanex 302 and H[BTMPTP]. ISEC'99, PP1233−1238.

[6] Chu, DQ; Ma. GX and Li, DQ. Solvent extraction of lanthanides and yttrium from nitrate solutions with Cyanex 923. ISEC'99, 1109−1114.

[7] Li, DQ. Rare earths separation study. ISEC'99, 1081−1088.

[8] Sun, DC; Le, ST. and Li, DQ. The rule of transition of extraction kinetic behaviour of rare earth elements with DMHMP. ISEC'99, 911−914.

[9] Lu, J.; Zheng, Z.; Li, DQ. Extraction kinetics in the Er (Ⅲ) 2-ethylhexyl-2-ethylhexylphosphonic acid (HEH/EHP) heptane system. ISEC'99, 905−910.

[10] Lu, J.; Li, DQ. Recovery and purification of cerium (Ⅳ) and thorium (Ⅳ) from Bastnasite ore. ISEC'99, 795−800.

[11] Luo, F.; Yue, ST.; Li, DQ.; Wu, YL. The Mass transfer of Zn^{2+} and Eu^{3+} in hollow fiber membrane containing Cyanex302. Proceedings of the 4th International Conference on Rare Earth Development and Application, 2001, 60-63.

[12] Yue, ST.; Luo, F.; Liao, WP.; Li, DQ.; Su, Q. Extraction kinetics of yttrium with sec-octylphenoxy acetic acid. Proceedings of the 4th International Conference on Rare Earth Development and Application, 2001, 33-35.

[13] Li, DQ. Progress in separation processes of rare earths. Proceedings of the 4th International Conference on Rare Earth Development and Application, 2001, 11-20.

[14] Luo, F.; Jia, Q.; Li, DQ. Transfer properties of cadmium (Ⅱ) and zinc (Ⅱ) from hydrochloric acid with HEH/EHP using microporous hollow fiber membrane. ISEC'2002, 718-723.

[15] Xu, Y, ; Lu, J.; Li, DQ. The partitioning of some dyes and the effect of kscn polyethylene glycol/salts aqueous two-phase system. ISEC'2002, 537-542.

[16] Yue, ST.; Liao, WP.; Li, DQ. Kineitcs of rare earth extraction with sec-ocyulphenoxy acetic acid. ISEC'2002, 268-273.

[17] Wang, YG.; Meng, SL.; Li, DQ. Extraction of rare earth ions by sec-nonaphenoxyactiec acid. ISEC2002, 436-440.

[18] Luo, F.; Jia, Q.; Li, DQ. Transfer properties of cadmium (Ⅱ) and zinc (Ⅱ) from hydrochloric acid with HEH/EHP using microporous hollow fiber membrane. ISEC'2002, 718-723.

[19] Wang, Y. G.; Meng, S. L.; Li, D. Q.; Jin, M. J.; Li, C. Z. Extraction of rare

earth ions by sec-nonylphenoxyacetic acid. ISEC'2002, 436-440.

[20] Yue, S. T.; Liao, W. P.; Li, D. Q.; Su, Q. Kinetics of rare earth extraction with sec-octylphenoxy acetic acid. ISEC'2002, 268-273.

[21] Yang, H. L.; Chen, J.; Li, D. QPreliminary investigating of kinetics of separation of yttrium (Ⅲ) using cyanex 923 in ionic liquids. ISEC'2008, 1277-1282.

[22] Zuo, Y.; Chen, J.; Bai, Y. and Li, DQ. Extraction and separation of thorium(iv) from lanthanides (Ⅲ) with room-temperature ionic liquids containing primary amine N1923. ISEC'2008, 1195-1200.

[23] He, WW.; Liao, W. P.; Li, DQ. and Niu, CJ. Synergistic extraction of rare earths with a mixture of CALIX[4]arene carboxylic acid and primary amine N1923. ISEC'2008, 1195-1201.

[24] Li, DQ.; Lu, J.; Meng, SL.; Liu, SZ.; Liao, WP and Bai, Y. Magnified-test in mixer-settler on separating cerium (Ⅳ) from bastnasite using Cyanex 923. ISEC'2011.

[25] Li, DQ.; Li, HF.; Meng, SL.; Liao, WP.; Wang, YL. and Liu, SZ. A novel clean metallurgical process for bastnasite rare earths. 51st COM – 2012.

附录5 中文研究论文144篇

[1] 邓岳锋,王香兰,白彦,等. P507-ROH体系分离制备高纯氧化镥工艺研究进展[J]. 中国稀土学报, 2022 (8): 1-9.

[2] 闫宇飞,陈继,李凯,等. 含氟硫酸介质中伯胺N1923对Ce(Ⅳ)的萃取[J]. 应用化学, 2022, 39 (2): 307-314.

[3] 邓岳锋,宋艳华,陈继,等. 氧化镥中杂质对铈掺杂硅酸镥多晶粉体光谱性质影响[J]. 应用化学, 2018, 35 (4): 457-461.

[4] 储德清,李德谦. Cyanex 923萃取稀土元素的温度效应和热力学函数[J]. 中国稀土学报, 2016, 34 (6): 661-666.

[5] 国富强,李红飞,张志峰,等. CeF_3纳米粒子的制备和尺寸控制[J]. 中国稀土学报, 2009, 27 (6): 768-772.

[6] 白彦,李德谦. 稀土串级萃取过程中"无效区"现象的探究[J]. 稀土, 2009, 30 (6): 1-7.

[7] 张志峰,李红飞,国富强,等. 溶剂萃取法制备的纳米CeF_3紫外吸收性能研究[J]. 中国稀土学报, 2008 (4): 432-436.

[8] 何文伟,廖伍平,牛春吉,等. 两相滴定法测定对-叔丁基杯芳烃乙酸的基本常数[J]. 应用化学, 2008 (8): 877-881.

[9] 张绘,张志峰,李鸿飞,等. 高压静电场对TiO_2光催化的影响[J]. 应用化学, 2008 (6): 629-632.

[10] 李丽敏,尚庆坤,吕喆,等. 氨基酸在乙醇/磷酸氢二钾双水相体系中分配行为[J]. 分析化学, 2007 (9): 1355-1358.

[11] 孙晓琦,彭波,陈继,等. 离子液基体系Cyanex923 (925) / [C_8mim]

[PF$_6$]和TBP/[A336][NO$_3$]萃取钪的研究[J].中国稀土学报,2007(4):417-421.

[12] 孙晓琦,徐爱梅,陈继,等.离子液基萃取金属离子的研究进展[J].分析化学,2007(4):597-604.

[13] 刘巨涛,刘晓伟,范圣第,等.杂多酸钾杯芳烃衍生物的合成、结构及电化学性质[J].高等学校化学学报,2007(7):1235-1239.

[14] 王玮玮,王香兰,孟淑兰,等.Cyanex 923硫酸介质中萃取和反萃取镱[J].稀土学报,2006(6):685-689.

[15] 徐爱梅,孙晓琦,佘振宝,等.室温离子液体在分离科学研究中的新进展[J].分子科学学报,2006(5):287-293.

[16] 王艳芝,韩树民,李德谦.仲辛基苯氧基乙酸萃取钴(Ⅱ)和镍(Ⅱ)的机理研究[J].分析化学,2005(11):1590-1592.

[17] 尚庆坤,李德谦,玄玉实,等.气相色谱-质谱法分析研究野生菱角壳中多糖化合物的单糖组成[J].分析化学,2005(1):73-76.

[18] 贾琼,李德谦,牛春吉.1-苯基-3-甲基-4-苯甲酰基-吡唑酮-5与中性磷(膦)萃取剂协同萃取镧B[J].分析化学,2004(11):1459-1462.

[19] 李秋荣,宁润娣,韩树民,等.PT-28在硝酸体系中萃取Y^{3+}和Gd^{3+}的性能研究[J].稀土,2004(4):39-47.

[20] 乐善堂,李德谦.仲壬基苯氧基乙酸基本常数的测定[J].华南师范大学学报(自然科学版),2003(3):94-96.

[21] 童辉,雷家珩,李德谦.Cyanex923萃取稀土(取稀的传质动力学[J].武汉理工大学学报,2003(6):7-9.

[22] 廖伍平,贾琼,李德谦,等.Cyanex923-H$_2$SO$_4$体系萃取第3相的形成和

应用[J].应用化学,2003(5):429-432.

[23] 李秋荣,宁润娣,韩树民,等.PT-28对常见无机酸和有机酸的萃取行为研究[J].燕山大学学报,2002(4):356-358.

[24] 王艳芝,韩树民,李德谦.仲辛基苯氧乙酸萃取Fe(Ⅲ)的性能[J].矿冶工程,2002(3):72-73.

[25] 王艳芝,韩树民,李德谦.仲辛基苯氧乙酸萃取铜(Ⅱ)、钴(Ⅱ)、镍(Ⅱ)的机理[J].有色金属(冶炼部分),2002(3):16-18.

[26] 王艳芝,韩树民,李秋荣,等.仲辛基苯氧乙酸萃取Zn(Ⅱ)的性能[J].过程工程学报,2002(2):118-121.

[27] 王艳芝,韩树民,李德谦.仲辛基苯氧乙酸萃取Cu(Ⅱ)的性能研究[J].矿产综合利用,2002(2):13-15.

[28] 王艳芝,韩树民,李德谦.仲辛基苯氧乙酸萃取Co(Ⅱ)的性能[J].有色金属(冶炼部分),2002(2):10-12.

[29] 王弋戈,李德谦,金幕军,等.仲壬基苯氧基乙酸萃取金属离子[J].应用化学,2002(5):425-427.

[30] 张凤君,云影,林学钰,等.膜基萃取过程中在线分析技术及其在钕钐传质中的应用[J].稀土,2001(6):1-5.

[31] 张凤君,林学钰,刘虹,等.膜基萃取中钕、钐的传质及界面反应动力学[J].中国稀土学报,2001(3):265-267.

[32] 罗芳,李德谦,吴庸烈.利用中空纤维膜器从铕中分离杂质锌[J].分析化学,2001(10):1163-1166.

[33] 乐善堂,王艳枝,陈闽子,等.仲辛基苯氧基乙酸基本常数的测定[J].分析化学,2001(8):954-956.

[34] 张洪杰，洪广言，李德谦，等．我国稀土化学的进展［J］．化学通报，2001（6）：325-331．

[35] 薄其兵，陆军，李德谦，等．仲辛基苯氧基乙酸从稀土中萃取分离钪及其机理［J］．分析化学，2001（1）：45-48．

[36] 芳，李德谦，吴庸烈．Cyanex302在中空纤维膜器中萃取锌的传质动力学［J］．应用化学，2000（5）：471-474．

[37] 罗芳，张凤君，李德谦，等．聚偏氟乙烯中空纤维膜器对钐传质性能的影响［J］．中国稀土学报，2000（3）：203-205．

[38] 孙都成，乐善堂，李德谦．钕盐酸溶液的精细吸收光谱的研究及应用［J］．新疆大学学报（自然科学版），2000（2）：58-62．

[39] 乐善堂，马根祥，李德谦．稀土萃取动力学研究进展［J］．稀土，2000，21（2）：52-60．

[40] 乐善堂，马根祥，李德谦，等．铒在HBTMPTP-正庚烷/水溶液间的传质动力学［J］．高等学校化学学报，2000（6）：832-835．

[41] 张秀英，薄其兵，陆军，等．仲辛基苯氧基乙酸萃取稀土（Ⅲ）的机理［J］．应用化学，2000（2）：198-200．

[42] 徐岩，陆军，李德谦．聚乙二醇-硫酸铵双水相体系中稀土元素的分配［J］．应用化学，2000（1）：22-25．

[43] 乐善堂，马根祥，李德谦，等．HBTMPTP萃取Er（Ⅲ）的动力学研究［J］．中国稀土学报，增刊，1999（17）：66-68．

[44] 张凤君，罗芳，李德谦，等．中空纤维膜器中镱、钍的萃取及分离研究［J］．中国稀土学报，增刊，1999（17）：69-71．

[45] 张凤君，马根祥，李德谦．氨化HEH/EHP膜基萃取钕、钐及传质研究

[J]. 稀土, 1999, 20 (4): 8-11.

[46] 张凤君, 马根祥, 李德谦. 用在线流动注射法研究膜基萃取过程中铵离子传质规律 [J]. 应用化学, 1999, 16 (4): 58-61.

[47] 张凤君, 马根祥, 李德谦. Cyanex272 在中空纤维膜中萃取镱、铒及传质研究 [J]. 应用化学, 1999, 16 (2): 84-86.

[48] 陆军, 孟淑兰, 李德谦, 等. 盐酸介质中 PT-2 萃取稀土的研究 [J]. 中国稀土学报, 增刊, 1999 (17): 72-74.

[49] 王志强, 陈继, 刘启民, 等. 双(β-羧乙基)锗氢氧化物的合成及其生物活性 [J]. 中国药物化学杂志, 1999, 9 (2): 127-129.

[50] 傅洵, 刘欢, 薛美玲, 等. 三正辛胺界面性质 I. -三正辛胺盐酸盐/正庚烷/水体系的有序聚集 [J]. 化工冶金, 1999, 20 (1): 5-10.

[51] 陈继, 马根祥, 李晓晶, 等. 荧光法研究 Ge-132 对苯丙氨酸 Maillard 反应的抑制作用 [J]. 应用化学, 1998 (6): 89-91.

[52] 陈继, 马根祥, 李晓晶, 等. 荧光法研究 Ge-132 对牛血清白蛋白 Maillard 反应的抑制作用 [J]. 高等学校化学学报 1998, 19 (12): 1937-39.

[53] 陈继, 马根祥, 李晓晶, 等. 荧光法研究 Ge-132 对牛血清白蛋白 Mailard 反应的抑制作用 [J]. 高等学校化学学报, 1998 (12): 62-64.

[54] 陈继, 马根祥, 张树功, 等. 有机锗化合物对氨基酸非酶糖化反应的抑制作用 [J]. 应用化学, 1998, 15 (3): 55-58.

[55] 陈继, 马根祥, 张树功, 等. 锗-132 对体外幼鼠胰岛细胞的作用 [J]. 应用化学, 1998 (4): 74-76.

[56] 陈继, 马根祥, 张树功, 等. 有机锗化合物对氨基酸非酶糖化反应的抑制作用 [J]. 应用化学, 1998 (3): 59-62.

[57] 储德清,马根祥,李德谦. Cyanex 923 对稀土元素硝酸盐的萃取[J]. 分析化学,1998(11):1346-1349.

[58] 玉洁,张淑敏,李德谦. 中空纤维膜萃取分离混合稀土中的钍 Th[J]. 中国稀土学报,1998,16(3):193-198.

[59] 王玉洁,张淑敏,李德谦. 中空纤维膜基萃取分离铈[J]. 分子科学学报,1998(2):55-59.

[60] 王玉洁,张淑敏,李德谦. 铈(Ⅳ)与 RE(Ⅲ)的中空纤维膜基萃取分离[J]. 高等学校化学学报1998,19(6):970-972.

[61] 王玉洁,张淑敏,李德谦. 铈(Ⅳ)与 RE(Ⅲ)的中空纤维膜萃取分离[J]. 高等学校化学学报,1998(6):139-141.

[62] 陆军,马根祥,李德谦,等. 二(2,4,4-三甲基戊基)膦酸萃取 Er(Ⅲ)的动力学[J]. 应用化学,1998(3):47-50.

[63] 陆军,孟淑兰,李德谦,等. 异丙基膦酸单(1-己基-4-乙基)辛酯的某些基本常数的测定[J]. 分析化学,1998(5):574-578.

[64] 陆军,马根祥,李德谦,等,二(2,4,4-三甲基戊基)膦酸(Cyanex272)萃取 Er 的动力学应用化学,1998,15(3):43-46.

[65] 张凤君,李德谦,吴庸烈. P507 在中空纤维膜器中萃取钕、铈及传质研究[J]. 高等学校化学学报,1998,19(4):514-516.

[66] 张凤君,李德谦,吴庸烈,等. HEH/EHP 在中空纤维膜器中萃取钕、铈及传质研究[J]. 高等学校化学学报,1998(4):23-25.

[67] 乐善堂,孙都成,马根祥,等. 两相滴定法对 HEH/EHP 萃取锶(取)的机理研究[J]. 应用化学,1998(1):89-91.

[68] 乐善堂,孙都成,郑静,等. 两相滴定法对 HEH/EHP 萃取镉(取镉的机理

研究［J］.湖北师范学院学报（自然科学版），1997（6）：1-5.

［69］乐善堂，孙都成，马根祥，等.溶剂萃取动力学研究中的连续测定法［J］.化学研究与应用，1997（6）：3-7.

［70］张晓凤，刘书珍，金尚德，等.仲丁基膦酸-2-丁基辛酯与稀土固体配合物的研究［J］.上饶师专学报，1997（6）：97.

［71］孟淑兰，罗爱清，李德谦.异丙基膦酸单（1-己基-4-乙基）辛酯上胺205-正庚烷乳状液膜分离钪（Ⅲ）、铁（Ⅲ）、镥（Ⅲ），稀土，1997（6）：10-12.

［72］陆军，马根祥，李德谦.高效离心分配色谱仪对异丙基膦酸单（1-己基-4-乙基）-辛酯-稀土萃取体系的研究［J］.分析化学，1997（12）：1446-1450.

［73］孔薇，李德谦，张秀英，等.HBTMPTP 与 HPMBP 协同萃取稀土元素［J］.核化学与放射化学，1997（3）：2-7.

［74］孔薇，孟淑兰，李德谦，等.二（2，4，4-三甲基戊基）单硫代膦酸-上胺205-正庚烷乳状液膜萃取分离钪（Ⅲ）、铁（Ⅲ）、镥（Ⅲ）.分析化学，1997（5）：534-538.

［75］孔薇，李德谦，张秀英，等.异丙基膦酸单（1-己基-4-乙基）辛酯萃淋树脂吸萃重稀土元素（Ⅲ），分析试验室，1997（2）：27-30.

［76］孔薇，王春，李德谦，等.HBTMPTP 与伯胺 N1923 对稀土元素（Ⅲ）的协同萃取［J］.高等学校化学学报，1997（2）：177-181.

［77］魏正贵，李德谦，王春，等.HBTMPTP 与 Cyanex 925 协同萃取 Sc（Ⅲ）的研究［J］.高等学校化学学报，1997（8）：1281-1285.

［78］张晓凤，刘书珍，金尚德，等.仲丁基膦酸-2-丁基辛酯与稀土固体配合物

的研究[J].无机化学学报,1997(1):67-71.

[79] 袁猛,孟淑兰,李德谦,等.二烷基单硫代膦酸萃淋树脂吸附重稀土(Ⅲ)的研究[J].分析化学,1996(8):882-885.

[80] 罗爱清,李德谦,孔薇,等.二(2,4,4-三甲基戊基)膦酸-上胺205-正庚烷乳状液膜分离钪(Ⅲ)、铁(Ⅲ)和镥(Ⅲ)[J].分析化学,1996(6):635-638.

[81] 王春,孔薇,李德谦.有机膦类化合物在金属溶剂萃取中的研究和应用[J].应用化学1996,13(3):1-5.

[82] 李德谦,王忠怀,孟淑兰,等.钇、钪分离工艺的新进展[J].稀土1996,17(6):41-43.

[83] 李德谦.二烷基膦酸萃取稀土元素、钍和铁[J].江西有色冶金1996,10(1):29-32.

[84] 李德谦.稀土湿法冶金工业中的化工问题[J].化学进展1995,7(3):209-213.

[85] 李琼清,李德谦.二(2,4,4-三甲基戊基)膦酸从盐酸介质中萃取钍(Ⅳ)的机理[J].应用化学,1995(4):58-61.

[86] 王忠怀,孟淑兰,宋文仲,等.二(2,4,4-三甲基戊基)膦酸萃取分离稀土元素(Ⅲ)的研究[J].分析化学,1995(4):391-394.

[87] 孙静,王春,李德谦,等.异丙基膦酸单(1-己基-4-乙基)辛酯萃取分离锆、钍、钛、铁、镥及其机理[J].分析化学,1995(9):998-1002.

[88] 孙静,郑重,李德谦,等.异丙基膦酸单(1-己基-4-乙基)辛酯与HPMBP协同萃取稀土元素(Ⅲ)[J].应用化学,1995(3):64-66.

[89] 孙静,李德谦,叶伟贞.异丙基膦酸单(1-己基-4-乙基)辛酯萃取分离钪、

铁和镥[J].中国稀土学报 1995（1）：5-9.

[90] 孙静，李德谦.BTMPPA 与 HPMBP 协同萃取稀土元素（Ⅲ）的研究[J].应用化学，1994（3）：49-53.

[91] 孙静，任吉民，孝延文，等.2-乙基己基膦酸单 2-乙基己基酯萃取镧系元素的 NMR 研究[J].分析测试学报，1994（2）：50-53.

[92] 李德谦，王忠怀，孟淑兰.离子型稀土矿分离工艺研究进展[J].中国稀土学报 1994（12）：401-404.

[93] 孙都成，鲁文杰，于媛，等.两相滴定法研究 2-乙基己基膦酸单 2-乙基己基酯从盐酸介质中萃取钕（Ⅲ）的动力学[J].分析化学，1994（7）：652-655.

[94] 孙都成，古丽，李德谦.P350 从硝酸介质中萃取 Nd（Ⅲ）的动力学研究[J].应用化学，1993（6）：76-79.

[95] 李琼清，曾广赋，李德谦.二（2，4，4-三甲基戊基）膦酸稀土配合物的振动光谱[J].光谱学与光谱分析，1993（6）：21-26.

[96] 李琼清，金尚德，李德谦，等.仲丁基膦酸单烷基酯对钪（Ⅲ）、钇（Ⅲ）和镧系离子（Ⅲ）的萃取机理研究[J].暨南大学学报（自然科学与医学版），1993（1）：52-56.

[97] 张晓凤，李德谦.二（2，4，4-三甲基戊基）膦酸萃取稀土离子[J].应用化学，1993（4）：72-74.

[98] 马根祥，李德谦.二（2，4，4-三甲基戊基）膦酸从盐酸介质中萃取分离钪（Ⅲ）和铁（Ⅱ），分析化学，1992（10）：1113-1116.

[99] 许禄，肖永辉，李德谦.稀土萃取专家系统的研究[J].中国稀土学报，1992，10（2）：110-115.

[100] 乐善堂,李德谦. 稀土溶剂萃取动力学及研究方法 [J]. 稀土,1992,13(1): 28-38.

[101] 赵云岑,李德谦,叶伟贞. 烷基膦酸单烷基酯萃取钪的机理研究 [J]. 核化学与放射化学,1992(2): 79-85.

[102] 韩树民,李德谦. PMBP 与 HEH [EHP] 对 Fe(Ⅲ)的协同萃取 [J]. 应用化学,1992(1): 7-12.

[103] 薛理珍,李德谦. 二(2-乙基己基)膦酸从盐酸介质中萃取钪(Ⅲ)、钇(Ⅲ)、镧系离子(Ⅲ)和铁(Ⅲ),应用化学,1992(4): 21-25.

[104] 薛理珍,李德谦. 二(2-乙基己基)膦酸从硫酸溶液中萃取钪(Ⅲ)的机理研究 [J]. 核化学与放射化学,1991(3): 163-168.

[105] 孙都成,李德谦. 伯胺 N1923 从硫酸介质中萃取 La(Ⅲ)和 Fe(Ⅲ)的动力学 [J]. 应用化学,1991(3): 73-76.

[106] 张喜田,李德谦. 仲碳伯胺 N1923 萃取铈(Ⅳ)机理的 1H,15N 核磁共振谱研究 [J]. 分析化学,1991,19(3): 353-356.

[107] 韩树民,马根祥,李德谦. P507 和伯胺 N1923 萃取 Zn(Ⅱ)的协同与反协同效应 [J]. 金属学报,1991,27(2): B75-B80.

[108] 韩树民,李德谦. PMBP 与 P350 对 Nd(Ⅲ)的协同萃取 [J]. 稀有金属,1991(3): 227-229.

[109] 韩树民,李德谦. 甲基膦酸二甲庚酯与伯胺 N1923 对锌(Ⅱ)的协同萃取 [J]. 应用化学,1991(2): 11-15.

[110] 韩树民,李德谦. 甲基膦酸二甲庚酯与伯胺 N1923 对 Cd(Ⅱ)的协同萃取 [J]. 有色金属,1991(2): 61-64.

[111] 乐善堂,李德谦. 二(2-乙基己基)膦酸萃取 Er(Ⅲ)的动力学和机理

[J]. 核化学与放射化学, 1990（4）: 230-234.

[112] 李德谦, 牛伟. HEHEHP 与 PMBP 协同萃取稀土元素（Ⅲ）的机理研究 [J]. 核化学与放射化学, 1990（2）: 92-98.

[113] 赵云岑, 李德谦. 甲基膦酸二（1-甲庚）酯萃取钪的机理 [J]. 应用化学, 1990（2）: 1-5.

[114] 马根祥, 李德谦. 伯胺 N1923 与中性磷萃取剂对 Zn（Ⅱ）的协同萃取 [J]. 无机化学学报, 1989（4）: 65-71.

[115] 马根祥, 李德谦. HPMBP 与伯胺 N1923 对稀土元素（Ⅲ）的协同萃取 [J]. 核化学与放射化学, 1989（1）: 36-42.

[116] 李德谦, 刘大春. 伯胺 N1923 从硫酸溶液中萃取铝的研究 [J]. 有色金属（冶炼）, 1988（3）29-31.

[117] 李德谦, 王忠怀, 张长平, 等. 2-乙基己基膦酸单（2-乙基己基）酯萃取稀土元素机理的研究 Ⅲ. 高浓度稀土元素（Ⅲ）在 HNO_3, $HCl-H_2O-HEH$（EHP）-煤油体系中的分配及萃取反应 [J]. 化学学报, 1988（6）: 586-589.

[118] 李德谦, 王忠怀, 陈志夫. 2-乙基己基膦酸单（2-乙基己基）酯萃取稀土元素机理的研究 Ⅱ. HEH（EHP）从硫酸溶液中萃取 Er（Ⅲ）的平衡反应 [J]. 化学学报, 1988（5）: 492-495.

[119] 张天乐, 倪嘉缵, 李德谦. 伯胺 N1923 从 H_2SO_4 溶液中萃取 Ti（Ⅳ）的研究 [J]. 稀有金属, 1988（4）: 241-244.

[120] 张天乐, 倪嘉缵, 李德谦. 伯胺 N1923 萃取 $HgCl_2$ 机理的研究 [J]. 应用化学, 1988（2）: 29-33.

[121] 乐少明, 李德谦, 倪嘉缵. 伯胺 N1923 硝酸盐从硫代硫酸盐溶液中萃取银

（Ⅰ）的机理[J].应用化学,1988(1):27-31.

[122] 乐少明,李德谦,倪嘉缵.伯胺N1923从盐酸溶液中萃取镉（Ⅱ）的机理[J].无机化学学报,1987(4):51-59.

[123] 乐少明,李德谦,倪嘉缵.伯胺N1923从硫酸溶液中萃取Sc（Ⅲ）的机理[J].核化学与放射化学,1987(3):163-167.

[124] 乐少明,倪嘉缵,李德谦.伯胺N1923从HCl溶液中萃取Zn（Ⅱ）的机理研究[J].无机化学学报,1987(2):80-90.

[125] 乐少明,李德谦,倪嘉缵.伯胺N1923萃取$AgNO_3$的性能及机理的研究[J].应用化学,1987(1):26-29.

[126] 李德谦,屠元珍.2-乙基己基膦酸单（2-乙基己基）酯从盐酸溶液中萃取铁（Ⅲ）的机理[J].应用化学,1987(5):15-19.

[127] 李德谦,纪恩瑞,徐雯,等.伯胺N1923从硫酸溶液中萃取稀土元素（Ⅲ）、铁（Ⅲ）和钍（Ⅳ）的机理[J].应用化学,1987(2):36-41.

[128] 李德谦,贺永祥.氨化HEH（EHP）在$RECl_3$-HCl-H_2O体系中的溶解度[J].稀土,1986(5):10-13.

[129] 李德谦,张杰,徐敏.2-乙基己基膦酸单（2-乙基己基）酯（HEH[EHP]）萃取稀土元素机理的研究—Ⅰ.稀土元素（Ⅲ）在HNO_3-H_2O-HEH[EHP]体系中的分配及温度和溶剂效应[J].应用化学,1985(2):17-23.

[130] 李德谦,王忠怀,曾广赋,伯胺N1923从硫酸溶液中萃取Ce（Ⅳ）的机理[J].核化学与放射化学6(3),(1984)153-160.

[131] 李德谦,王忠怀,曾广赋,等.2-乙基己基膦酸单2-乙基己基酯从硫酸溶液中萃取铈（Ⅳ）的机理[J].中国稀土学报,1984(2):9-19.

[132] 李德谦,王星堂.亚砜——一种很有前途的稀土萃取剂[J].新疆大学学报(自然科学版),1984(2):62-70.

[133] 李德谦,许发文,潘常敏.2-乙基己基膦酸单(2-乙基己基)酯在水-矿物酸-正庚烷体系中的分配和溶解度的测定[J].武汉大学学报(自然科学版),1983(2):74-81.

[134] 李德谦,宋襄玉,王洪辉.磷酸对伯胺萃取分离稀土(Ⅲ)对与铁(Ⅲ)萃取机理[J].应用化学,1983(1):47-54.

[135] 王星堂,李德谦,曾广赋,等.伯胺N1923萃取磷酸的研究[J].高等学校化学学报,1983(6):685-690.

[136] 张喜田,孝延文,李德谦.伯胺N1923萃取磷酸的1H-NMR研究[J].稀土,1983(2):28-30.

[137] 王星堂,李德谦.稀土元素萃取化学的发展[J].新疆大学学报(自然科学版),1982(1):43-47.

[138] 李德谦,纪恩瑞,李涵,等.硝酸甲基三烷基铵萃取稀土元素极其机理的研究[C]//中国科学院长春应用化学研究所.稀土化学论文集.科学出版社,1982:1-9.

[139] 李德谦,纪恩瑞,高原,等.用伯胺从包头矿浓硫酸焙烧水浸液中萃取分离钍和提取混合稀土[C]//中国科学院长春应用化学研究所.稀土化学论文集.科学出版社,1982:10-19.

[140] 李德谦,万雄,林道智,等.用2-乙基己基膦酸单-2-乙基己基酯分离稀土元素、铈、钪和钍的研究[C]//中国科学院长春应用化学研究所.稀土化学论文集.科学出版社,1982:20-29.

[141] 李德谦,吴忠臣,纪瑞恩.用P507从硝酸溶液中萃取分离轻重稀土元素

[J].稀土,1981(1):23-27.

[142] 王忠怀,李德谦.用2-乙基已基磷酸单2-乙基已基酯从高浓度矿物酸溶液中萃取镓的研究[J].稀土,1981(2):15-20.

[143] 苏锵,李德谦.用磷酸二丁酯作萃取剂自混合稀土中分离铈[J].原子能科学技术,1965(3):243-248.

[144] 苏锵,李德谦,任玉芳,等.用磷酸二丁酯萃取稀土元素和钍[J].原子能科学技术,1964(6):734-739.

中文会议论文 12 篇

[1] 邹丹,陈继,李德谦.协同萃取体系分离钪的基础研究(英文)[C]//中国稀土学会.中国稀土学会 2021 学术年会论文摘要集.2021:58.

[2] 廖伍平,王艳良,吴国龙,等.稀土资源中伴生钍的分离纯化与核纯钍制备[C]//中国稀土学会.中国稀土学会 2017 学术年会论文摘要集.2017:59.

[3] 陈继,靖宇,陈厉,等.重稀土萃取分离的科学基础与应用[C]//中国化学会.中国化学会第 30 届学术年会摘要集—第八分会:稀土材料化学及应用.2016:85-86.

[4] 陈继,陈厉,李德谦.基于配位平衡效应的重稀土分离新体系的研究与应用[C]//中国化学会.中国化学会第九届全国无机化学学术会议论文集——I 稀土及分离化学,2015:20-21.

[5] 陈厉,陈继,李德谦.基于配位平衡原理的重稀土分离新体系的研究与应用[C]//中国稀土学会.全国稀土化学与冶金学术研讨会暨中国稀土学会稀土化学与湿法冶金、稀土火法冶金专业委员会工作会议论文摘要集.2014:

16-17.

[6] 邹丹,陈继,李德谦.铈的分离化学与清洁工艺应用[C]//中国化学会.中国化学会第29届学术年会摘要集—第06分会:稀土材料化学及应用.2014:14.

[7] 李红飞,国富强,李德谦.利用液液萃取技术从氟碳铈矿硫酸浸取液中直接制备高纯CeF_3纳米粉体[C]//中国稀土学会.第十届全国稀土元素分析化学学术报告会论文集.2003:25-26.

[8] 李德谦.稀土分离的新进展[C]//中国稀土学会.第九届全国稀土分析化学学术报告会论文集.2001:9.

[9] 乐善堂,罗芳,于桂红,等.层流恒界面池中CA-12萃取钇的质量传递动力学[C]//中国稀土学会.中国稀土学会第四届学术年会论文集.2000:118-120.

[10] 陆军,徐海兵,李德谦.高效离心分配色谱仪对稀土萃取体系的研究[C]//中国稀土学会.中国稀土学会第四届学术年会论文集.2000:137-141.

[11] 罗芳,乐善堂,李德谦,等.中空纤维膜器中Cyanex302萃取分离锌和铈[C]//中国稀土学会.中国稀土学会第四届学术年会论文集.2000:197-200.

[12] 严纯华,贾江涛,张亚文,等.四川攀西稀土资源的可持续利用[C]//中国科学技术协会.西部大开发 科教先行与可持续发展——中国科协2000年学术年会文集.2000:133.

附录6 | 人才培养

硕士生 17 人,硕博连读 16 人,博士生 13 人(其中一人曾是 86 级硕士),总计 45 人

硕士生 17 人

[1] **于丁羽**,男,1981 级硕士生,记在倪嘉缵院士名下。硕士在读期间,主要开展伯胺 N1923 从硫酸体系、碳酸盐体系中萃取分离 Ln(Ⅲ)、Fe(Ⅲ) 和 Th(Ⅳ) 的平衡规律研究,以第一作者身份发表研究论文 2 篇。现居吉林省长春市,已退休。

[2] **乐少明**,男,1983 级硕士生,记在倪嘉缵院士名下。1963 年 7 月生于湖北省。硕士在读期间,主要开展伯胺 N1923 从盐酸、硫酸体系中萃取 Sc、Ag、Cd 和 Zn 的热力学研究,以第一作者身份发表研究论文 5 篇。现担任湖北昊为涂料涂装有限公司董事长。

[3] **马根祥**,男,1985 级硕士生。硕士在读期间,主要开展 HPMBP 与伯胺 N1923 对稀土元素(Ⅲ)的协同萃取研究。现定居加拿大。

[4] **乐善堂**,男,1986 级硕士生。硕士在读期间,主要开展通过两相滴定法研究 HEH/EHP 对金属离子的萃取机理及仲壬基苯氧基取代乙酸基本常数测定工作,以第一作者身份发表中文研究论文 3 篇。现已退休。

[5] **赵云岑**,女,1986 级硕士生,1963 年 1 月出生。硕士在读期间,主要开展烷基膦酸单烷基酯、甲基膦酸二(1-甲庚)酯萃取钪的热力学机理研究,以第一作者身份发表研究论文 2 篇。现任职于北京师范大学。

[6] **薛理珍**,女,1986 级硕士生。硕士在读期间,主要开展二(2-乙基己基)膦酸从盐酸介质中萃取钪(Ⅲ)、钇(Ⅲ)、镧系离子(Ⅲ)和铁(Ⅲ)的机理研究,以第一作者身份发表研究论文 2 篇。现定居美国纽约。

[7] **孔薇**,女,1986 级硕士生。硕士在读期间,主要开展二(2,4,4-三甲基戊基)单硫代膦酸-上胺 205-正庚烷乳状液膜萃取分离钪(Ⅲ)、铁(Ⅲ)和镥(Ⅲ)及 HBTMPTP 与 HPMBP 协同萃取稀土元素机理研究,以第一作者身份发表研究论文 2 篇。

[8] **韩树民**,男,1987 级硕士生,1962 年 3 月生于黑龙江省。硕士在读期间,主要开展甲基膦酸二甲庚酯与伯胺 N1923 协同与反协同萃取过渡金属 Zn 和 Fe 的机理研究,以第一作者身份发表研究论文 5 篇。现任职于燕山大学。

[9] **张晓凤**,女,1989 级硕士生,1963 年 2 月出生。硕士在读期间,主要开展二(2,4,4-三甲基戊基)膦酸萃取稀土离子及仲丁基膦酸-2-丁基辛酯与稀土固体配合物的络合机理研究,以第一作者身份发表研究论文 2 篇。现已退休。

[10] **孙都成**,男。硕士在读期间,主要开展稀土及铁离子的萃取动力学研究,以

第一作者身份发表中文研究论文 3 篇。现已离世。

[11] **李琼清**，男，1990 级硕士生，1964 年 9 月出生。硕士在读期间主要开展二（2，4，4-三甲基戊基）膦酸稀土配合物的光谱及仲丁基膦酸单烷基酯对钪（Ⅲ）、钇（Ⅲ）、Th（Ⅳ）和镧系离子（Ⅲ）的萃取机理研究，以第一作者身份发表研究论文 4 篇。现定居加拿大。

[12] **魏正贵**，男，1990 级硕士生，与武汉大学联合培养。硕士在读期间，主要开展 HBTMPTP 与 Cyanex 925 协同萃取 Sc（Ⅲ）的研究，以第一作者身份发表研究论文 1 篇。

[13] **孙静**，女，1991 级硕士生，1969 年 7 月生于黑龙江省哈尔滨市。硕士在读期间，主要开展异丙基磷酸单（1-己基-4-乙基）辛酯萃取及协同萃取分离钪、锆、钍、钛、铁、镥及其机理研究，以第一作者身份发表研究论文 5 篇。现任职于中国科学院上海硅酸盐研究所。

[14] **袁猛**，男，1992 级硕士生，1970 年 2 月出生。硕士在读期间，主要开展二烷基单硫代膦酸萃淋树脂吸附重稀土（Ⅲ）的研究，以第一作者身份发表研究论文 1 篇。现居上海。

[15] **罗爱清**，男，1992 级硕士生。硕士在读期间，主要开展二（2，4，4-三甲基戊基）膦酸-上胺 205-正庚烷乳状液膜分离钪（Ⅲ）、铁（Ⅲ）和镥（Ⅲ）研究，以第一作者身份发表研究论文 1 篇。现居上海。

[16] **储德清**,男,1995 级硕士生,1966 年 1 月出生。硕士在读期间,主要开展 Cyanex923 对稀土元素硝酸盐的萃取机理研究,以第一作者身份发表中文研究论文 2 篇。

[17] **童辉**,男,2000 级硕士生,与武汉理工大学联合培养,1970 年 1 月出生。硕士在读期间,主要开展 Cyanex 923 界面性质及其萃取稀土的动力学工作。现任职于武汉理工大学化生学院化学系。

硕博连读 16 人

[1] **王春**,男,1990 级硕博连读生,1968 年 11 月生于新疆。博士在读期间,主要开展 Cyanex302 萃取分离 Fe、稀土研究,以第一作者身份发表英文研究论文 3 篇。现任职于紫金矿业集团股份有限公司。

[2] **郑重**,男,1991 级硕博连读生。博士在读期间,发表中、英文研究论文各 1 篇,申请中国授权专利 2 件。现定居加拿大多伦多市。

[3] **陈继**,男,1994 级硕博连读生,1971 年 3 月生于吉林省吉林市。博士在读期间主要开展生物活性有机锗及 HPCPC 双水相分离生物大分子的研究,以第一作者身份发表中文研究论文 4 篇。现任职于中国科学院长春应用化学研究所。

[4] **廖伍平**,男,1997 级硕博连读生,1975 年 10 月生于湖北天门。博士在读

期间,主要开展氟碳铈矿萃取分离过程中的热力学和动力学研究,以第一作者身份发表英文 SCI 研究论文 5 篇,英文会议论文 1 篇,中文会议论文 1 篇。现任职于中国科学院江西赣江稀土研究院。

[5] **李红飞**,男,1999 级硕博连读生,1973 年 9 月生于河南洛阳。博士在读期间,主要开展攀西氟碳铈矿分离过程中的化学问题研究,以第一作者身份发表英文 SCI 研究论文 1 篇,中文会议论文 1 篇,申请中国授权专利 2 件。参与攀西稀土矿铈、钍、稀土萃取分离工艺产业化项目。现居河南洛阳。

[6] **赵君梅**,女,2000 级硕博连读生,1976 年 4 月出生,内蒙古包头人。博士在读期间,主要开展 DEHEHP 的界面性质及其萃取分离稀土的热力学和动力学研究,以第一作者身份发表英文 SCI 研究论文 3 篇,英文会议论文 1 篇,申请中国专利 1 件。现任职于中国科学院过程工程研究所。

[7] **乌东北**,女,2000 级硕博连读生,1976 年 10 月出生,黑龙江省人。攻读博士期间,主要开展有机磷酸萃取剂 Cyanex 302 分离稀土 Sc、Y、La 和 Gd 的热力学、动力学及萃取界面活性研究。以第一作者身份发表相关 SCI 英文研究论文 7 篇,参加国际会议 2 次。现任职于同济大学化学科学与工程学院。

[8] **张绘**,男,2001 级硕博连读生,1975 年 11 月出生,湖北武汉人。博士在读期间,主要开展微乳液和非水体系中纳米材料的制备工作,以第一作者身

份发表英文 SCI 研究论文 4 篇，中文研究论文 1 篇，申请国家授权专利 3 件。参与攀西稀土矿铈、钍、稀土萃取分离工艺产业化项目。现任职于中国科学院过程工程研究所。

[9] **李薇**，女，2001 级硕博连读生，1979 年 9 月出生。博士在读期间，主要开展钇和镧系元素萃取热力学及双水相体系分离氨基酸工作，以第一作者身份发表英文 SCI 研究论文 3 篇。参与江西 HAB 双溶剂萃取新工艺分离离子型稀土矿产业化项目。现任职于辽宁石油化工大学。

[10] **刘建军**，男，2002 级硕博连读生，1968 年 10 月出生，汉族，内蒙古四子王旗人。博士在读期间，主要开展针对于包头稀土资源清洁冶金流程与四川攀西稀土矿中铈、钍、氟及稀土萃取分离项目中相关基础理论与应用开发研究，以第一作者身份发表英文 SCI 研究论文 3 篇。参与包头稀土精矿湿法冶炼清洁生产产业化示范工程、江西 HAB 双溶剂萃取新工艺分离离子型稀土矿以及攀西稀土矿铈、钍、稀土萃取分离工艺产业化项目。现任职于包头稀土研究院。

[11] **张志峰**，男，2002 级硕博连读生，1978 年 3 月出生。博士在读期间，主要开展氟碳铈矿分离过程中的氧化问题及工艺改进工作，以第一作者身份发表英文 SCI 研究论文 2 篇，中文 SCI 研究论文 1 篇，申请中国专利 1 件。参与包头稀土精矿湿法冶炼清洁生产产业化示范工程、江西 HAB 双溶剂萃取新工艺分离离子型稀土矿以及攀西稀土矿铈、钍、稀土萃取分离工艺产业化项目。现任职于江钨控股集团赣州有色冶金研究所有限

公司。

[12] **王玮玮**，女，2002 级硕博连读生。1979 年 6 月出生。博士在读期间，主要开展 Cyanex 923 萃取稀土热力学、动力学及界面现象研究，以第一作者身份发表英文 SCI 研究论文 4 篇。现任职于中国恩菲集团有限公司。

[13] **王香兰**，女，2003 级硕博连读生，1975 年 9 月出生，内蒙古人。博士在读期间，主要从事有机磷（膦）酸双溶剂体系及离子液基体系对稀土萃取研究，以第一作者身份发表英文 SCI 论文 3 篇，申请国家专利 2 件。现任职于武汉生物工程学院。

[14] **左勇**，男，2003 级硕博连读生，1978 年 5 月出生。博士在读期间，主要开展离子液体在铈、钍及稀土萃取分离中的应用研究，以第一作者身份发表英文 SCI 论文 4 篇。现任职于中国科学院上海应用物理研究所。

[15] **国富强**，男，2003 级硕博连读生，1980 年 7 月出生。博士在读期间，主要开展稀土分离与纳米材料制备一体化工作，以第一作者身份发表英文 SCI 研究论文 4 篇，申请国家授权专利 2 件。现定居加拿大蒙特利尔。

[16] **王艳良**，男，2008 级硕博连读生，记在廖伍平名下。1981 年 5 月出生，湖北襄阳人。硕博在读期间，以第一作者身份发表英文 SCI 研究论文 3 篇。授权发明专利 5 件，包括美国和澳大利亚授权专利各 1 件。现任职于厦门钨业股份有限公司。

博士生 13 人

[1] **王玉洁**，男，1995 级博士生，1959 年 6 月出生。博士在读期间，主要开展中空纤维膜萃取分离稀土的机理研究，以第一作者身份发表英文研究论文 1 篇，中文研究论文 2 篇。现任职于河南科技学院。

[2] **陆军**，男，1995 级博士生，1971 年 2 月出生。博士在读期间，主要开展稀土分离过程中的平衡反应和动力学研究，以第一作者身份发表英文研究论文 3 篇，英文会议论文 4 篇，中文研究论文 4 篇，申请国家授权专利 2 件。现任职于西南大学药学院。

[3] **张凤君**，男，1996 级博士生，1957 年 8 月出生。博士在读期间，主要开展中空纤维膜器中萃取稀土、钍的萃取传质动力学及分离研究，以第一作者身份发表英文研究论文 2 篇，英文会议论文 2 篇，中文研究论文 4 篇，中文会议论文 1 篇。曾任职于吉林大学环境与资源学院，现已退休。

[4] **乐善堂**，男，1998 级博士生，也是 1986 级硕士生，1955 年 9 月生于湖北大冶。博士在读期间，主要开展 Cyanex302 级 CA-12 萃取稀土动力学研究，以第一作者身份发表英文研究论文 4 篇，中文研究论文 6 篇，英文会议论文 3 篇。现已退休。

[5] **罗芳**，女，1998 级博士生，1971 年出生。博士在读期间，主要开展中空纤维膜对稀土及金属离子的传质性能研究，以第一作者身份发表中文研究论文 5 篇，英文会议论文 2 篇，中文研究论文 3 篇。现任职于东北师范大学化

学系。

[6] **尚庆坤**，女，2000级博士生，1963年5月出生。博士在读期间，主要开展高效液相色谱分离研究，以第一作者身份发表英文SCI研究论文2篇。现任职于东北师范大学化学系。

[7] **贾琼**，女，2000级博士生，1974年4月出生。博士在读期间，主要开展稀土元素与过渡金属元素的溶剂萃取与树脂吸附研究，以第一作者身份发表英文SCI研究论文6篇。现就职于吉林大学化学系。

[8] **王弋戈**，女，2000级博士生，1974年12月出生。博士在读期间，主要开展CA-100萃取稀土及二价金属的热力学和动力学研究，以第一作者身份发表英文研究论文6篇，中文研究论文1篇，申请专利2件。现就职于河北工业大学化学系。

[9] **孙晓波**，女，2002级博士生，1972年12月出生。博士在读期间，主要开展协同萃取方法分离稀土元素的热力学和动力学研究，以第一作者身份发表英文SCI研究论文5篇。现就职于青岛农业大学化学院。

[10] **熊英**，女，2002级博士生，1977年5月出生。博士在读期间，主要开展HDP双溶剂体系对稀土Yb（Ⅲ）、Y（Ⅲ）萃取动力学与分离效率相关性研究，以第一作者身份发表英文研究论文6篇。现就职于辽宁大学化学院。

[11] **白彦**,男,2003级在职博士生。1964年5月生于内蒙古海拉尔地区,蒙古族人。2003年从包头稀土研究院调入应化所工作。工作与读博期间,承担国家"863"项目并参加产业化项目的研究与开发工作。现就职于中科院长春应用化学研究所。

[12] **孙晓琦**,男,2003级博士生,1974年12月出生。博士在读期间,主要开展离子液基萃取在稀土分离中的应用研究,以第一作者身份发表英文SCI研究论文1篇,中文会议论文1篇,中文综述性文章1篇。现任职于中国科学院福建物质结构研究所。

[13] **何文伟**,男,2004级博士生,1977年8月出生。博士在读期间,主要开展杯芳烃羧酸萃取稀土、钍与含杯配合物结构研究。以第一作者身份发表英文SCI研究论文5篇,英文会议论文1篇,以及中文研究论文1篇。

附录7 | 稀土分离组成员（部分）风采及学籍信息

1981～1989

 81级/于丁羽
 83级/乐少明
 85级/马根祥
 86级/赵云岑
 86级/薛理珍
 87级/韩树民
 89级/张晓凤

1990～1994

 90级/王春
 90级/李琼清
 91级/郑重
 91级/孙静
 92级/罗爱清
 92级/袁猛
 94级/陈继

1995～1998

 95级/王玉洁
 95级/陆军
 95级/储德清
 96级/张凤君
 97级/廖伍平
 98级/乐善堂
 98级/罗芳

1999～2000

 99级/李红飞
 00级/尚庆坤
 00级/贾琼
 00级/王戈戈
 00级/乌东北
 00级/赵君梅
 00级/童辉

2001～2002

 01级/张绘
 01级/李薇
 02级/孙晓波
 02级/熊英
 02级/刘建军
 02级/张志峰
 02级/王玮玮

2003～2008

 03级/白彦
 03级/孙晓琦
 03级/王香兰
 03级/左勇
 03级/国富强
 04级/何文伟
 08级/王艳良

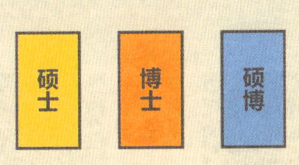

稀土分离组部分成员学籍信息

导师：李德谦

1955 级本科，武汉大学
长春应用化学研究所，研究员

师母：刘书珍

1959 级本科，长春应用化学研究所
长春应用化学研究所，副研究员

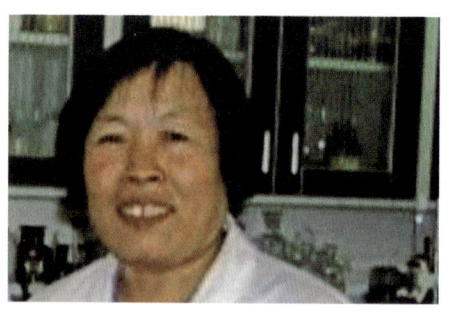

王忠怀

兰州大学本科
长春应用化学研究所高级工程师

孟淑兰

北京大学本科
长春应用化学研究所高级工程师

李富强

1992 年结识
上海莱雅仕有限公司，董事长

白彦

2003 级长春应用化学研究所理学博士
长春应用化学研究所副研究员

于丁羽

1981 级硕士

现已退休

乐少明

1983 级硕士

湖北昊为涂料涂装有限公司,董事长

薛理珍

1986 级硕士

美国定居

赵云岑

1986 级硕士

北京师范大学,教授

韩树民

1987 级硕士

燕山大学材料学院教授,博导

张晓凤

1989 级硕士

天津大学,已退休

王春

1990 级硕博连读

紫金矿业集团股份有限公司，副总裁

李琼清

1990 级硕士

现居加拿大

郑重

1991 级硕博连读

现居加拿大

孙静

1991 级硕士

上海硅酸盐研究所研究员，博导

罗爱清

1992 级硕士

自由职业

陈继

1994 级硕博连读

中国科学院长春应用化学研究所研究员，博导

陆军

1995 级博士

西南大学药学院教授，博导

张凤君

1996 级博士

吉林大学教授，博导

廖伍平

1997 级硕博连读

中国科学院赣江创新研究院研究员，博导

贾琼

2000 级博士

吉林大学化学院教授，博导

尚庆坤

2000 级硕博

东北师范大学化学系教授，博导

童辉

2000 级硕士

武汉理工大学

王弋戈

2000 级博士

河北工业大学化工学院，硕导

王进平

2001 级博士

青岛农业大学教授，博导

孙晓波

2002 级博士

青岛农业大学副教授，硕导

熊英

2002 级博士

辽宁大学化学院教授，博导

赵君梅

2000 级硕博连读

中国科学院过程工程研究所研究员，博导

乌东北

2000 级硕博连读

同济大学化学科学与工程学院副教授，硕导

张绘

2001 级硕博连读

中国科学院赣江创新研究院研究员，博导

李薇

2001 级硕博连读

辽宁石油化工大学副教授

张志峰

2002 级硕博连读

江钨控股集团赣州有色冶金研究所有限公司，副研究员

刘建军

2003 级硕博连读

包头稀土研究院，高级工程师

王玮玮

2002 级硕博连读

中国恩菲工程技术有限公司，正高级工程师

孙晓琦

2003 级博士

中国科学院福建物构所研究员，博导

王香兰

2003 级硕博连读

武汉生物工程学院教授，硕导

左勇

2003 级硕博连读

中国科学院上海应用物理研究所高级工程师，硕导

国富强

2003 级硕博连读

现居加拿大蒙特利尔

王艳良

2008 级硕博连读

福建金龙稀土有限公司，高级工程师